Paris Monographs in American Archaeology 8

Series Editor: Eric Taladoire

El Chagüite, Jalapa

El Período Formativo en el Oriente de Guatemala

Alain Ichon
Rita Grignon

con la colaboración de

Alicia Blanco Padilla,
Véronique Gervais y Stephen Rostain

BAR International Series 887
2000

Published in 2016 by
BAR Publishing, Oxford

BAR International Series 887

Paris Monographs in American Archaeology 8
El Chagüite, Jalapa

ISBN 978 1 84171 087 7

BAR Publishing is the trading name of British Archaeological Reports (Oxford) Ltd.
British Archaeological Reports was first incorporated in 1974 to publish the BAR
Series, International and British. In 1992 Hadrian Books Ltd became part of the BAR
group. This volume was originally published by Archaeopress in conjunction with
British Archaeological Reports (Oxford) Ltd / Hadrian Books Ltd, the Series principal
publisher, in 2000. This present volume is published by BAR Publishing, 2016.

Printed in England

BAR
PUBLISHING

BAR titles are available from:

BAR Publishing
122 Banbury Rd, Oxford, OX2 7BP, UK
EMAIL   info@barpublishing.com
PHONE   +44 (0)1865 310431
FAX   +44 (0)1865 316916
www.barpublishing.com

Indice

i

Prefacio

La publicación del informe sobre El Chagüite estaba incluida desde 1992 en el programa de la Editorial de la Universidad de San Carlos de Guatemala. Tuvo que ser cancelada por la enfermedad de uno de los autores, la Licenciada Rita Gignon Cheesman, que desgraciadamente iba a tener un desenlace fatal. El manuscrito quedo algún tiempo extraviado y fue finalmente recuperado, completo con la mayor parte de sus ilustraciones, por Véronique Gervais en 1999. Todas estas circunstancias explican el atraso de casi de diez años.

Hemos pensado sin embargo, teniendo en cuenta la escasez de las investigaciones arqueológicas en los departamentos orientales de Guatemala, que los datos provenientes de nuestras excavaciones en El Chagüite tienen que ser puestos a la disposición de la comunidad científica. Lo debemos también al recuerdo de Rita Grignon Cheesman, fallecida el mismo año y a quien le dedicamos este libro.

Nuestros agradecimientos van en primer lugar a todas las personas, citadas en la introducción, que participaron de una manera u otra en el trabajo de campo de El Chagüite. Pero el fruto de esas actividades se hubiera perdido sin los esfuerzos y la dedicación de quienes lograron unos años más tarde, sacar a la luz el manuscrito y organizar la presente publicación, especialmente a dos de los coautores, Véronique Gervais y Stephen Rostain. Debemos también agradecer a Jean Claude Vaysse quien tuvo a su cargo el material fotográfico, a Geneviève Delibrias quien realizó los análisis de 14C y a Samanta Ubierna quien aceptó hacerse cargo de la corrección del manuscrito y lo preparó para su publicación. Por último, debemos agradecer a Eric Taladoire quien, con mucha eficiencia, hizo la revisión definitiva del manuscrito y de las ilustraciones, y aseguró el contacto con la editorial.

Introducción

El Oriente de Guatemala es todavía, junto con la región septentrional de los departamentos de Alta Verapaz y El Quiché, una de las regiones menos conocidas desde el punto de vista de su historia prehispánica. Considerando como una excepción el sitio mayor de Guaytan (o San Martín Acasaguastan) publicado en 1943 por Smith y Kidder, los demás sitios estudiados hasta la fecha son muy escasos, dos de ellos solamente en la zona montañosa: Papalhuapa y Asunción Mita, y dos en la Boca Costa: Atiquipaque y Tlacuilula, fueron parcialmente excavados. Por otra parte, las publicaciones correspondientes a estas investigaciones, en revistas especializadas, de Azurdia (1927), Graham y Heizer (1968), Strömsvik (1950), Feldman (1975) y Walters (1985), son breves y poco detalladas. Debemos mencionar a parte el sitio de Vista Hermosa (Asunción Mita), estudiado por Wauchope y Bond y publicado en 1989.

Este relativo desinterés por la zona oriental de Guatemala, limítrofe con Honduras y El Salvador, es un hecho extraño y lamentable. Ya que lejos de ser una región de "vacío arqueológico", el Oriente de Guatemala es rico en vestigios prehispánicos. Durante su exploración en los años 1940-1944 el Dr. Edwin Shook localizó dieciocho sitios en el departamento de Jutiapa y trece en el de Jalapa. Además, su carácter de zona fronteriza –la *Middle Frontier* de J. Fox (1981) donde se mezclaron durante el período postclásico culturas y lenguas tan diversas como la xinca, chorti, pokoman y pipil, le da suma importancia para tratar de entender las grandes migraciones de los siglos XII a XVI d. C. Es evidente que en este trabajo de reconstitución histórica precolombina, el aporte de la arqueología sobre la cultura material, la organización social y las prácticas religiosas, es fundamental para comprobar las hipótesis de los etnohistoriadores.

Por el convenio subscripto en abril de 1986 con la dirección del Instituto de Antropología e Historia de Guatemala, la Misión Científica Franco-Guatemalteca fue autorizada a realizar un reconocimiento arqueológico en los cuatro departamentos surorientales –Jalapa, Santa Rosa, Jutiapa y Chiquimula-. El "Proyecto Oriente", como hemos bautizado este emprendimiento, fue llevado a cabo de 1986 a 1990 por Rita Grignon Cheesman y Alain Ichon, codirectores del proyecto, con la participación del topógrafo y fotógrafo Jean-Pierre Courau (en 1986) y de un número variable de estudiantes en arqueología de la Universidad de San Carlos de Guatemala.

Fue durante el reconocimiento arqueológico del departamento de Jalapa en abril de 1986 que visitamos por primera vez el pequeño centro ceremonial de El Chagüite (Fig. 1). Los dos grandes montículos del sitio son visibles desde la carretera que va de Sansare a Jalapa, unos 7 kms. antes de llegar a la cabecera departamental, en terreno de la finca El Chagüite, propiedad de la familia Serrano Alarcón.

Los dos días que estuvimos en El Chagüite, nos permitieron determinar la extensión del sitio arqueológico –centro ceremonial y grupos habitacionales-, y hacer un levantamiento topográfico preliminar, asi como practicar al pie de la plataforma baja (ulteriormente llamada estr. B-1) un sondeo que nos proporcionó una primera muestra del material cerámico y lítico y una indicación sobre la fecha de ocupación del sitio.

Después de tres meses de una prospección que nos llevó a visitar más de cien sitios únicamente en el departamento de Jalapa, el proyecto de una breve temporada de excavaciones en El Chagüite fue tomando forma poco a poco. La casi totalidad de los sitios arqueológicos de la región se encuentran en un estado de destrucción avanzada, casi desaparecidos, sea por la extensión de los cultivos, sea por las excavaciones clandestinas. Al contrario, las estructuras de El Chagüite, especialmente los dos montículos principales, están prácticamente intactas. Por otra parte, el sitio es de proporciones modestas: hay menos de diez estructuras en el mismo centro ceremonial, de las cuales dos solamente son de dimensiones imponentes: de 6 a 10 mts. de altura. Consideramos, pues, que una excavación más o menos exhaustiva del sitio, podría ser llevada a cabo durante una temporada corta en relación con nuestros recursos materiales. En fin, nuestras investigaciones preliminares sugerían una ocupación relativamente larga, abarcando sin duda una parte del Preclásico y del Clásico: las excavaciones (las primeras jamás realizadas en el departamento) deberían suministrar datos esenciales sobre la organización y evolución de un pequeño centro ceremonial durante el período de transición Preclásico-Clásico, y a la vez un material de base para la elaboración de una secuencia cerámica que todavía no existe para el Oriente de Guatemala.

En el marco del acuerdo subscripto en 1986 entre el Director de Patrimonio Cultural y Natural de Guatemala, Leopoldo Colom Molina, y la Misión Científica Franco-Guatemalteca, comenzaron las excavaciones en el Chagüite, en noviembre de 1987; iban a durar tres meses, con una interrupción en febrero-marzo de 1988. El trabajo de campo fue dirigido por el Doctor Alain Ichon y la Licenciada Rita Grignon, codirectores del proyecto. Participaron también en ello un estudiante francés, Stephen Rostain, y cinco estudiantes de arqueología de la Universidad de San Carlos de Guatemala: Oswaldo Chinchilla, Vinicio García. Claudia Wolley, Roberto López y Fernando Moscoso. El lavado y marcado del material fue asesorado por Catherine Reynaud, Claudia Legamony y Germán Hernández. La aldea El Chagüite, ubicada a poca distancia del sitio arqueológico, proporcionó la mano de obra: más o menos quince trabajadores.

El buen desarrollo de los trabajos de campo no hubiera sido posible sin la autorización y grata colaboración de la familia Serrano Alarcón y el apoyo del Gobernador Departamental, Herminio Guzmán.

Primera Parte

Las Excavaciones

El sitio de El Chagüite.

Las estructuras arqueológicas ocupan un espacio casi plano donde se suaviza la fuerte pendiente del volcán Jumay, el punto culminante de la región (2180 mts., mientras la altitud promedio del sitio es de 1350 mts.). Este volcán posee una cima insignificante a primera vista pero que tiene un lugar desmesurado en el imaginario colectivo de los Jalapeños. Este espacio, en suave pendiente hacia el oeste, está limitado por dos quebradas poco profundas: Coyotera al norte, y Grande al sur, que se unen más abajo para desembocar luego al Río Motagua (Fig.2).

Al norte del sitio, el horizonte está limitado por la línea de cresta del Cerro Las Ollas y del Cerro Chayal y al sur por los primeros contrafuertes de la montaña de Xalapán. El espacio de terreno intermedio constituye una especie de pequeña cuenca relativamente fértil, gracias al agua que baja del Jumay y que fluye en todas partes justificando el nombre del lugar. *Chagüite* es una expresión de origen náhuatl que indica, en efecto, un lugar pantanoso. Hoy en día casi enteramente dedicada a la cría de ganado, la finca estuvo en otro tiempo plantada de caña de azúcar, como lo atestiguan las ruinas de un molino y de varios hornos a unos cien metros al sudoeste de los edificios de la finca. El trapiche estaba todavía en uso hace unos treinta años.

Las pendientes montañosas se prestan, aunque escarpadas, desnudas, y aparentemente estériles, a la siembra de café y de varias clases de frutas y verduras una vez eliminados los gruesos bloques de basalto esparcidos en la superficie y aprovechada el agua de las numerosas quebradas. Es así que, en 1988, pudimos presenciar la construcción de varias casas en esas faldas inhóspitas y ver reverdecer las pendientes que dominan la carretera departamental, mientras que varios equipos de hombres se dedicaban a arrancar las enormes piedras, utilizadas para la construcción de los muros que limitan las parcelas.

Los edificios de la finca están a unos cien metros al oeste de la carretera. El centro ceremonial, o grupo A, con sus dos grandes montículos, sus estructuras menores y su juego de pelota, se extiende un poco más abajo sobre un espacio casi plano de aproximadamente una hectárea. (Lam. I 1) Otros conjuntos menos importantes han sido localizados arriba de la carretera, en la falda del Jumay, y dentro de los potreros al oeste del grupo A. Como su nombre lo indica, los Cerros Chayal y Las Ollas son también sitios arqueológicos: el primero es un yacimiento de obsidiana, recientemente explotado como balastera para la construcción de la carretera Sansare-Jalapa, que ya era conocido y explotado en la época prehispánica; en el segundo se encuentran vestigios de cerámica temprana, y algunas terrazas artificiales que son todavía visibles sobre sus pendientes.

La antigua finca ocupaba, según cuentan los habitantes actuales, una parte del espacio del grupo A, pero no encontramos ningún vestigio de ella. El pequeño edificio de ladrillos que sacamos a luz en el interior de una subestructura prehispánica era probablemente un horno de la época colonial o quizás mas reciente pero nadie, entre los vecinos actuales, tenía conocimiento de ello.

El Programa de trabajo.

Teniendo en cuenta que nuestros objetivos eran una datación precisa del sitio, organización del centro ceremonial y del área habitacional, recolección de material cerámico y lítico, nuestro plan de trabajo en El Chagüite incluía los siguientes puntos:

1. Uno (o varios) pozos de 2x2 mts. en los lugares más adecuados para confirmar los resultados del sondeo preliminar en la estr. B-1 y recoger material en posición estratigráfica.
2. Estudio de uno de los montículos mayores, probablemente la estr. A-2: elementos arquitectónicos, pozo central para sacar a luz eventuales superposiciones, trinchera en el eje central del montículo.
3. Datación de las estr. A-3, 4 y 5, haciendo un pozo central en cada plataforma. Un estudio más detallado de la arquitectura será llevado a cabo en la subestructura mejor conservada.
4. Excavación del juego de pelota (estr. A-6 y 7) por una trinchera transversal norte-sur.

Cumpliendo con las líneas generales de este programa, todas las estructuras importantes del grupo A fueron estudiadas, incluso el montículo principal A-1, necesitando a causa de esta última excavación prolongar un mes más la temporada de trabajo (Fig. 3).

En cambio, la ubicación sistemática de todas las viviendas no fue posible por falta de un topógrafo y no tuvimos tiempo para excavar ninguno de los conjuntos habitacionales, ni siquiera una de las plataformas de vivienda. Por otro lado, los pozos centrales realizados en los montículos mayores hasta llegar al nivel estéril proporcionaron estratigrafías netas y un material muy abundante: mas de 30.000 tiestos. Por eso, decidimos no realizar otros pozos estratigráficos afuera de las estructuras del grupo A. El material lítico, tan abundante como el cerámico, fue estudiado por Rostain.

En los siguientes capítulos haremos la descripción de las excavaciones realizadas en cada estructura y analizaremos sus resultados. Los últimos capítulos serán dedicados a la descripción del material cerámico (Alain Ichon) y lítico (Stephen Rostain), al estudio de los restos humanos (Véronique Gervais) y animales (Alicia Blanco Padilla). (Anexo).

Capítulo 1:

Las estructuras mayores: A-2 y A-1.

La estructura A-2.

Al principio del trabajo de campo, contamos con una temporada de solamente dos meses. Por esa razón no habíamos proyectado excavar el montículo más alto A-1, sino estudiar en prioridad la estr. A-2, de menor altura (aproximadamente 6 mts.), con el propósito de recoger el máximo de datos sobre su arquitectura, la estratigrafía interna del montículo, su fecha y eventualmente la función que desarrollaba en el centro ceremonial. Este fue el objetivo de las operaciones A y B.

La Operación A (Lam.I).

La Ope. A, controlada por López, es una trinchera de 2 mts. de ancho empezando a media distancia de las estr. A-1 y A-2, orientada según el eje de ambas estructuras, es decir 16° al oeste del norte magnético. Queríamos así sacar a luz el nivel de ocupación de la plaza ceremonial y la estratigrafía de la capa arqueológica debajo de dicho nivel. Por otra parte, esperamos poder localizar la base y tal vez el muro de sostén sur o la escalinata de la estr. A-2.

El piso de la plaza fue alcanzado debajo de 20 cms. de humus (capa 1–Fig. 4). Dicho piso está formado de una tierra amarillenta dura de 5 a 8 cms. de espesor (capa II): su superficie es irregular. Algunas grandes piedras descansan sobre el piso. Este nivel de ocupación estuvo probablemente más plano y regular durante el período de mayor desarrollo del grupo A; ulteriormente fue dañado por los cultivos y luego por los canales de irrigación cuando el lugar fue transformado en pasturas.

Debajo del nivel de la plaza (nivel 0), hallamos una capa de tierra barrosa amarillo claro extremadamente densa y dura. A 40 cms. de profundidad apareció el substrato rocoso de peridotita. Solamente las capas superiores, la I y la II, proporcionaron algún material arqueológico.

La Operación B.

La estr. A-2 es un montículo de forma más o menos cónica, un poco más alargado en su eje norte-sur. Mide aproximadamente 25 mts. de largo en su base y 6 mts. de altura. Su perfil, de pendiente bastante suave sugiere que se trata de un sencillo túmulo de tierra sin arquitectura exterior elaborada; no se nota ningún vestigio de gradas o escalinatas en superficie.

La trinchera A, prolongada hacia el norte, reveló que la estr. A-2 fue construida sobre una pequeña loma natural; efectivamente, el nivel estéril en el pozo central de dicha

estructura fue alcanzado 85 cms. por encima del nivel de la plaza.

Abrimos la trinchera A, 10 mts. mas arriba hacia el norte, sin encontrar el menor indicio de muro o escalinata, ni siquiera algunas piedras amontonadas que hubieran indicado el derrumbe de un muro de sostén. Debemos concluir de ellos que la estr. A-2 –y probablemente A-1 también- fue construida enteramente con tierra pero sin ningún revestimiento exterior de piedras para mantenerla. Había sin duda una escalinata de acceso a la plataforma superior, y tal vez dos o tres graderíos; pero si tal fuera el caso, estaban construidos de barro. Sacarlos a luz necesitaría un trabajo muy largo y delicado, que no podía entrar en el marco de nuestro programa.

La inexistencia de toda clase de arquitectura formal utilizando piedras (labradas o no) parece un rasgo muy general en El Chagüite como lo vamos a comprobar en las demás excavaciones, con la excepción del juego de pelota.

Estratigrafía de la estructura A-2 (Fig.5, lam I2, II).

La parte superior de A-2, más o menos plana, en el nivel +614, indica la existencia probable de una plataforma alargada según el eje mayor norte-sur. Vamos a orientar el pozo estratigráfico según el mismo eje.

Dicho pozo mide, al empezar la excavación, 3 x 4 mts.; va a ser reducido progresivamente a la mitad por las necesidades de la excavación, dejando así dos banquetas de tierra de 1 mt. de ancho en el nivel +400 por el lado sur y en el nivel +150 por el lado este. La Ope. B fue dirigida por Chinchilla y luego por Wolley bajo la supervisión de Grignon.

Hubo dos períodos sucesivos muy netos en la construcción de A-2:

1. Al período más tardío corresponde un relleno homogéneo, desde la plataforma (+614) hasta el nivel +320, sin que se encuentren niveles de ocupación intermedios ni sepulturas. Esta parte superior del montículo fue aparentemente construida de una sola vez.

2. Al período más temprano corresponde el nivel +320, un piso de ocupación muy neto, hasta el nivel estéril (+96). Entre ambos niveles, la Ope. B sacó a la luz la superposición de unos doce pisos de barro sucesivos, con varios sepulturas colocados entre dichos pisos.

El período tardío (niveles +614 a +320).

El relleno del montículo es una tierra arenosa de color café, bastante compacta en los niveles superiores, luego más suave, mezclada con una gran cantidad de piedras sin labrar; algunas de ellas eran de tamaño impresionantemente grande y fueron necesarios varios hombres para levantarlas. Dichas piedras, más abundantes en las capas superiores, fueron mezcladas al relleno sin que se notara ningún arreglo en su disposición, o cualquier etapa en el trabajo de rellenado, con una excepción: en el nivel +480 existe un conjunto de forma semicircular que podría ser artificial, pues no corresponde a ningún piso (Fig. 7b, Lam.III2).

El material antrópico de relleno proviene evidentemente de una zona de viviendas o de un basurero: tiestos, obsidiana, fragmentos de metates y mano, huesos de animales (incluso algunos huesos humanos en el nivel +440), pequeños caracoles de agua dulce (justes), etc. En cuanto a la cerámica, el número de tiestos por capa de 20 cms., descartando los que miden menos de 2 cms. de largo, varia entre los 250 y los 1400. La mitad de este material proviene de tinajas y cuencos utilitarios, mientras la otra mitad era en cerámica de servicio, con tipos de engobe naranja, negra o rojo pulido, y escasa cerámica ritual (incensarios), todos tipos característicos del Preclásico Tardío. Dicho material muy homogéneo como el mismo relleno, casi no va a cambiar en la mitad inferior del montículo. Todo indica que la parte superior de la estr. A-2 fue construida en una sola fase y que el material de relleno fue sacado de una misma área habitacional.

No tenemos fecha 14C para este período tardío.

El período temprano (niveles +320 a +96).

En el nivel +320 sacamos a la luz vestigios de una superficie de barro rojiza aparentemente quemada, en el piso No. 1. Se observan a este nivel pedazos de carbón y manchas irregulares de una tierra arenosa que difiere por su color mas oscuro de resto del relleno. En la esquina noroeste de la excavación, había un hoyo de 30 cms. de hondo y 60 cms. de diámetro, rellenado con piedras, cenizas y carbón: podría ser una especie de fogón.

El piso No. 2 fue descubierto 50 cms. mas abajo (nivel +270), también hecho de barro quemado, estaba mejor conservado que el piso No. 1. Entre ambos pisos, el relleno es similar al de los niveles superiores, pero las piedras son más escasas y de menor tamaño.

En el mismo relleno, encontramos en la parte este de la excavación una especie de bulto funerario; su base descansa sobre el piso 2, mientras su parte alta llega unos 10 cms. por abajo del piso 1 (Lám.IV-1). El entierro 1, sepultura secundaria múltiple, contiene los huesos, estrechamente entremezclados, de seis o siete individuos adultos (más probablemente un niño); los cráneos están en la parte inferior del bulto; los huesos largos, omóplatos, pelvis y mandíbulas en la parte superior. Los esqueletos están incompletos: faltan las costillas, vértebras, huesos de las manos y de los pies. No hay ofrenda funeraria sino únicamente un pequeño adorno de concha, perforado, encontrado cerca del bulto.

Al seguir la excavación fueron sacados a la luz sucesivamente diez pisos de barro. Algunos de barro quemado de color rojizo y muy duros, otros más frágiles

de barro solamente apelmazado. Los niveles de los pisos, desde el piso 3 (+255) hasta el piso 12 (+133), están marcados en el corte de la figura 5.

La capa rocosa, estéril, fue alcanzada en el nivel +85. El relleno entre dos pisos, aunque generalmente muy delgado (a veces menos de 10 cms.) prueba que no se trató de restauraciones periódicas sino mas bien de una práctica funeraria que consiste en depositar el muerto, o los muertos, sobre el piso de la plataforma y luego alzarla unos 10 a 20 cms. y construir encima de ella un nuevo piso de ocupación. Hay que notar sin embargo que todos los pisos no proporcionaron sepulturas pero eso puede explicarse por lo reducido de nuestra excavación que no alcanzó los límites de las plataformas sucesivas.

Los fogones.

Varios de los pisos de ocupación presentan una hondonada más o menos regular que probablemente fue utilizada como un fogón. Una de éstas, en el nivel +254 (piso 3) estaba bien conservada; es una depresión circular de 26 cms. de diámetro y 6 de hondo, con paredes inclinadas. Su tamaño, en realidad, es muy pequeño para cocinar; podría ser más bien un fogón ritual.

Otros fogones, de forma más irregular y mal conservados, se notan en la pared sur de la excavación (Fig. 6), por ejemplo las "palanganas" de los pisos 2, 3 y 5.

El fogón más importante fue parcialmente sacado a la luz en el nivel más bajo de nuestro pozo; fue construido directamente sobre la roca, probablemente durante las cuatro primeras fases, subiendo el nivel de la plataforma de la vivienda hasta +158 (piso 10) o aun +170 (piso 9). Las gruesas paredes del fogón, de piedras y barro, estaban sencillamente levantadas al mismo tiempo que la plataforma. El fogón es de un gran tamaño, aproximadamente 1,50 mts. en su eje norte-sur; era de planta redonda, ovalada o en herradura. Estuvo rellenado de piedras, bloques de tufo, ceniza y carbón: contenía además restos de alimentos, huesos de animales (sobre todo de venado), caracoles, jutes y huesos de frutas (aguacate) calcinados.

Además de los fogones se notan en todos los niveles bolsas irregulares de tierra negra mezclada con ceniza; podrían ser "hogueras" rituales asociadas a los entierros, o más bien residuos de los fogones sacados del área habitacional de donde procede el relleno.

Los entierros.

Describimos los entierros de las estr. A-2 según el orden en que fueron sacados a luz.

El entierro 2 descansa sobre le piso 5 (nivel +220) en el cuadrante sudoeste de la excavación; fue sellado por el piso 4 (+234) después de recubrir el cuerpo con piedras en desorden (Fig. 7a).

El esqueleto, reducido a su parte superior –las piernas han desaparecido- es el de una mujer adulta, de apariencia grácil extendida decúbito ventral según una orientación más o menos oeste-este. La cabeza estaba recostada sobre su lado izquierdo y la dentición se reduce a escasas muelas muy desgastadas. Los brazos están extendidos, con los antebrazos debajo de la pelvis: no hay huellas de las manos y del radio derecho. Dos fragmentos de un incensario grande cerca de la pelvis no pueden ser considerados como una ofrenda.

El entierro 3 (Fig. 7b) se encuentra a unos escasos centímetros más abajo, sobre el piso 6 (+209), en la parte norte de la excavación. Se trata del esqueleto de un niño muy joven, decúbito ventral, orientado oeste-este. El diminuto esqueleto, con sus piernas dobladas, estaba incompleto, pero unos fragmentos dispersos se encontraron en el relleno, arriba y abajo del entierro. Sobre la nuca del niño fue depositado un sello de barro, sin su mango, y por el lado derecho del cuerpo tres vasijas en hilera, un pequeño cubilete rojo con dos agujeros, un cuenco naranja con decoración negativa de tipo *usulután*, una vasija en forma de zapato (Fig. 8) y unos veinte pequeños caracolitos ubicados al nivel de los pies del esqueleto.

El entierro 4 fue sacado a luz entre los pisos 7 (+190) y 8 (+178), en la esquina noroeste del pozo; tuvimos que ampliar la excavación hacia el norte para poder limpiar la parte superior del esqueleto (Fig. 9a). Es un adulto de unos 30 años, de sexo femenino depositado sobre el piso 8 en la misma posición que el entierro 2, es decir decúbito ventral; manos debajo de la pelvis; el cráneo está cara abajo. El esqueleto está completo, con las piernas extendidas, los pies hacia abajo. La mujer era de estatura baja (1,50 mts.). La orientación del cuerpo es norte-sur con una desviación de 16° al oeste, la misma que la estr. A-2.

No hay ofrenda; hallamos una pequeña cuenta de piedra verde (¿zoisita?) cerca del pie izquierdo. Se nota en el mismo nivel una bolsa de ceniza blanca y dos fondos de ollas comunes.

El entierro 5 está aislado del precedente por los pisos 8, 9 y 10 (+158). En este mismo nivel aparece el fogón grande que va a seguir ocupando la parte este de la excavación hasta llegar al nivel estéril.

El esqueleto 5 (Fig. 9b), en el cuadrante sudoeste, descansando sobre el piso 11 (+147), es de un hombre de 18 a 20 años, extendido sobre su lado derecho, frente al este; su orientación es sur-norte. Las piernas están poco dobladas, las manos juntas contra la pelvis; el esqueleto está incompleto. El individuo era de estatura alta: 1,70 mts. Había una ofrenda cerca del cráneo: una pequeña vasija globular naranja con filete punteado.

Los entierros 6 y 7 (Fig. 10), contienen esqueletos humanos puestos sobre el mismo piso de barro quemado,

el piso 12 (nivel +133). Se trata de dos adultos, una mujer de 25 a 30 años, grácil y de estatura baja (unos 1,50 mts.), y un hombre robusto y alto (1,68 mts). Están orientados sudoeste-noreste, con la cabeza del primero al nivel de las tibias del segundo, ocupando así caso toda la diagonal de la excavación.

El esqueleto 6 está tendido sobre su lado izquierdo, con las piernas extendidas, manos juntas al nivel de la pelvis. Faltan algunos huesos: la mandíbula y una parte del pie derecho; y fueron desplazados y puestos al nivel de las pelvis el omóplato derecho y la clavícula izquierda. Una tinajita de poca calidad fue colocada contra la parte superior del cráneo, boca arriba.

El esqueleto 7 está decúbito ventral, piernas extendidas y juntas, los brazos un poco doblados, manos juntas debajo de la pelvis; el cráneo está con la cara hacia abajo. El esqueleto estaba completo pero no hemos hallado ofrendas.

Inmediatamente debajo del piso 12 aparecen los huesos de varios esqueletos enterrados en el mismo relleno del montículo, entre la roca natural y el primer piso de ocupación en el nivel +133 (Fig. 11). El espesor de esta última capa es poco común (37 cms.), como lo es también el número de entierros.

Los entierros nominados con los números 8 a 13 fueron encontrados en un estado de perturbación. Los huesos que sacamos a luz en este nivel pertenecen a seis individuos que ocupaban casi todo el espacio en el fondo de nuestra excavación.

El esqueleto 8 es un hombre de 35 a 40 años, de estatura alta (más de 1,70 mts.), de piernas largas. Está recostado sobre su lado derecho, con las piernas extendidas y sobrepuestas, los brazos extendidos y las manos al nivel de la pelvis. La parte facial, que estaba boca arriba, fue destrozada pero la mandíbula quedó en conexión. La orientación del cuerpo es más o menos norte-sur.

Del esqueleto 9 quedan solamente unos huesos muy fragmentados, y éstos no están en conexión: el cráneo incompleto, algunas muelas, un omóplato, unos metacarpios, los huesos de la pierna dispuestos en ángulo recto. El individuo estaba extendido entre el esqueleto 8 y la pared de nuestra excavación: fue perturbado cuando enterraron al individuo.

Al contrario, el esqueleto 10 está en buen estado, pero los pies han desaparecido. El individuo estaba acostado a lo largo de la pared del fogón, es una mujer de baja estatura y aspecto grácil. Fue enterrada decúbito ventral, con sus piernas y brazos extendidos, manos debajo de la pelvis, la cara hacia abajo. La orientación del cuerpo es norte-sur, con una desviación comparable a la de la estr. A-2.

Los esqueletos 11 y 12, ambos adultos, ocupan la esquina noroeste del pozo; sus miembros inferiores, en la pared norte, no fueron sacados a luz. Parece que el individuo 11 estaba recostado sobre su lado derecho, frente al este, y orientado como el individuo 8, es decir sur-norte. El otro tenía posiblemente la misma posición, pero los huesos fueron desplazados y mezclados con los del esqueleto 11.

El esqueleto 13, al sur de los precedentes, es de uno niño que no tenía más de un metro de altura. Orientado norte-sur, en posición decúbito ventral con los miembros extendidos, es muy incompleto; el cráneo ha desaparecido, así como el brazo derecho, la pelvis y la parte de la pierna derecha. Estaba depositado sobre una gran laja triangular.

No encontramos ofrendas. El único artefacto es una pequeña hacha de serpentina cerca del esqueleto 10.

Los seis esqueletos estaban más o menos al mismo nivel (+96), descansando sobre una capa de tierra negra que sirvió para regularizar el nivel de la roca natural de periodita mezclada con tierra amarilla muy dura. El nivel +96 corresponde a la base del fogón y presenta además una acumulación de pequeñas piedras, de ceniza y *jutes* en la esquina sudoeste. Es posible que se trate del primer nivel de ocupación que descansaba directamente sobre la parte alta de la loma natural, después de aplanarla. Pero no existe un piso neto, y pensamos más bien que la primera ocupación corresponde al piso 12 (+133), mientras los restos de cocina estaban en la tierra de relleno utilizaba para construir la primera subestructura.

Conclusión sobre la estr. A-2.

Ya hemos dicho que hubo dos períodos principales de construcción de la estr. A-2. El Período 1, el más temprano, corresponde a los niveles inferiores del montículo entre +85 –el substrato rocoso estéril- y +320. El Período II, más reciente, se extiende del nivel +320 a la plataforma superior que se encuentra a 6,14 mts. arriba del piso de la plaza.

Período 1.

El período temprano puede ser dividido en tres fases sucesivas.

La Fase 1 (nivel +85 a + 133, piso 12).

El sitio de El Chagüite fue probablemente ocupado desde el Preclásico temprano: prueba de ello la cerámica del relleno de A- 2 y, como lo veremos más adelante, la de los niveles Inferiores de la estr. A- 1. Sin embargo, nuestra Fase 1 corresponde sin duda a la primera instalación en este lugar de un pequeño grupo humano, probablemente una familia nuclear, escogió para construir su vivienda una pequeña loma que la aislará de la humedad del suelo pantanoso. La parte alta de esta loma, de aproximadamente 1 mt. de alto, fue burdamente nivelada para luego construir sobre ella una subestructura, de la cual no conocemos la planta (era probablemente rectangular) ni las dimensiones pero si la altura (40 cms.), utilizando para eso un relleno de tierra y piedras sacado de una área habitacional abandonada en la cercanía. Dicha

subestructura estaba sin duda limitada y mantenida por sencillos amontonamientos de piedras sustituyendo muros más formales mientras que la plataforma era de barro endurecido por el fuego. La parte este de la vivienda estaba ocupada por un gran fogón (podríamos compararlo al poyo de las casas campesinas actuales), con paredes de piedra y barro: su base descansaba sobre el suelo rocoso. El fogón servía para la preparación de los alimentos, y también como basurero: allí se echaban los restos animales y vegetales de las comidas,

No tenemos una datación segura para esta fase temprana. El contenido del fogón proporcionó una fecha 14C de 1870 ±50 B.P. (GIF- 7728) o sea, corregida de 20 a 240 d. C.: parece demasiado tardía en comparación con la fecha de los niveles superiores: sin embargo, permite ya ubicar la primera ocupación de A-2 en la fase terminal del Preclásico tardío.

La ocupación del piso 12 fue bastante larga, posiblemente una generación si tenemos en cuenta el número de esqueletos enterrados en el relleno. En efecto, desde el principio adoptaron la costumbre de enterrar los muertos de la familia debajo del piso de la casa, y es seguro que los cinco entierros que sacamos a luz en nuestra excavación de 6 m2 no representan sino una parte de las sepulturas de este "cementerio" familiar. Varios de ellos fueron perturbados y mutilados, aparentemente por las inhumaciones sucesivas. La posición y orientación de los cuerpos ya son rasgos codificados que no van a cambiar posteriormente: posición de cúbito ventral, raras veces lateral, con los miembros extendidos y las manos juntas al nivel de la pelvis: orientación según el eje principal del montículo, con el cráneo sea al norte, sea al sur.

La diversidad de edad de los individuos enterrados puede ser prueba de que se trata de un grupo familiar: un niño y varios adultos, unos gráciles y de baja estatura -las mujeres-, otros de estatura relativamente alta (alrededor de 1,70 mts.) y de piernas largas, un rasgo poco común entre los amerindios.

Es notable la ausencia de ofrendas y adornos corporales. No se trata obviamente de una familia de status excepcional, aunque su vivienda está ocupando una posición dominante en relación con las demás habitaciones del grupo.

La Fase 2 (nivel +133 a +270.,pisos 12 a 2).

Se vuelve imprescindible una transformación de la vivienda cuando la densidad de los entierros debajo de la plataforma no permite enterrar más individuos sin dañar gravemente los anteriores. Entonces van a realzar la plataforma, posiblemente aprovechando para eso las ceremonias de inhumación del individuo 6: el muerto está extendido sobre el piso de la casa, y por primera vez colocan como ofrenda una sencilla vasija cerca de su cabeza. Luego lo recubren de tierra, y con el mismo relleno realzan la subestructura y construyen un nuevo piso de barro unos 15 cms. arriba del anterior. Así el trabajo de remodelación se reduce al mínimo, y el muerto se queda casi a flor de tierra sin que aparentemente tal proximidad moleste a los habitantes de la casa. Mientras tanto, el fogón de la fase 1 también ha sido sobrealzado y sigue siendo utilizado.

Ulteriormente otro entierro (No, 7) va a ser depositado en el relleno debajo del piso 11 provocando algunos daños en el entierro anterior, Por la disimilitud de los dos esqueletos, podría tratarse de una pareja. Es posible que exista otros entierros a este nivel afuera de los límites de la excavación. De todos modos los sobrevivientes decidieron que ya era conveniente sobrealzar de nuevo la plataforma. En adelante, tal remodelación se vuelve periódica, pero siempre con muy poca variación en el nivel de la plataforma: menos de 20 cms., apenas suficiente para recubrir los cuerpos. Poco a poco la plataforma alcanza el nivel 270 (piso 2). No encontramos más de un entierro por piso, y a veces no hay ninguno. Es poco probable, pues, que cada piso corresponda a una generación como es el caso del piso 12.

No es hasta llegar al nivel de los pisos 5 y 4 (+220 y +234) que se nota un cambio en las prácticas funerarias: los esqueletos 3 y 2 están orientados oeste-este: pero la posición sigue decúbito ventral. La única ofrenda. tres vasijas y un sello. está asociada al entierro de un niño muy joven, posiblemente recién nacido. Es el entierro primario más tardío de la secuencia, el último de los niveles superiores. La fase 2 se termina con el piso 2 (+270).

En resumen, la Fase 2 puede ser dividida en once subfases. La quinta subfase corresponde al entierro 4 sobre el piso 7, su datación 14C es 2440 ± 50 B.P. (GIF-7729), o sea, corregida, 800 a 400 a.C. Pero esta fecha nos parece demasiado temprana por la existencia en el relleno de cerámica típicamente considerada como del período Preclásico Tardío.

La Fase 3 (nivel +270 a +320, pisos 2 y 1).

Es una fase de cambios importantes. Primero, el alzamiento del piso 2 al piso 1 es netamente más alto que los anteriores (50cms). Luego, en lugar de los fogones de la Fase 2, que son de dos tipos: el gran poyo de los niveles inferiores y la "palangana" del nivel superior, encontramos ahora una especie de pozo cilíndrico rellenado de piedras que tal vez no tuvo la misma función. Finalmente hay un cambio drástico en las prácticas funerarias: no más entierros primarios. aislados o no, sino el enterramiento simultáneo de siete, posiblemente ocho esqueletos evidentemente traídos de otro lugar sin mayor cuidado pues parte de los huesos han desaparecido en el curso de la operación.

Esos cambios denotan una transformación radical de la función de la estr. A-2. Durante las Fases 1 y 2, se trataba de una vivienda, probablemente ocupada por una familia que tenía un papel importante en la comunidad. El nivel alcanzado por la plataforma: +270 (en realidad menos de 2 mts. si se toma en cuenta la altura de la loma que le sirve de fundación natural), no parece exagerado para una vivienda de la elite: tenemos dos ejemplos de ello en las

estr. A-4 y A-5 del mismo grupo de El Chagüite. Pero es obvio que tal crecimiento vertical no puede seguir por tiempo indefinido sin provocar problemas, aunque sea en el plan arquitectural (muros, escalinata ...). En consecuencia, y teniendo en cuenta que, sin futuros sobrealzamientos, no pueden seguir las inhumaciones debajo del piso de la vivienda, esta última tiene que ser abandonada.

Pensamos que la Fase 3 es una fase de transición entre los períodos I y II. Es probable que el piso 1, al nivel 320. ya no era la plataforma de una vivienda común: la función de la estr. A-2 se volvió ritual, será en adelante un montículo funerario ya que contiene en su seno las sepulturas estratificadas de varias generaciones de dirigentes. Este cambio de función está comprobado por la aparición de una práctica hasta la fecha desconocida: el entierro secundario múltiple "en bulto". La sepultura 1 posiblemente contiene los huesos de ocho entierros primarios que habían sido inicialmente colocados sobre los últimos pisos -4 y 3- de la Fase 2.

Tenemos una indicación sobre la fecha en que tuvo lugar dicha transición por la datación del carbón asociado con la sepultura 1: 2190±90B.P.(GIF-7730), o sea, corregida, 400 a 200a.C.

Período II.

Sobrealzada, aparentemente de una sola vez, su plataforma de 3 mts. (de -320 a +614) la estr. A-2 adquiere definitivamente un carácter ritual. Puede ser también que coincida con el principio de un verdadero centro ceremonial en El Chagüite, con la evolución sincrónica de la estr. A- 1.

Es importante notar que es a partir del nivel +320 (o posiblemente +270) que aparecen en el relleno del montículo unos tiestos característicos, por su forma o decoración, del período Protoclásico o Clásico Temprano: soportes huecos (algunos de ellos mamiformes), bases anulares, verdaderos comales... La discontinuidad materializada por el piso 1 en la secuencia evolutiva de la estr. A-2 significaría, más que un simple cambio de función, una verdadera mutación cultural correspondiente al fin del período preclásico. Dicho hiato, aunque relativo -la evolución del complejo cerámico preclásico, por ejemplo va a ser muy lenta- debe de ser comprobado en otras estructuras del grupo A

La estructura A-1 (Lam. V).

El montículo más imponente de El Chagüite está a unos sesenta metros al sur-sureste de la estr. A-2; su altura es de más de 9 mts. Su excavación no estaba proyectada en el programa inicial de la temporada, pero decidimos hacerla para comprobar los resultados de la ope. B, especialmente en lo que toca a las prácticas funerarias, la estratigrafía de los dos montículos y las dataciones. Esta operación (ope. D) fue emprendida tratando de interpretar la diferencia de altura entre A- 1 y A-2 y fue dirigida, primero por Moscoso y luego por Grignon.

La estr. A- 1 es de forma cónica como la A-2, pero no tiene como esta última una parte plana o "plataforma" superior. Su altura exacta es de 9,10 mts. arriba del piso de la plaza.

El pozo estratigráfico orientado según el eje de los dos montículos medía solamente 2 x 2 mts. al comenzar la operación.

Tuvimos que ampliarlo en un metro (2 x 3 mts.) llegando a 5 mts. de profundidad para poder bajar hasta el nivel estéril.

Aunque menos evidente que en la Ope. B, la estratigrafía la de A-1 prueba que hubo dos períodos en la construcción del montículo (Fig. 12).

El **período tardío** corresponde a la parte alta del montículo desde la cima hasta el nivel +480 (piso 1), o sea más de 4 mts. de un relleno de piedras, muy abundantes y de gran tamaño, y de una tierra arenosa-barrosa de color café-rojizo y friable: contiene material cerámico y lítico idéntico, y sin duda contemporáneo del material de A-2, aunque todavía más abundante: hay varios fragmentos de metates, manos y hachas casi en todos los niveles. Sin embargo, la construcción de esta parte superior del montículo no fue tan continua como ocurrió con la estr. A.2, en tres niveles (+668, +647 y +628), notamos capas horizontales mas o menos homogéneas de barro apelmazado que podrían ser pisos, o por lo menos indicar que hubo varias etapas en el trabajo de edificación del montículo. De los tres pisos, únicamente el No. 2 (+647) es evidenciado por las numerosas piedras que descansan en su superficie.

Durante este período no hemos sacado a luz en los límites de la excavación, ni fogones ni entierros. El artefacto más notable es un cuenco cilíndrico rojo, trípode de soportes planos (*slab-feet*) enterrado casi en la superficie de la excavación (Fig. 59, Lám. V2). Se considera generalmente que este tipo de vasija prueba la influencia de Teotihuacan y está fechado del Clásico medio (alrededor de 400 d.C.). En el caso de la estr. A-1, la vasija es evidentemente intrusiva: la parte superior del montículo no presenta plataforma o piso conservado, y el material del relleno no contiene ningún tiesto que podría ser fechado de un período posterior al Preclásico tardío o al Protoclásico.

El **período temprano** corresponde a la parte inferior del montículo desde el nivel del primer piso de barro quemado bien conservado (+480) hasta el nivel estéril que alcanzamos a +160.

El relleno del montículo cambia: hay pocas piedras y la tierra, todavía blanda, es de color grisáceo, contiene también menos tiestos. Además, hay ciertas diferencias de un nivel al otro en la cantidad y el tipo de cerámica: esta puede ser a veces de tipo exclusivamente utilitario, a veces casi inexistente.

La estratigrafía de esta parte baja recuerda la de la estr. A-2 con sus múltiples superposiciones pero hay diferencias significativas. En primer lugar, el número de pisos es menor. Abajo del piso 4 (+480), una capa de barro quemado de 10 cms. de espesor de superficie bien plana, encontramos solamente dos pisos apelmazados, los Nos. 5 y 7 (+426 y +347) y dos pisos quemados, los Nos. 6 y 8 (+352 y +340). Este último es el más grueso, 15 cms., con varias capas de barro y de ceniza indicando tal vez una serie de restauraciones.

El espesor del relleno entre los tres pisos inferiores es poco menos de 10 cms. Al contrario, aumenta entre los pisos 6 y 5 (34 cms.), 5 y 4 (44 cms.). Es ésta una evolución que no se observó en la estr. A-2 sino en la última fase del período I.

No había ningún entierro entre los pisos 8 y 4. pero nuestra excavación a este nivel no tenía más de 2 x 2 mts. y no podemos excluir la existencia de sepulturas en la orilla de las plataformas sucesivas. Sin embargo, pensamos, por analogía con la estr. A-2. que los muertos fueron enterrados más bien en el centro de la vivienda, como es el caso debajo del piso 8 de A-1.

El piso 8, excepcionalmente duro y en buen estado de conservación, presenta, en las orillas norte y sur del pozo, dos hondonadas redondas, de 90 y 60 cms. de diámetro, llenas de carbón y ceniza; son fogones rústicos, o tal vez vestigios de prácticas rituales asociadas con las inhumaciones y precediendo el sobrealzamiento de la plataforma. Esta última recubría cuatro entierros en el relleno arenoso y gris oscuro, en un nivel promedio de +290 (Fig. 13). Tres de ellos son adultos extendidos decúbito ventral, manos juntas cerca de la pelvis; los individuos 1 y 2 están orientados sur-norte, el individuo 3 norte-sur. Los esqueletos están en mal estado pero completos. El primero fue bastante maltratado; cuando enterraron el segundo desplazaron la pelvis y el fémur derecho. Las únicas ofrendas son un pequeño cuenco naranja que contenía carbón cerca del cráneo del esqueleto 3, y catorce conchas agujereadas - probablemente un collar- alrededor del cráneo 2, que también lleva huellas de un pigmento rojo (Fig. 13b).

El entierro 4 estaba reducido a las tibias, orientados oeste-este, 1 mt. al este de los demás entierros; el esqueleto no fue sacado a la luz.

Abajo de los entierros, el relleno se vuelve un poco más oscuro, barroso y compacto. Entre los niveles +340 (piso 8) y +160, el material antrópico disminuye progresivamente, y luego desaparece; el último vestigio humano, una muela, fue encontrado a +231. Abajo del nivel + 160, hay de nuevo abundantes piedras; la tierra barrosa ya no contiene tiestos. Detuvimos la excavación a +40 sin haber alcanzado la roca.

Conclusión sobre la estructura A-1.

El estudio del material cerámico y la estratigrafía prueban que hubo una primera fase de ocupación muy temprana, y ulteriormente dos períodos sucesivos de construcción, dividido cada uno en dos fases.

La ocupación temprana (niveles +160 a +240 aproximadamente),

Como en A-2, los primeros ocupantes del lugar se asentaron en una loma natural. En la capa de ocupación, de un poco más de 1 mt. de espesor, que no fue perturbada por los entierros ulteriores, la cerámica. poco abundante -unos 110 tiestos- difiere notablemente de la cerámica de los niveles superiores, así como de la de la ope. B. Lo más evidente es la ausencia de los tres grupos con engobe pulido naranja (grupo Olocuitla), rojo (Santa Tecla) y negro (Pinos), que durante el Preclásico tardío van a constituir casi la mitad del total del material cerámico. Marion Hatch (comunicación personal) piensa que el material de esta fase temprana es comparable al complejo cerámico del valle del Río Motagua durante el Preclásico medio.

El Período I.

Se extiende del nivel +270 a +480 (piso 4). La fase 1 corresponde al piso 8 (+340) y a los cuatro entierros debajo de este piso. Entre +270 y +340, hay una mezcla de cerámica preclásica media y preclásica tardía provocada por los enterramientos intrusivos; luego la situación se vuelve muy parecida a la de la fase 1 en la estr.A-2. La primera plataforma construidas se asienta en la loma ocupada anteriormente (¿durante el Preclásico medio?), a unos 3 mts. arriba del nivel de la plaza.

Aparentemente la ocupación fue extendida teniendo en cuenta las restauraciones sucesivas del piso de barro. Por otra parte, el número de muertos enterrados debajo del piso podría ser mayor que los que sacamos a luz.

Durante la fase 2, la plataforma de la fase 1 va a ser sobrealzada tres o cuatro veces. Los primeros pisos correspondientes, quemados o apelmazados, parecen ser más bien restauraciones, ya que el espacio entre dos pisos es muy reducido: 5 a 7 cms. Luego este espacio aumenta, pero parece que la costumbre de enterrar los muertos debajo del piso de la casa fue abandonada. La última plataforma (piso 4) dominaba de unos 5 mts. el nivel de la plaza, y de más de 3 mts. la parte alta de la loma que le servía de base -una altura poco compatible con una utilización residencial de la estr. A-1. Por eso pensamos que durante la fase 2 su función cambió para volverse exclusivamente ceremonial: la vivienda primitiva fue sustituida por un templo de materiales perecederos.

El período II.

Durante este período, la altura de A-1 pasa de 5 a 9 mts.: no hay duda que conserva su función ceremonial.

Ulteriormente, podríamos admitir una equivalencia entre el período I, residencial de A-1 (niveles +340 a +480) y de A-2 (niveles +133 a +270 o +320), a pesar de la diferencia en el número de pisos: cuatro en A-1 y nueve o diez en A-2. Pero ¿cómo explicar la ausencia de entierros en la estr. A-2?. En realidad, el período residencia de A-2 parece haber sido más largo que el de A-1, y sería el inverso para su función ceremonial. Al terminarse el período II, la estr. A-1 toma definitivamente, por su altura, la preeminencia sobre A-2, una preeminencia que tuvo probablemente desde el principio.

Queda por imaginar el destino de ambas familias cuando tuvieron que abandonar su vivienda. Tal vez ocuparon para una elite la estr. A-4 que está ubicada en las proximidades de los montículos ceremoniales. Veremos mas adelante que dichas estructuras no han proporcionado ningún entierro, lo que significaría que las costumbres de la elite hubieran cambiado al mismo tiempo que estaba bien delimitada el área ceremonial.

Capítulo 2:

Las estructuras menores del grupo A y el juego de pelota.

La estructura A-4.

Considerando aparte los dos montículos mayores, la estr. A-4 es la más importante del grupo A. De poca altura (unos 2 mts.) y de forma mal definida, se encuentra a unos 50 mts. al oeste de la estr. A-1. Los saqueadores hicieron un hoyo de más de un metro de profundidad en la parte central de la plataforma.

La ope. G, dirigida por Rostain. tenía como objetivo sacar a luz los elementos arquitecturales de la subestructura, estudiar su estratigrafía interna, eventuales superposiciones, y fechar la estructura. Para eso, hicimos dos excavaciones: una trinchera orientada sur-norte a partir de un punto escogido netamente afuera de los límites de la estructura, buscando el muro de sostén sur; y un sondeo central al lado de la excavación clandestina (Fig. 14).

En la trinchera sur hemos encontrado, a 60 cms. de profundidad, un nivel de tierra barrosa negra y estéril. La capa arqueológica, que contiene abundantes tiestos y desechos de obsidiana, incluye 40 cms. de una tierra arenosa-barrosa de color café-rojizo oscuro, debajo de 20 cms. de humus (Fig. 15a).

En cuanto a una eventual arquitectura, los datos son negativos; solamente sacamos a la luz, en el lugar donde hubiéramos encontrado el muro, un amontonamiento de piedras burdas más o menos sobrepuestas, que posiblemente tenía la función de mantener el peso del relleno de la subestructura. Unos sondeos hechos en las extremidades oeste y este del montículo, comprobaron la existencia de tales amontonamientos de piedras, que servían de muros de contención muy toscos. Este rasgo va a ser comprobado en las demás estructuras bajas del grupo A, A-3, A-5 y A-8. Podemos calcular las dimensiones aproximadas de la estr. A-4 así definida: 15,50 x 12.80 mts. , y su orientación: más o menos oeste-este.

El pozo central de 1 x 1 metro fue bajado hasta llegar al nivel estéril, o sea una altura total de 2,60 mts. La plataforma estaba a 2,20 mts. arriba del nivel de la plaza (Fig. 15b).

No encontramos huellas de superposiciones ni entierros. El relleno es una mezcla de tierra y piedras poco compacta, la cantidad y el tamaño de estas últimas, aumentaba de arriba hacia abajo. La estructura estaba asentada, unos 20 cms. arriba del suelo estéril, sobre un conglomerado de bloques de basalto de gran tamaño. El material cerámico y lítico es abundante en toda la

excavación: el relleno procede visiblemente de una zona de vivienda del Preclásico tardío. Pero algunos tiestos son testimonio de una ocupación más tardía, posiblemente perteneciente al período clásico temprano.

No queda nada de la plataforma, que nos hubiera proporcionado datos sobre la función de A-4, pero encontramos en la superficie o alrededor del montículo numerosos fragmentos de metates y manos, prueba de una función doméstica. La estr. A-4 era la subestructura de una vivienda, construida en una sola etapa probablemente a fines del Preclásico o principios del Clásico. Dicha subestructura estaba limitada por sencillos amontonamientos de piedras, sin ninguna arquitectura formal. Creemos que podría haber pertenecido a una familia noble teniendo en cuenta el nivel de la plataforma.

La estructura A-5.

Está ubicada al sur y a unos 50 mts. de las estr. A-1 y A-2. Es una plataforma baja – 1,60 mts.- orientada oeste-este, como A-4, pero sus límites son imprecisos. Poco tiempo antes de nuestra llegada al sitio, fue dañada en su parte sudoeste por una excavación clandestina que sacó a la luz un muro de ladrillos en el interior del montículo (Lam VI).

La ope. E, dirigida por García, tenía como propósito comprobar la existencia de un muro de sostén en el lado este de la subestructura; como ocurrió con la estr. A-4, no se encontraron vestigios de un verdadero muro, sino un sencillo amontonamiento de piedras. La excavación nos permitió también fechar la estr. A-5 por la cerámica del relleno, idéntica a la de las demás estructuras del grupo A, es decir, básicamente perteneciente al Preclásico tardío.

La ope. F (Grignon) se dedicó a limpiar la excavación clandestina y sacar a la luz la construcción de ladrillos que se divisaba en el saqueo. Se pudo averiguar así que se trata de la esquina interior de un pequeño edificio casi cuadrado (2,20 x 2,25 mts.). Podemos reconstituir su planta basándonos en la esquina noroeste, donde los paredes alcanzan 1,30 mts. en las hileras inferiores de estos muros todavía *in situ*. Pero también han sobrevivido el muro este, localizado por una excavación anexa saliendo de la plataforma y la huella de la base del muro sur, que está abierto en su parte central para formar una "puerta" de 50 cms. de ancho. Los muros interiores de esta cámara están hechos de ladrillos duros, paralelepípedos (8 x 16 cms. y 4,5 cms. de grosor), posiblemente hechos con molde, con un amarre de barro de 2,5 cms. de espesor. Pegado al muro oeste en su parte conservada (o sea la mitad norte) existe una especie de banqueta saliente de 15 cms., de 29 cms. de largo; su función es problemática. En el corte del muro oeste hecho por los saqueadores, se puede observar que dicho muro, de unos 40 cms. de espesor, está enteramente hecho de ladrillos sobrepuestos pero únicamente los ladrillos del lado interior de la cámara tienen el color rojizo del barro quemado, mientras que los del interior del muro conservaron el color gris claro del ladrillo crudo. Exteriormente el muro de ladrillos está directamente al contacto del relleno de tierra y piedras del montículo antiguo (Fig. 16).

La pequeña construcción colonial (o postcolonial), pues, es una simple cámara que tenía una entrada sur. Para construirla, hubo que abrir una amplia brecha en el lado sur del montículo prehispánico. en el cual se encuentra estrechamente empotrada. La altura de la cámara era de 1,30 a 1,60 mts., el techo era probablemente de teja (una teja casi completa fue encontrada al pie del muro norte) y el piso era de barro quemado. En todo el interior del edificio se evidencian los efectos de un calor intenso, lo que sugiere una utilización como horno, posiblemente para cocer ladrillos. El piso había sido cuidadosamente barrido, la excavación proporcionó solamente tres tiestos no prehispánicos: uno de mayólica verde y dos de porcelana china.

La extraña disposición de un horno empotrado en un montículo prehispánico tendía probablemente a facilitar la construcción e impedir, sin mucho esfuerzo, el desperdicio de calor. Vimos otro ejemplo de ella en el sitio preclásico de Jalpatagua, unos 50 kms. al sur de Jalapa.

El fuego de pelota: estructura A-6 y A-7.

La cancha del juego de pelota de El Chagüite fue construida en la orilla sur de la meseta ocupada por el grupo A, unos 50 mts. al suroeste de la estr. A-5. Al principiar las excavaciones, la consideramos como de planta sencilla, con extremidades abiertas; la cancha, orientada oeste-este, está limitada por dos montículos paralelos, uno de ellos, al norte, más alto que el otro. Al oeste y muy cerca del juego, la terraza se termina por un muro de contención aparentemente antiguo. No se notan piedras en la superficie. El montículo sur (A-7) continua directamente la pendiente que sube de la Quebrada Grande: fue parcialmente dañado por una excavación clandestina (Lám. VII y VIII).

La ope. H, dirigida por Rostain e Ichon, empezó por una trinchera central perpendicular al eje de la cancha, es decir, norte-sur y sur, y dos sondeos en sus extremidades. Aprovechando los primeros resultados, pudimos sacar a luz parte de los muros existentes y comprobar la planta general del juego, sus dimensiones y su arquitectura (Fig. 17).

Al contrario de lo que habíamos pensado a primera vista, la cancha no es abierta sino limitada en sus extremidades por muros en superestructura. En el lado este, dicho muro mide 50 cms. de ancho y tiene todavía tres hileras de piedras conservadas por una altura de 60 cms. La banqueta norte también está conservada en su parte central; se trata de un muro vertical muy tosco, hecho de lajas y piedras burdamente labradas para tener una cara plana hacia al exterior. Es probable que la banqueta no tenía más de 60 cms. de altura y que la parte horizontal era embaldosada. A pesar de su mal estado de conservación, la sacamos a la luz hasta la esquina oeste y la esquina este, donde da vuelta hacia el norte. Pudimos

comprobar así la existencia de una zona terminal más ancha al noreste y reconstituir la forma en I de la cancha (aunque ni la zona terminal oeste, ni la parte sur de la zona terminal este fueron sacadas a luz).

El acimut magnético de la cancha es 103°. Tenía 6,70 mts. de ancho y 27,10 mts. de largo total; las banquetas tenían solamente 21,60 mts. Las zonas terminales amplían la cancha de 4mts. hacia el norte, y probablemente también al sur; no son exactamente simétricas: la zona este es más ancha (2,95 mts.) que la zona oeste (2,45 mts.).

Los montículos A-6 y A-7 tienen aproximadamente 3 y 2,50 mts. de altura arriba del piso de la cancha; este último se nota por un simple cambio de color de la capa arqueológica. No encontramos vestigios de gradas ni de talud arriba de la banqueta. Un detalle interesante lo constituye una pequeña área recubierta de lajas, pegada a lo que queda del muro oeste en el eje de la cancha, según Eric Taladoire (comunicación personal), podría tratarse del lugar acondicionado para lanzar la pelota al principio del juego.

Los datos proporcionados por la ope. H son importantes por varias razones. En primer lugar, el hecho de que un juego de pelota abierto a primera vista sin que ningún vestigio en la superficie indique la existencia de zonas terminales, sea en realidad cerrado, plantea la necesidad de hacer excavaciones, aunque sean sencillas, en las extremidades de la cancha antes de poder clasificarlo en tal o tal tipo. Para mencionar únicamente los sitios que hemos reconocido en el Oriente de Guatemala (Ichon, 1991), hay solamente cuatro canchas abiertas: en Paso de Tobón y Llano Grande (Jalapa), Papalhuapa (Jutiapa) y Arada Vieja (Santa Rosa). Es decir que este tipo es escaso frente a los otros dos: 12% en el departamento de Jalapa frente a 68% de tipo cerrado ("en palangana") y 20% en I. No podemos negar que el tipo abierto exista en Copán y Quirigua (aunque ya no más arriba en el valle del Río Motagua) pero su existencia en los departamentos del Oriente tiene que ser investigada, comprobando la no-existencia de zonas terminales.

Otro problema es el fechamiento del juego de pelota. Hemos podido comprobar que los tres tipos coexisten en el Oriente, a tal punto que dos de los sitios mayores, Paso de Tobón y Llano Grande, tienen cada uno dos canchas de tipo diferente. Los tres tipos estaban en uso durante el Clásico tardío. El tipo 3, en I, es fechado del Clásico tardío y terminal en el Motagua (Smith y Kidder 1943:3) y en Asunción Mita (Stromsvik, 1950). Sin embargo, después de estudiar brevemente la cerámica proporcionada por la ope. H, pensamos que el Juego de Pelota de El Chagüite es anterior, posiblemente pertenecería al período Clásico temprano (o medio). No contamos en El Chagüite con datos de una ocupación posterior al Clásico medio, siendo este último período representado únicamente por la vasija intrusiva, tipo Teotihuacan, en la parte alta de la estr. A-1.

Otro resultado importante de la ope. H es que, por primera vez en El Chagüite, sacamos a la luz una arquitectura de piedra, muy burda por supuesto, en la banqueta norte y la zona terminal este. Este rasgo podría ser otro indicativo sobre la fecha de su construcción, tal vez un poco más tardía que la de las demás estructuras del grupo A.

La estructura A-8.

Esta pequeña estructura baja, casi redonda, se encuentra a unos 20 mts. al este del Juego de Pelota, casi alineada con su montículo norte; podría ser un anexo del juego (Fig. 18).

Las tres excavaciones que hicimos en la plataforma, en el lado este y en el lado norte (ope. K, L y M) no sacaron a luz superposiciones ni muros de sostén bien construidos. A-8 es una subestructura rectangular, orientada oeste-este; medía aproximadamente 7 x 10 mts. y un metro de altura. Fue construida de una sola vez sobre una base de piedras, utilizando un relleno compacto de tierra barrosa y de piedras, probablemente mantenido por "muros" muy rudimentarios de piedras amontonadas (hemos encontrado una parte del muro norte). Basándonos en la cerámica del relleno -más de 2000 tiestos- la subestructura, que sin duda servía de base a una vivienda, puede ser fechada del Clásico temprano; sería contemporánea del terreno de juego de pelota.

La ope. M. en la base norte del montículo, sacó a luz, debajo de 25 cms. de humus, dos capas barrosas sucesivas, una amarilla, mezclada de piedras, y otra de color café-negro más homogénea; ambas contenían un material abundante: 1400 tiestos y más de 300 lascas o desechos de obsidiana. En el fondo de la excavación hallamos un metate entero recubriendo su mano. Todo este material, por lo menos en la capa inferior, tendría que ser anterior a la construcción de A-8, o sea Preclásico.

La estructura A-3.

La estr. A-3 tiene una posición simétrica, en relación al montículo A-2, a la estr. A-4 en relación al montículo A-1, pero es netamente más baja (un metro). Orientada más o menos oeste-este como las demás estructuras bajas, sus muros (suponiendo que existieran) no fueron sacados a la luz. La plataforma medía aproximadamente 8,70 x 13,20 mts.

La única excavación llevada a cabo en A-3. la ope. C, fue un sondeo de 1 x 2 mts. en la extremidad oeste del montículo. Fue bajada hasta el nivel -20 sin encontrar huellas de muros. Proporcionó abundantes tiestos y varios fragmentos de metates, uno de ellos en curso de elaboración. La cerámica es en su mayoría preclásica, con algunos tiestos más tardíos en los niveles superiores, entre ellos varios fondos planos de "comales" con ranuras digitales, un modo decorativo característico del Clásico temprano y muy común en la zona de Sansare, pero totalmente ausente de las demás excavaciones en El Chagüite.

Es probable que la estr. A-3 servía de base a una vivienda. Es también el caso de la estr. A-9, una plataforma baja ubicada a unos 25 mts. al oeste, que no fue excavada.

Capítulo 3:

Los grupos menores B a E y la roca esculpida

Los conjuntos menores de El Chagüite son esencialmente grupos de viviendas que ocuparon las faldas del volcán Jumay entre las quebradas Coyotera y Grande, al este (grupo D) y al oeste (grupo E) del centro ceremonial. En realidad los grupos B y C son parte, con el grupo A, de un amplio conjunto que ocupaba el mismo espacio casi plano. Había también, más arriba en la falda del Jumay y del Cerro Las Ollas, numerosas terrazas artificiales que probablemente hacían parte del sitio de El Chagüite (Fig. 2)

El grupo B.

El grupo B se extiende entre el centro ceremonial y el lecho encajonado de la pequeña quebrada Coyotera. El cultivo intensivo, con regadío, ha provocado en este lugar la desaparición de varias plataformas; todavía existe una de ellas, B-I, al noreste del montículo A-2, sobre una pequeña loma natural. Fue en la base de B-1 que hicimos un sondeo durante el reconocimiento. Podríamos también considerar como parte del grupo B varios pequeños montículos (uno de ellos saqueado) diseminados en la pendiente al este de las estructuras principales.

El interés mayor del grupo B es que en él se pudo comprobar la utilización probable del reborde norte de la meseta para instalar varios talleres de obsidiana. En tres lugares se observan conjuntos de piedras sueltas y afloramientos basálticos entre los cuales la densidad de artefactos y desechos de obsidiana es extraordinariamente alta. Es posible que parte de este material lítico haya sido llevado por el agua del riego (existe una leve pendiente hacia la quebrada) y "atrapado" por las rocas. Rostain estudió el taller más importante analizando un espacio de unos 80 m2; realizando recolección de superficie y un sondeo en el m2 que tenía la mayor concentración de obsidiana. Este último, a pesar de la delgadez de la capa arqueológica, proporcionó más de 4000 artefactos, una enorme cantidad de lascas y desechos de talla, como también navajas prismáticas, raspadores y puntas bifaciales (véase mas adelante la parte II, cap.1).

La obsidiana procede esencialmente del yacimiento vecino Cerro Chayal (Lám IX1) en cantidad menor de la veta de Sansare llamada "San Carlos" por Marco-Antonio Leal Rodas *et al.* (1988:23). La obsidiana San Carlos, de color gris mate, es muy distinta de la obsidiana negra y traslúcida de Cerro Chayal.

Considerando que las tres concentraciones de obsidiana del grupo B son, realmente talleres, uno puede preguntarse por qué no fue acondicionado el lugar para este trabajo. Hay que suponer que los talleres estaban simplemente recubiertos de un techo de paja y que las

mismas rocas servían de asientos... una instalación muy rústica pero que corresponde al carácter poco elaborado de la industria lítica en general en El Chagüite.

El grupo C.

Varias plataformas bajas ocupaban el reborde de la meseta al oeste del grupo A no fueron estudiadas ni sistemáticamente apuntadas en el plano.

El grupo E.

A unos 400 mts. al oeste del grupo A, las cinco pequeñas plataformas del grupo E son las únicas estructuras visibles en el extenso potrero atravesado por canales llenos de obsidiana y tiestos acarreados por el agua. El conjunto no tiene un plano bien definido. Los montículos bajos (0,30 a 1 mt.), distantes de unos 30 mts. son pequeños cerros de piedras y tierra que miden de 7 a 13 mts. de largo. El más grande fue saqueado; el material recogido en esta excavación es idéntico al material del grupo A.

El grupo D.

Al este de la carretera Sansare-Jalapa, en las faldas inferiores el volcán Jumay, hemos reconocido dos conjuntos, pero hay probablemente más. El conjunto sur tiene dos terrazas contiguas, condicionadas en niveles diferentes para compensar la pendiente, y bordadas en tres de sus lados por plataformas bajas. El montículo central separando las dos terrazas mide 12 mts. de largo y de 1,50 a 2 mts. de alto.

El otro conjunto, reconocido por nosotros en 1986, tenía en aquel tiempo tres montículos en U alrededor de un pequeño patio. La construcción reciente de una casa y las siembras de maíz y café en el área, han provocado su destrucción casi completa. Hoy se divisa solamente la estructura principal, un montículo de 2 mts. de altura, midiendo aproximadamente 8 x 12 mts. y orientado oeste-este. Un sondeo hecho al pie de dicha estructura proporcionó unos escasos tiestos en una capa arqueológica que no tiene más de 20 cms. de espesor.

El grupo D podría ser más tardío que los demás; una figurilla modelada, hueca, representa un personaje femenino, con las manos sobre los senos, un tipo de figurillas burdas característico del Clásico tardío o terminal en El Quiché.

La roca esculpida (Lám. IX2 y Fig. 38)

A unos 50 mts. al sur de los edificios de la finca, se observan unos grandes bloques erráticos de basalto que emergen del suelo de la milpa. Uno de ellos, de 80 cms. de altura, presenta profundas ranuras y pequeñas "cúpulas" -unas veinte- que difícilmente podrían haber sido provocadas por la erosión natural. Dos de las cúpulas tienen el aspecto de "anteojos" por el espesor de la roca alrededor del agujero. Esta roca hace pensar, de manera vaga, en un personaje o animal agachado; podríamos compararla, en mucho más burdo, a las esculturas de la Costa del Pacífico que representan personajes panzudos -barrigones-, fechados por A. Demarest (1986) para fin del Preclásico en el sitio de Santa Leticia.

Capítulo 4:

Los asentamientos preclásicos en el departamento de Jalapa

Los sitios preclásicos que hemos reconocido en el departamento de Jalapa -unos treinta- pueden ser clasificados en tres categorías, según el tamaño y el número de sus estructuras (Fig. 19).

1 . Los centros ceremoniales mayores (teniendo en cuenta que la palabra "mayor" tiene un significado relativo). Hemos clasificado en esta categoría los sitios que tienen un mínimo de cuatro montículos de más de 3 mts. de altura.

2. Los pequeños centros ceremoniales, tipo El Chagüite. Tienen dos o tres montículos de más de 3 mts. de altura y estructuras residenciales más o menos numerosas que no alcanzan los 2 mts.

3. Los sitios residenciales que no tienen estructuras de más de 2 mts. de altura. Generalmente la mayoría de estas estructuras bajas han desaparecido, sea que fueron destruidos por el cultivo, sea que el sitio siguió ocupado durante el Clásico, un caso bastante común. Nos basamos entonces sobre la existencia de material preclásico en la superficie, en el relleno de las estructuras o en nuestros sondeos.

Hay solamente dos sitios de la primera categoría, un tercer sitio, San Rafael Las Flores, está en el departamento de Santa Rosa.

Xalapán, más comúnmente llamado La Xule, se extiende sobre ambas orillas del río Jalapa, en el límite sur de la cabecera departamental. El sitio fue descrito por Shook (1943), quien hizo un plano preliminar de los dos conjuntos que reproducimos, con pocas modificaciones (Fig. 20).

El grupo A, al norte del río, incluye dos patios formando terrazas escalonadas y una cancha de juego de pelota cerrada.

El grupo B se extiende sobre la terraza plana al sur del río. Su organización es muy diferente: hay seis montículos de gran tamaño (3 a 8 mts. de altura), que tienen posiblemente la misma orientación, pero sin formar un plan general bien definido. El grupo estaba limitado al este y al norte por plataformas largas en L que sirven de base a estructuras bajas. Esta parte del sitio se encuentra en muy mal estado de conservación.

Los montículos mayores también han sido en gran parte destruidos para fabricar adobes. En el perfil de la terraza más alta, en el grupo B-1, que fue prácticamente cortada en dos, se notan tres pisos de barro quemado

superpuestos y abundantes tiestos en un relleno de arena y piedras. No hemos observado vestigios de muros o escalinatas, aunque Shook notó "un revestimiento de cantos rodados en un mortero de adobe" (*ibid*).

La cerámica del grupo B es en su mayoría preclásica, pero el Clásico está presente. Los grandes montículos son probablemente contemporáneos de los de El Chagüite; la parte noreste del grupo, llamada El Cafetal, podría ser más tardía, tal vez del Clásico terminal basándose en las esculturas de tipo "tolteca" procedentes del lugar que fotografiamos en Jalapa pocos días antes que desaparecieran.

Las ruinas de Mojarritas, el segundo centro mayor, ubicado a 2 kms. al norte de Monjas en la orilla norte del río Ostúa (o Río Grande), han sido sistemáticamente saqueadas, es lamentable el aspecto actual del sitio, uno de los más importantes del valle del Ostúa.

Hemos definido en el sitio dos conjuntos de fecha distinta (Fig. 21).

El conjunto A, al norte, es preclásico. Comprende por lo menos cuatro grandes montículos formando una cruz alrededor de una plaza de 30 x 30 mts. El más alto, al norte, fue totalmente agujereado por trincheras y túneles, sacando a luz vestigios de una construcción más temprana con muros revestidos de barro. En uno de los montículos laterales más bajos (3 a 4 mts.) se nota un muro de cantos rodados. Al este de la plaza hay tres estructuras de menor tamaño que podrían ser también preclásicas, así como las grandes estructuras 1 y 2 que consideramos parte del grupo B. La estr. B-1 es la más maciza de todas, mientras que B-2 parece tener plataformas escalonadas en su lado este.

Hemos visto en la tienda de un "anticuario" de Monjas varias vasijas procedentes de Mojarritas. La mayoría son platos o cuencos de color naranja y decoración usulután, típicamente preclásicos tardíos (grupo Olocuitla),

San Rafael Las Flores, 5 kms. al sur de Mataquescuintla, es la cabecera de un municipio del departamento de Santa Rosa. En la amplia planicie donde corre el río Los Esclavos hacia el Pacífico. Hemos observado tres conjuntos de montículos (ya mencionados por Kidder y Shook), bastante distantes uno del otro. Dos de ellos son clásicos: el tercer, el grupo A, al este, en el lugar llamado El Salitre tiene un montículo central de casi 10 mts. de altura rodeado de cinco estructuras de 2 a 3 mts. La organización general del grupo no es evidente y no hay Juego de Pelota. El grupo A de San Rafael, bastante distinto de los dos centros mayores de Jalapa, es intermediario entre esta categoría y los pequeños centros ceremoniales.

Los pequeños centros ceremoniales reconocidos, entre ellos El Chagüite, son siete, tres de ellos: La Paz, La Laguneta y Los Arcos, se encuentran en la zona montañosa llamada Montaña de Xalapán. que se extiende al oeste entre Jalapa y Mataquescuintla. Otros dos sitios, La Sierra y Mataquescuintla, en el municipio del mismo nombre, fueron totalmente destruidos. Sabemos gracias al testimonio de dos ancianos, que habla antaño tres grandes montículos frente a la iglesia de La Sierra; fueron arrasados, pero recogimos unos tiestos preclásicos en la proximidad. Una ficha de reconocimiento de Shook (1943) nos confirma que había cinco estructuras en la meseta al sur de Mataquescuintla; no queda nada de ellas sino unas concentraciones de tiestos. A poca distancia, en el barrio moderno de Barrios, hay un gran montículo aislado, preclásico, que se puede considerar como perteneciente al mismo sitio.

El sitio de Las Delicias, 8 kms. al este de San Carlos Alzatate, está ubicado sobre una terraza ondulada en la orilla izquierda del Río Canoítas, un afluente del Ostúa. Es difícil entender la verdadera importancia del sitio por la vegetación y las lomas naturales que a veces parecen ser artificiales; podrían ser un sitio mayor. Hay por lo menos seis o siete montículos y el más alto -unos 5 mts.- está intacto. No vimos tiestos en la superficie, pero la fecha preclásica de Las Delicias está comprobada por una escultura hallada en el sitio y que fue fotografiada por E. Shook en 1946 en Jalapa; representa un coatí sentado sobre un pedestal cilíndrico de más de 2 mts. de altura. Este tipo de esculturas está fechado por Parsons (1986: 23) para el período postolmeca, o sea el Preclásico medio.

Finalmente Palestina ocupa, en las cercanías de Mojarritas, una curva del Río Ostúa (Fig.22). Esta amplia terraza natural presenta al norte y al este, cerca del río, una parte más alta sobre la cual fueron construidas varias plataformas bajas: es la zona residencial. La parte más plana está ocupada por tres grandes montículos, distantes de unos 40 mts. y no alineados. Su altura no es excepcional (3 a 4 mts.), pero, lejos de ser de forma cónica como la mayoría de los montículos preclásicos, tienen una extensión horizontal impresionante, alcanzando unos 20 mts.

Parece que Palestina fue ocupado durante el Preclásico y el Clásico, pero estas fechas deben ser comprobadas por excavaciones.

Hemos clasificado en la tercera categoría, la de los sitios residenciales. 26 sitios que nos han proporcionado materias preclásico, asociado o no con plataformas bajas, la mitad de ellos fueron también ocupados en el Clásico. En el municipio de Jalapa: Lazareto y Jalapa (al norte del pueblo), en las orillas de río Jalapa, Los Izotes, Arloroma y Loma de Enmedio en la Montaña de Xalapán, Ingenio de Ayarza al sur.

- En el municipio de San Pedro Pinula: Cuajilote y Trapichitos.

- En el municipio de San Luis Jilotepeque: los Amates y San Marcos, sobre el río Culima.

- En el municipio de San Manuel Chaparrón: Agua Tibia 2 y Poza Verde (El Chile está en el departamento de Jutiapa).

- En el municipio de San Carlos Alzatate- Tierra Colorada 2 y tal vez Agüijotes (no reconocido).

- En el municipio de Mataquescuintla: Las Mercedes. Sansupo 1 y Las Flores.

- En el municipio de Monjas: Laguna del Hoyo, La Campana, Entre Ríos, Finca San Juan y tal vez San Juancito (al sur, El Ovejero depende del departamento de Jutiapa).

El mapa de repartición de los sitios de las tres categorías (Fig.19) da una idea aproximada de la población preclásica en la región. Pero las zonas montañosas, particularmente en el norte de Jalapa y San Pedro Pinula, y la que se extiende entre San Luis Jilotepeque y San Manuel Chaparrón, no fueron enteramente exploradas. Sabemos por ejemplo que la Montaña de Xalapán es rica en vestigios arqueológicos que merecen una investigación más detenida.

Una primera conclusión es que los centros ceremoniales mayores, Xalapán y Mojarritas, están ubicados en el centro de ricas cuencas con posibilidad de riego, el primero por el río Jalapa, el segundo por el río Ostúa; la situación es la misma en San Rafael Las Flores, cuenca del río Los Esclavos.

Dependientes más o menos directamente de esos centros rectores, los centros ceremoniales menores fueron construidos, sea en las mismas cuencas, sea al contrario en la zona montañosa. Es precisamente una característica del período preclásico la densidad relativamente alta de la población en zonas de difícil acceso y menos fértiles -una situación que va a cambiar drásticamente durante el Clásico-.

El pequeño centro ceremonial de El Chagüite, que ocupa una zona intermedia con agua abundante, tierra fértil y obsidiana en la cercanía, dependía probablemente del centro rector de Xalapán.

Capítulo 5:

Conclusiones sobre el sitio de El Chagüite

La abundancia del agua, la riqueza relativa del suelo y la proximidad de la veta de obsidiana de Cerro Chayal son tres factores determinantes en haber escogido el sitio de El Chagüite para el asentamiento de un pequeño centro de población un poco aislado del núcleo principal que ocupaba entonces la cuenca fértil del río Jalapa, a una hora de camino más al sur. Dicho asentamiento tuvo lugar en una época muy temprana, probablemente tan antigua como el Preclásico medio: la gran cantidad de tiestos, de material doméstico y desechos culinarios en el relleno de los montículos prueba la existencia de un importante conjunto de viviendas anterior a la construcción de las estructuras y de donde procedía dicho relleno.

El estudio de las dos estructuras mayores del grupo A sugiere la presencia, en este pequeño grupo humano de una organización social todavía poco compleja, de dos familias (o linajes) de status superior a las demás: su preponderancia estaba materializada por la utilización que hicieron de dos lomas naturales para construir sus viviendas. Dichas familias no van a tener una evolución exactamente paralela y es posible que una de ellas tenga preeminencia sobre la otra. Ambas cumplen con la costumbre, muy general en Mesoamérica, de enterrar sus muertos debajo del piso de la casa; más adelante el muerto (o los muertos) va a ser colocado directamente sobre el piso y luego recubierto de una delgada capa de tierra antes de construir un nuevo piso de barro quemado o apelmazado. Así se levanta poco a poco el nivel de la ocupación.

Dichos entierros generalmente no tienen ningún ajuar; cuando hay ofrenda, esta última es sencilla: una vasija común depositada cerca del cráneo (contenía tal vez una ofrenda alimenticia). Excepcionalmente varias vasijas "de servicio" más elaboradas y un sello de barro fueron asociados a un entierro de niño. Es importante notar al respecto que se trata de uno de los entierros más tardíos, y de un niño que murió pocas semanas después de nacer. Parece pues, que hubo cierta evolución entre los entierros más tempranos y los más tardíos, siendo el status social mejor subrayado en estos últimos por la riqueza relativa de las ofrendas, y la importancia del linaje, de la herencia, por el trato excepcional reservado a un niño recién nacido.

Esta primera fase de ocupación con una organización social aparentemente sencilla pero ya de tipo dualista, está bien fechada del Preclásico tardío. Si hubo una ocupación previa durante el Preclásico medio, como es probable por el material cerámico hallado en la base del montículo A-1, dicha ocupación fue sin duda muy limitada, tanto en cuanto al número de familias como al espacio ocupado; además ninguna de las estructuras del grupo A ni de los demás grupos puede ser fechada de este período temprano.

Es al final de este primer período, durante el Clásico terminal, que ocurre una mutación espectacular en la organización social, al mismo tiempo que aparecen las primeras estructuras de función ceremonial bien marcada. Las viviendas de las familias dirigentes, que habían sido progresivamente alzadas hasta alcanzar 2 mts. de altura, fueron abandonadas, y posiblemente reconstruidas un poco aparte sobre los montículos bajos A-4 y A-5 utilizados como subestructuras, en adelante, van a constituir el "nucleo sagrado" de los dos montículos ceremoniales que las recubren enteramente y alcanzan un nivel de 6 y 9 mts. de altura. Su plataforma superior servía probablemente de base a un pequeño edificio de materiales perecederos, en donde se celebraba el culto a los ancestros que descansaban en la parte inferior del montículo.

Esa evolución fundamental, con la aparición de un "centro" ceremonial mínimo -tiene solamente dos pirámides- incluye un cambio drástico en las costumbres funerarias. En efecto, como lo hemos comprobado en las estr. A-4 y A-5, los muertos ya no fueron enterrados debajo del piso de la vivienda. Además la elevación del nivel de A-2 tuvo lugar después de juntar los últimos entierros (ocho en total) en un solo bulto funerario, que fue colocado en el centro de la pirámide, una operación realizada sin mayores precauciones ya que ocasionó la desaparición de parte de los esqueletos. Es verdad que la mayoría de los entierros anteriores habían sido también maltratados y casi todos los esqueletos mutilados.

A pesar de tales cambios, probablemente ocurridos entre el Preclásico terminal y el Protoclásico o el Clásico temprano, notamos una continuidad evidentemente en el material cerámico de ambas fases. Ya hemos dicho anteriormente que la aparición en el relleno de los niveles superiores de A-1 y A-2 de formas y modos decorativos típicos del Protoclásico (entre otros los soportes mamiformes), es la única prueba de esta evolución,

El centro ceremonial de El Chagüite no incluye todavía una cancha de juego de pelota: está última aparecerá más tarde durante el Clásico temprano o medio; de allí su arquitectura un poco más elaborada y por primera vez unos muros de sostén que merecen este nombre. Es curioso notar que la planta de la cancha ya tiene una forma en I con las zonas terminales alargadas, un tipo generalmente considerado como más tardío. Sin embargo todas las canchas de juego de pelota en el valle del Motagua tienen planta en I y la *Middle Motagua Culture* se extiende, según Smith y Kidder (1943: 3) sobre el Clásico medio, tardio y terminal. Las demás canchas de juego de pelota en I conocidas hoy día Oriente son fechadas del Clásico tardío -Paso de Tobón, Los Amates, La Campana, Asunción Mita- o del Posclásico -Media Cuesta- (Ichon, 1991). En El Chagüite, la construcción del juego de pelota no puede ser posterior al Clásico medio; ya sabemos que este período esta representado por una vasija intrusiva de tipo Teotihuacan en la parte alta de la pirámide A- 1. Además, por las evidencias de la pequeña estr. A-3, sabemos que El Chagüite seguía siendo ocupado durante este período y que las dos pirámides, o por lo menos la más alta, tenían todavía su papel ceremonial.

El Chagüite fue abandonado al principio del Clásico tardío; no hallamos ningún tiesto, especialmente policromo, que podría ser fechado de este período. Los centros ceremoniales clásicos cercanos se encuentran, ahora, en la cuenca de Jalapa, alrededor (o abajo) del pueblo actual y a lo largo del Río Jalapa, donde varios de ellos han sustituido a centros preclásicos. Es el caso de Jalapa, Lazareto, y sobre todo Xalapán (el centro rector de la región donde se construye el centro clásico frente al conjunto preclásico, en la ribera opuesta del río Jalapa). Al período clásico corresponde pues un asentamiento preferencial de los centros menores en la zona de las cuencas, una centralización más fuerte, al mismo tiempo que una creciente complejidad de la organización ceremonial, evidenciadas por el sistema de patios o plaza rodeadas de plataformas, estructuras cuidadosamente orientadas, canchas de juego de pelota cerradas ("en palangana"), desarrollo de la escultura monumental, etc.

Es seguro que el principal período de ocupación de El Chagüite es el Preclásico tardío y terminal, como lo comprueban tres fechas 14C en la estr. A-2. Las pruebas de una ocupación durante los períodos siguientes: Protoclásico, Clásico temprano y Clásico medio, son menos obvias, por lo menos a nivel de cerámica y de la industria lítica.

Hablando del Preclásico tardío, quisiéramos Incluir El Chagüite en la amplia área cultural de las tierras altas surorientales que se extiende, según Demarest y Sharer (I,986), de Kaminaljuyú a Chalchuapa. Esta entidad cultural, que tal vez se manifestaba también en una unidad lingüística (¿Chol, Mam, Popoluca, Xinca o Pokom ...?), es más obvia en la cerámica, lo que permite a esos autores definir dos esferas: Providencia, de 400 a 100 a.C., incluyendo los complejos Chul en El Salvador y Providencia en Kaminaljuyú, y Miraflores de 100 a.C. a 250 d.C. con los complejos Caynac de El Salvador, Verbena y Arenal de Kaminaljuyú. Es precisamente entre la sub-área oriental (Chalchuapa) y la subárea occidental (Kaminaljuyú) que existe un vacío justificando nuestras investigaciones en una región que se encuentra a media distancia de los dos grandes centros preclásicos.

El estudio del material cerámico de El Chagüite nos permite observar que hay una relación estrecha entre la mayoría de nuestros grupos o tipos y los de Kaminaljuyú y El Salvador occidental, tal vez más estrecha con estos últimos (es cierto que nuestra clasificación, por razones metodológicas, está basada más sobre la de Demarest (1986) en Santa Leticia -y de Sharer (1978) en Chalchuapa- que sobre la de Wetherington (1978) en Kaminaljuyú). Por eso hemos adoptado la terminología establecida en los sitios salvadoreños, especialmente para los tres grupos de cerámica con engobe naranja (Olocuitla), café-negro (Pinos) o rojo (Santa Tecla) que constituyen la mayor parte de la cerámica "de servicio". La gran popularidad de la decoración utilizando la técnica

negativa llamada Usulután es otro rasgo común. Observamos sin embargo, en el complejo cerámico de El Chagüite algunas particularidades que indicarían una transición entre los complejos orientales y occidentales de las esferas Providencia y Miraflores (lo que seria lógico) y también entre dichas esferas y las esferas vecinas, por lo menos con la del Motagua al norte, sino con la esfera Uapala al este.

Por ejemplo en el grupo Pinos, el tipo con incisiones finas de Kaminaljuyú, el *Verbena Black-Brown Fine Incised* de Wetherington (1978:63) es presente, aunque escaso, en El Chagüite, pero no existe en Santa Leticia ni Chalchuapa. Más notables son las particularidades de la cerámica doméstica con una decoración sencilla rojo sobre el color natural del barro: el grupo Guaymango de El Salvador sí está presente en El Chagüite, pero más común es el tipo rojo obscuro sobre natural similar al tipo *Arenal Mate* de Kaminaljuyú o más bien al *Corinthian Daub* del valle de Chixoy (Arnauld, 1986:323). Podemos concluir que, en lo que concierne la cerámica, El Chagüite está incluido en las esferas Providencia y Miraflores pero en una posición un poco marginal -posición complicada por los sitios de la zona de Sansare al norte- según podemos deducir de un breve examen del material recogido por el equipo de la Universidad de San Carlos de Guatemala bajo la dirección de Marco Antonio Leal.

Es interesante notar que, según Marion Hatch (comunicación personal), el complejo preclásico medio, representado en El Chagüite por los escasos tiestos de los niveles inferiores de A-1, sería aparentado al complejo (todavía no definido) del mismo período en el alto valle del Motagua. Pensamos que estos vínculos con el alto Motagua siguieron vigentes durante el Preclásico tardío-terminal. dando a nuestra región del norte de Jalapa -y sur de El Progreso- cierta especificidad.

Hay que subrayar nuevamente que existe una fuerte continuidad cerámica entre las dos fases preclásica y clásica; el Protoclásico está muy poco presente, a no ser por cierta evolución en la forma de las vasijas, especialmente de los soportes- aparecen los soportes huecos, algunos mamiformes, la base anular. Al contrario, los demás modos característicos de la "intrusión protoclásica", tanto en Chalchuapa como en Kaminaljuyú (como el grupo *Atecozal* de Chalchuapa o *Arenal Red* de Kaminaljuyú) no existen en nuestro sitio. Por eso preferimos no hablar de un Protoclásico en El Chagüite sino más bien de un Preclásico terminal poco diferenciado. Esta situación difiere de la observada no solamente en el interior de la esfera Miraflores, sino al exterior de la misma en los sitios periféricos de las tierras altas como La Lagunita (Arnauld, 1985). Es otra prueba de la posición marginal de El Chagüite frente a las grandes corrientes de intercambio, innovaciones o influencias que atravesaron esa región de las tierras altas a fines del Preclásico.

Según Demarest y Sharer (op. cit., 1986) la identidad de nuestra región cultural se manifiesta también en el estilo de las figurillas y de los incensarios, la organización general de los sitios, la arquitectura y la escultura.

En cuanto a las figurillas, los escasos ejemplares que proceden de nuestras excavaciones son de estilo Las Bolinas de Santa Leticia y

Chalchuapa. las que responden al tipo Alvarez *Tri-Punctate eye* del complejo *Tat* del Preclásico tardío, un tipo común hasta Kaminaljuyú y el valle del Salamá (Sharer y Sedat, 1987). Pero encontramos también un tipo de fígurillas burdas (Fig. 5) que no conocemos en otro lugar. Entre los artefactos de barro, hay que mencionar los tiestos labrados en forma de discos o fichas (excepcionalmente abundantes en El Chagüite, de formas muy variadas y a menudo agujereados para ser utilizados como pendientes), el sello del entierro 3 de la estr. A-2, los anillos dobles (¿para amarrar un vestido?) que también se encuentran en El Salvador.

En cuanto a la industria lítica, más precisamente la de la obsidiana, dejando de lado los talleres del grupo B con su material mas elaborado y sus puntas bifaciales (posiblemente más tardías), nos parece a la vez pletórica -por la proximidad de la fuente natural del Cerro Chayal- y tecnológicamente muy pobre (véase mas adelante el estudio de Rostain), lo que se podría explicar por la situación marginal del sitio. La obsidiana bruta, extraída en forma de bloques poco voluminosos y fácil de transportar, no fue tallada en el mismo lugar sino directamente exportada hacia los centros de la cuenca de Jalapa. Una industria lítica independiente en El Chagüite nunca se desarrolló, como fue el caso ulteriormente al pie del volcán Ixtepeque,

En el campo de la escultura, dos tipos de monumentos caracterizan el Preclásico tardío en nuestra región cultural: las estatuas de un dios barrigón *(pot-belly)* colocadas, en Monte Alto y Santa Leticia, en la orilla de una gran terraza ceremonial y las esculturas que representan de modo poco realista una cabeza de jaguar. Esos dos tipos no existen en El Chagüite, sin duda por ser nuestro sitio un centro ceremonial secundario, sin embargo, hemos comparado con el primero la roca probablemente esculpida, de estilo muy burdo (Fig. 38) que se encuentra afuera del centro ceremonial.

En cuanto a la organización general del centro ceremonial y de los conjuntos residenciales, éstos son muy elementales en El Chagüite y no se prestan a comparaciones significativas, aunque si podríamos comparar nuestro sitio con Santa Leticia. Al nivel superior de los centros regionales, la disposición en cruz de los montículos mayores, la de Mojarritas (pero no de Xalapán) recuerda la de centros importantes en los departamentos de El Quiché (La Lagunita) o de Verapaz *(Sakajut)* más que la de los centros salvadoreños.

El carácter muy burdo de la arquitectura en El Chagüite es un rasgo general en las construcciones preclásicas de la región; los montículos A-1 y A-2 se pueden comparar a los montículos de tierra de Santa Leticia. En Chalchuapa, las estructuras principales llevan un repello de barro, pero Sharer comenta que dicho repello fácilmente desaparece y que las pequeñas estructuras no estaban repelladas (1978, vol. 1:121).

Finalmente, nuestras conclusiones sobre las costumbres funerarias en El Chagüite pueden ser más detalladas teniendo en cuenta el número bastante alto de los entierros que sacamos a luz –unos 20- en las dos estructuras mayores. Hemos reconocido que estos entierros fueron asociados con viviendas ocupadas por dos familias de status probablemente alto: no tenemos ningún dato sobre entierros de familias humildes o dentro de un contexto ceremonial. Las características generales de los entierros (posición alargada, decúbito ventral, cráneo al norte o al sur, ofrendas inexistentes o pobres) recuerdan las costumbres funerarias expandidas en El Salvador y en toda la costa del Pacífico pero en una época un poco mas temprana. Según Amaroli (1987) estas prácticas se habrían desarrollado durante el Preclásico medio. Amaroli propuso una teoría sobre la evolución de dichas prácticas en la región desde el Preclásico medio hasta el Preclásico tardío, basándose sobre todo en la excavación de los sitios salvadoreños al oeste del Río Lempa. Según este autor, la sepultura doméstica durante el Preclásico medio estaba caracterizada por la posición y orientación del cuerpo, en todo comparables a lo que vemos en El Chagüite, incluso en la posición de las manos sobre el pubis. Contrariamente durante el Preclásico tardío, la posición ventral sería reservada a los entierros domésticos, mientras que los miembros de la elite serían enterrados decúbito dorsal, con ofrendas más y más ricas incluyendo víctimas sacrificadas y colocadas en posición ventral. Amaroli piensa que esta evolución funeraria reflejaría la evolución de una organización social que se vuelve más compleja y va a desembocar en la institución del cacicazgo.

En El Chagüite encontramos pruebas de la primera fase, pero no de la segunda. De todas maneras, la posición ventral es un rasgo poco común, poco natural podríamos decir, y que por eso vale la pena ser estudiado. Su significación es dudosa: "creencia en otra vida en un inframundo ... ?" según Amaroli, pero tal creencia, a nuestro entender, no nos da explicaciones ciertas. Por su parte, los estudios etnográficos modernos o recientes proporcionan algunos ejemplos de tales prácticas. Entre los Totonacas de la Sierra de Puebla, en México, hasta en una época reciente, las víctimas de una epidemia de viruela estaban enterradas en decúbito ventral para "curar el cementerio" y parar la epidemia (Ichon, 1969:182). En El Chagüite, los muertos fueron enterrados a flor de tierra: podemos imaginar que, colocando su cara hacia abajo, resultaba menos molesta esta proximidad, y a la vez incitaba a los muertos a no inmiscuirse en los asuntos de los vivos. En todas las religiones, las prácticas funerarias tienen dos objetivos: ayudar al difunto en su viaje en el más allá y también proteger los sobrevivientes de cualquier acción nefasta de su parte.

Comparando nuestros entierros de El Chagüite con los 33 entierros de la estr. E3-7 de El Trapiche en Chalchuapa (Fowler, 1984), se notan rasgos comunes en la posición de los cuerpos -decúbito ventral, manos debajo de la pelvis- y ausencia de ofrendas. Sin embargo, la situación es muy distinta en Chalchuapa. La estr. E3-7, por su altura (6mts.) y el tamaño de su plataforma (20x 45 mts.) era sin lugar a duda ceremonial (funerario): además, según el estudio de Fowler, la mayoría, sino la totalidad de los entierros, eran hombres, posiblemente cautivos que fueron sacrificados. Vemos al contrario, en los entierros de El Chagüite la muestra de un grupo familiar, sin ninguna evidencia de sacrificio humano a pesar de algunas mutilaciones *postmortem* que no se pueden explicar.

Hay que subrayar, para terminar con el tema de las prácticas funerarias, que los esqueletos de El Chagüite presentan características físicas originales, justificando un estudio antropológico minucioso. La más evidente es sin duda la estatura alta de algunos individuos (1,70 mts. o más). con un excesivo desarrollo de los miembros inferiores y un fuerte dimorfismo sexual. No hemos notado ninguna deformación craneana ni mutilaciones. Es frecuente la ausencia de una parte del esqueleto, lo que puede explicarse por el hecho de que se trata de entierros sucesivos: sin embargo, en ciertos casos (piernas del esqueleto 2, pies del esqueleto 8) la amputación es nítida y no hay vestigios de las partes que hacen falta.

Para concluir, las costumbres funerarias en El Chagüite durante el Preclásico tardío confirman las comparaciones que hicimos entre nuestro sitio y los de occidente de El Salvador. Comprueban también la impresión de marginalidad o atraso cultural que dan la rusticidad de las construcciones, el carácter poco desarrollado del centro ceremonial, el aspecto muy burdo del material lítico (no es el caso de la cerámica). Es evidente que El Chagüite era un centro menor, que participó solamente con atraso, y a un nivel bastante bajo, en la evolución general de la región -una evolución caracterizada, según Demarest (1986:182) por el desarrollo de las redes de intercambio-comerciales, sociales, ideológicos y que va a lograr una organización social más y más estratificada, la de los cacicazgos del altiplano y de la costa del Pacífico.

Segunda Parte

Descripción del Material

Capítulo 1:

El material lítico de El Chagüite

Stephen Rostain

Mis agradecimientos van primero a Jacques Tixier y el equipo que estudiaron la tecnología del material tallado, a Claude Baudez, François Rodriguez-Loubet y Eric Taladoire por sus precisiones, y a Catherine Reynaud por su grata colaboración durante el presente trabajo.

El material lítico de El Chagüite, recogido sea en la superficie, sea en las excavaciones llevadas a cabo en las estructuras, puede ser dividido en tres categorías según las técnicas de fabricación:

- El material escudado, incluyendo los metates, manos, morteros y piedras anulares.

- El material pulido, que incluye los artefactos pesados, los pequeños artefactos y los objetos de adorno corporal.

- El material tallado, importante en El Chagüite, que incluye básicamente los artefactos de obsidiana y algunos de pedernal.

En 1986, Demarest escribe que "si el lítico proporciona menos informaciones culturales, de afiliaciones cronológicas o tecnológicas que la cerámica, (...) puede ser, sin embargo, mejor entendido por tipologías más generalizadas". Demarest utilizó, para clasificar el material de molienda, las subdivisiones de Sheets (1978), simplificándolas. Presentamos aquí la misma base tipológica, más depurada y con unos reajustes.

El material escudado es esencialmente doméstico; sin embargo, encontramos en el material pulido tanto artefactos domésticos como objetos de adorno corporal, estos últimos a veces asociados con entierros.

No hemos estudiado nuestra muestra de material tallado según una tipología morfológica sino tecnológica, para poder entender la "cadena operatoria".

I- El material escudado

1 -Los metates y las manos.

El material escudado fue bastante importante en los excavaciones: 58 manos, 97 metates y 6 piedras anulares fueron sacados a luz durante los dos primeros meses de la temporada. La mayoría de los artefactos de molienda son hechos de una roca basáltica alveolar ligera y fácil de trabajar.

A la inversa de los demás sitios de Tierras Altas, Chalchuapa y Santa Leticia, la proporción de fragmentos de metates en El Chagüite es mucho mayor que la de manos. Por otra parte el material de molienda representa en los tres sitios más o menos la misma proporción de 83% a 87%, de la totalidad del material lítico no tallado:

En Chalchuapa: 171 manos (53%) y 103 metates (31 %) = 84% de los 322 artefactos líticos (sin incluir el tallado).

En Santa Leticia: 37 manos (69%) y 1 0 metates (1 8%) = 8 7% de los 53 afectados.

En El Chagüite: 58 manos (31 %) y 17 metates (52%) = 83% de los 185 artefactos.

Hemos escogido tipologías basadas en criterios morfológicos generales para evitar subdivisiones numerosas que hubieran obscurecido el resultado. Para las manos, dichos criterios son esencialmente la sección y la planta del artefacto; para los metates, el espesor y la base del artefacto en relación con su planta parecen ser los más significativos.

a/ Las manos.

De los 58 artefactos recogidos hay 15 manos enteras.
El cuadro 1 da la repartición de los artefactos clasificados según su sección y planta. La primera observación es que existe una uniformidad relativa. Se puede notar la importancia (más de 50%) de las manos rectangulares o subrectangulares, de sección biconvexa o plano-convexa. Demarest subrayaba en 1985, que los lados de la mano, convexos al salir del taller, pierden su forma convexa a medida que utilizan el artefacto, y piensa que la existencia de manos de sección plano-convexa (más de la mitad en Santa Leticia y 25% en El Chagüite) prueba que utilizaron primero uno de los lados antes de utilizar el otro: de hecho la forma convexa da más facilidad para agarrar el artefacto. Las manos de sección bi-plana indicarían, pues, el uso terminal del instrumento.

La figura 23 muestra varias formas de manos en El Chagüite. Sus dimensiones son variables, de 9 a más de 20 cms. de largo, 4 a 10 cms. de ancho y 2 a 13 cms. de espesor (no hemos calculado el peso). Algunas manos parecen cortas, sin embargo, podemos pensar que las agarraban con ambas manos. Las mujeres de la región de Jalapa nos han confirmado que muelen siempre con ambas manos, aunque se trate de una mano muy corta (Fig. 24). Es cierto que existe hoy día una estandarización de la forma de este artefacto.

Las manos, a veces de forma irregular, son generalmente bien hechas. En el grupo B se encontró una mayoría de manos muy cuidadosamente labradas. Otros artefactos difieren por su peso y sus dimensiones mayores. El examen macroscópico del material no permitió detectar las estriaciones perpendiculares provocadas por el uso y señaladas por Demarest en su material.

27

Las mismas formas de manos se encuentran en contextos del Preclásico tardío a Clásico en Chalchuapa, y Preclásico tardío de varios sitios de las Tierras Altas y Bajas (Quelepa, valle Zapotitán, Kaminaljuyú, Seibal y Altar de Sacrificios). Las pequeñas manos de forma redonda están también presentes pero en menor cantidad en los sitios de El Salvador. Tenían probablemente funciones muy específicas, todavía no sabemos cuáles.

Por supuesto la mano no sirve sino con su complemento indispensable: el metate.

b/ Los metates.

De las 97 piezas identificadas (más 9 fragmentos sin identificar), 3 estaban enteras, por lo que podemos esperar una mejor comprensión de este tipo de artefacto. Hasta la fecha las tipologías morfológicas se basaron únicamente sobre el estudio de fragmentos. El examen de varias piezas enteras -una de ellas encontrada con su mano- nos permitirá rectificar dichas tipologías.

Hay que recordar que el metate y el mortero no son herramientas propiamente dichas porque se quedan inmóviles durante el trabajo: se trata de complementos de herramienta.

El cuadro 2 enseña la repartición de 95 metates (más adelante hablaremos de dos más) comparando con su base y su planta. Hay un leve predominio de las bases planas y delgadas (menos de 5 cms. de espesor) y podemos observar que la muestra es más diversificada que la de las manos. Parece difícil, pues, definir los tipos según la forma. Las diferencias morfológicas de los metates pueden corresponder a una diversidad de funciones o también al hecho de que el criterio de forma no fue determinante cuando fabricaron el artefacto (Fig. 25). Finalmente hay que notar sobre algunas piezas (B7) un pulimiento mas fino en la parte central debido a la utilización.

En Chalchuapa, Sheets describe tres tipos de metates:

- enteramente bordeado:

- en forma de pila;

- con soportes.

Este último, que encontramos en contextos del Clásico tardío y Postclásico, no existe en El Chagüite.

La diferenciación, hecha por Sheets (1978) y Demarest, entre el metate enteramente bordeado y el que tiene forma de pila, no parece significativa después de estudiar piezas enteras. Sheets clasifica aparte, los metates con un borde continuo alrededor de toda la superficie de trabajo y los metates con extremidad distal o proximal abierta, pero no disponía de ningún fragmento con ambas extremidades en el mismo metate.

El estudio de los metates enteros de El Chagüite nos permite proponer otra explicación. Los tres metates presentan una extremidad bordeada y otra abierta. Es probable que los metates fueron fabricados con un pequeño borde rodeando completamente la superficie de trabajo, como lo sugiere una pieza en curso de fabricación procedente de la estr. A-3. Pero el movimiento de la mujer, empujando la masa de maíz hacia adelante hasta que caiga en la palangana, tenía el efecto de aumentar la altura de los bordes por todos los lados con excepción de la extremidad distal del metate, donde dicho movimiento, al contrario, va a borrar progresivamente el borde. La blandura relativa de las rocas utilizadas comprueba esta hipótesis. Después de algún tiempo, el metate tendrá sus lados y extremidad proximal bordeados, mientras que la extremidad distal será abierta por el desgaste.

Sin embargo, admitiendo la posibilidad de utilizaciones especificas otras que la molienda de maíz, algunos metates podrían tener una forma diferente y no podemos excluir la existencia de metates enteramente bordeados. Demarest (1986) piensa, a este respecto, que "la gran variedad de formas de las piedras pulidas en las Tierras Bajas podría comprobar que la estrategia de subsistencia estaba más diversificada y menos dominada por el maíz como que generalmente se pensó". Podemos suponer que todas las manos y los metates no servían para moler el maíz, sino que algunos de ellos servían únicamente para la molienda de otros alimentos. Sin embargo, todavía nos faltan datos sobre este tema.

El metate estaba orientado, como se puede observar en las tres piezas enteras, con su extremidad más gruesa del lado de la operadora. Eso permitiría tener una superficie de trabajo inclinada, facilitando así la posición de la mujer y compensando la ausencia de soportes. Hay que subrayar la poca estabilidad y el mal asentamiento de los metates de base convexa. Podemos imaginar que estaban mantenidos en una horca de madera, como es el caso hoy día en el campo guatemalteco. Notemos a propósito, que la palabra moderna "concha" utilizada por los campesinos para designar los metates antiguos, probablemente viene de la forma convexa de su base.

Debemos describir aparte dos metates. Uno, entero, es notable por su forma totalmente irregular, hecho de una roca basáltica muy pesada, fue burdamente labrado. El otro es excepcional por haber sido utilizado en ambos lados sin que por eso hubiera sido desgastado hondamente de un lado ni del otro. Es posible que fue utilizado de una manera distinta que los demás.

El estudio morfológico y tecnológico de las manos y los metales ha evidenciado una serie de artefactos labrados más cuidadosamente, o con una técnica mejor que los demás. Es el caso del metate D22 (Fig. 25) y de siete fragmentos de metales similares, muy irregulares y enteramente facetados. Cinco manos de tipo idéntico (entre ellas JI) procedentes del grupo B, también presentan características de un trabajo cuidadoso.

Cuadro 1: Repartición de las manos según su planta y sección.

MANOS Planta	Sección Bi-convexa	Sección Plano-convexa	Sección Bi-plana	Sección Cilíndrica	Sección Cuadrada	Sección Pentagonal	Total
RECTANGULAR	15	15	4	2	1	1	38
OVALADA	4	4		5			13
CIRCULAR		2					2
NO DETERMINADA	1	3		1			5
TOTAL	20	24	4	8	1	1	58

Cuadro 2: Repartición de los metates según la sección de su base y su planta.

METATES BASE	PLANTA RECTANGULAR	PLANTA OVALADA	PLANTA NO DETERMINADA	TOTAL
Convexa delgada	3	1	1	5
Convexa gruesa	3	13	8	24
Plana delgada	9	10	16	35
Plana gruesa	9	8	11	28
No determinada		1	2	3
TOTAL	24	33	38	95

A pesar de que los metates fueron encontrados en varias estructuras del grupo A podemos clasificarlos en un mismo tipo por la similitud de sus formas. Se trata de metates sin soportes (apodes), pero su silueta se parecen bastante a la de los metates con soportes de Chalchuapa. Por la analogía en las formas, los metates facetados de El Chagüite podrían ser fechados del Clásico, pero tendremos que comprobar esta hipótesis. En cuanto a las cinco manos del grupo B, asociados con material cerámico clásico, podrían ser fechadas del período final de ocupación del sitio. Las otras piezas son comunes ya durante el Preclásico en Chalchuapa, Kaminaljuyú, Barton Ramie y varios sitios de las Tierras Bajas mayas.

Un metate en curso de fabricación procede de la pequeña estr. A-3. Es rectangular y relativamente grande: 36 cms. de largo conservado, 36 cms. de ancho y 19 de espesor. La forma general está bien lograda y únicamente la superficie de trabajo se quedó sin aplanar: fue burdamente escudada sobre 1,5 cms. de profundidad y 20 cms. de ancho. Faltaba solamente el acabado para poder utilizar el artefacto.

El metate, en curso de fabricación es particularmente interesante: parece que una técnica similar está todavía utilizada hoy día para fabricar manos y metates. El pueblo de San Luis Jilotepeque, a dos horas de camino de Jalapa, está rodeado de pequeñas canteras. Estas últimas son famosas y proporcionan una parte importante del negocio guatemalteco moderno de estos artefactos de molienda. Por desgracia, no sabemos cuando empezaron a ser utilizados estos yacimientos de roca volcánica, pero parece que fue en una época bastante antigua, según dicen los artesanos.

Hemos conseguido datos interesantes durante la visita de una de esas canteras, ubicada a unos 20 minutos de camino del pueblo. Por todas partes, la loma está agujereada por la extracción de la roca y sendas estrechas se formaron poco a poco entre los desechos de talla. Hay unas cuarenta personas trabajando y el número total de artesanos sería de unos doscientos en las varias canteras del pueblo. Cada uno trabaja por cuenta propia, pagando para eso al dueño de la cantera. En cada taller trabajan entre una y seis personas, generalmente de la misma familia: los niños aprenden el trabajo desde muy jóvenes, con una barreta que luego la cortan en pequeños bloques, cada uno correspondiendo a un metate. Para darle forma, el trabajo no se hace precisamente por escudado sino más bien por talla, utilizando una especie de mazo metálico pesado con extremidades cortantes. El golpe sobre la piedra tiene que ser oblicuo, a veces hasta rasante (Fig. 26). Para darle proporciones adecuadas (siempre las mismas) a la pieza, se utiliza una vara con muescas indicando el espesor, largo y ancho del metate. Se fabrican metates grandes o pequeños; son rectangulares, bordeados por los lados y abiertos en ambas extremidades. El perfil longitudinal es cóncavo y tres cortes que hacen de soportes dan al objeto una buena estabilidad. La forma general recuerda vagamente la de los metates facetados de El Chagüite (Fig. 25). La mano es bastante larga, pero angosta y de sección cuadrada.

El artesano llega al salir el sol, y se va una vez terminado su metate a las dos o tres de la tarde. Se necesita aproximadamente seis horas para fabricar un metate y una para una mano. El conjunto mano-metate se vende 8 a 10 quetzales en el mercado, un poco más barato a los camioneros que llegan regularmente a cargarlos para distribuirlos en los alrededores. El trabajo es cansador pero, según dicen nuestros informantes, relativamente rentable comparando la ganancia diaria de un campesino guatemalteco.

c/ Los morteros.

Hemos encontrado solamente un mortero (E 3) en El Chagüite (Fig. 25) en la estr. A-8. Se trata de una pieza bastante burda, con una superficie de trabajo circular bien pulida de 10 cms. de diámetro y 0,5 cms. de profundidad. Su forma general es redonda e irregular; tiene un diámetro de 17,2 cms. y 6,8 cms. de espesor.

2- Las piedras anulares.

Las piedras anulares, llamadas *doughnut stones* (piedras en forma de *donut*) en la literatura estadounidense, son piedras lidas con un agujero bicónico. Entre los seis ejemplares de El Chagüite (Fig. 27), dos están completamente agujereados; los demás, o bien no fueron terminados o no estaban destinados a ser agujereados. Fueron encontrados en el juego de pelota (dos) y el grupo B (cuatro).

Las piedras son de forma redonda (H40, H2, J19, J6), rectangular-redonda (H21) o rectangular como J15; esta última podría ser un cascanueces. Sobre algunos de estos artefactos, hay huellas casi invisibles de desgaste, posiblemente provocadas por un mango en el interior del agujero central. Las huellas de desgaste lateral (H40) podrían haber sido provocadas por la utilización del artefacto.

Este tipo de piedras anulares se encuentra en numerosos sitios las Tierras Altas y Bajas. En Chalchuapa, Sheets (1978) describe 14 ejemplares de ellas. En el mismo sitio, la investigación para detectar huellas de desgaste no fueron concluyentes. Existen sobre algunos ejemplares leves estriaciones paralelos en el agujero sugeriendo huellas de un mango de madera, pero no hay huellas de acción alrededor de un mango, ni estrías en la circunferencia.

La función exacta de estos artefactos todavía se ignora. Una hipótesis común es que se trata de cabezas de mazas ceremoniales guerreras, o de marcadores colocados en una asta para los terrenos de juego o los campos cultivados o pesos domésticos, o pesos utilizados para aumentar la fuerza de impulso de un mango. Sheets piensa que son demasiado pesadas para ser utilizados como pesos sobre un bastón de sembrar. Su silueta irregular podría indicar que la forma no es esencial en la utilización, apoyando la hipótesis que se trata de pesos. Suponiendo que esas piedras eran pesos de bastón para sembrar, el hecho de que se quebraron sistemáticamente en el centro podría explicarse por los golpes repetidos sobre el mango provocando la fractura de la piedra.

En Africa existe exactamente el mismo tipo de piedra anular. En dicho continente, Pierre Bernadet (1984: 381-382) prueba que, sobre los instrumentos para arar utilizando el método de la percusión asentada, una carga suplementaria puede ser repartida en cualquier lugar del mango. Generalmente, agujereaban una piedra y luego la colocaban en cualquier punto del mango de los cuchillos para sembrar. A veces la piedra medio agujereada estaba clavada en la extremidad superior del mango a manera de pomo. Este tipo de artefacto estaba todavía en uso a mediados del siglo, para desenterrar raíces. Dichas piedras llamadas *kwé* se encuentran en numerosas regiones de Africa y algunas pinturas rupestres muestran mujeres utilizándolas u hombres armados con porras hechas de una bola agujereada sobre un mango. Algunos africanistas creen que los grandes *kwé* eran pesos de bastones de sembrar y las más pequeñas eran cabezas de porras.

II- El material pulido

1 -Los artefactos pesados.

a/ Cascanueces.

Una bola de piedra pulida, J8 (Fig. 28) de forma más o menos regular, bastante pesada, de diámetro 10 a 11,5 cms., fue encontrada en el grupo B. En su parte alta tiene una cúpula de 4 cms. de diámetro y 1 cm, de hondo. Si se trata de un cascanueces, la cúpula servía para colocar y quebrar la nuez.

La piedra J15 (Fig. 28), rectangular, de forma irregular y con una doble cúpula, procede de la misma zona y tenía tal vez una función similar.

b/ Los cantos rodados para pulir.

Tres piedras, burdamente talladas por escudado, fueron encontradas en el juego de pelota (Fig. 29). Las hemos clasificado en el material pulido porque presentan una superficie pulida muy lisa que posiblemente fue utilizada para alisar las vasijas de barro. El más pequeño de estos cantos rodados, H 10, que tiene una pequeña inclusión de cuarzo, todavía conserva unas huellas rojas en una de sus caras. Se trata posiblemente de pintura roja arrastrada a la cerámica durante el alisamiento.

c/ Bola de piedra.

Una bola de forma muy regular, de piedra pulida, B3 (Fig. 29), de 10 a 12 cms. de diámetro, fue recogida en la superficie de la estr. A-2. Tales bolas se encuentran en numerosos sitios del área mesoamericana y hasta América del Sur, pero su función es problemática. Sheets sugiere que son piedras parca hondas o juegos; algunos autores hablan de piedras de "bola", un tipo de honda compuesto de dos o tres piedras amarrados por tiras de cuero: una vez lanzado, se enrolla alrededor del animal y lo deja sin sentido. Otros autores piensan que son artefactos para moler o pulidores.

2 - Los pequenos artefactos.

a/ Las hojas de hachas.

Las hojas de hachas de piedra pulida que fueron encontradas en El Chagüite, no brillan por su originalidad ni por su número (Fig. 30). Once fragmentos del talón o de la parte cortante proceden de varias estructuras (A-1, A-4, A-5, A-6 y grupo B). Todos son de serpentina, de color verde obscuro y enteramente pulidos. Son de forma trapezoidal o rectangular y de sección subrectangular, Tenían sin duda aproximadamente la misma dimensión: 5 a 7 cms. de largo, 3 a 4 de ancho y 1 a 2 cms. de espesor.

Un campesino nos enseñó dos artefactos de serpentina enteros que encontró en la falda del volcán Jumay arriba del sitio. Uno de ellos, HCI, es una hoja de hacha que nos permite calcular las dimensiones de las hachas incompletas encontradas en nuestras excavaciones. El otro, HC2, podría ser un pequeño pulidor para cerámica. Las pequeñas hachas que se encuentran en numerosos sitios, tenían probablemente una utilización doméstica. La veta de serpentina más cercana está en el valle del Río Motagua.

b/ Otros artefactos cortantes.

Dos pequeños artefactos cortantes, de serpentina, fueron encontrados en la estr. A-5. El primero, F 12, es un cincel. La parte cortante es pulida mientras que la otra parte del hacha es burdamente tallado por escudado.

El segundo, H 14, procede de la zona terminal del luego de pelota. Mide 4,2 cms. de largo y tiene una extremidad cortante y la otra puntiaguda. Se trata posiblemente de un pequeño cincel pulido (Claude Baudez, comunicación personal).

3- Los artefactos de adorno corporal.

Tres cuentas de piedra pulida fueron encontradas en el sitio (Fig. 31), una de ellas, F2. en la estr. A-5, las demás en el montículo A-2. La primera, reducida a la mitad, es de serpentina, de forma discoidal, mide 1 cm. de diámetro y 0,7 cms. de espesor. Las otros son tubulares, de piedra verde micácea (¿zolsita?). La cuenta B 19 fue hallada en el relleno de la estr. A-2, fue cuidadosamente pulida, pero tenemos solamente la mitad de ella. Mide 0,95 cms. de diámetro y 2,1 cms. de largo. No fue completamente agujereada; podemos imaginar que se quebró en el curso de la fabricación.

La última cuenta, B142, está entera: mide 0.4 cm. de diámetro y 0,8 cm. de espesor. Estaba asociada al entierro de adulto No. 4.

III- El material tallado.

Una gran cantidad de artefactos de obsidiana fueron sacados a luz en todas nuestras excavaciones, Hicimos una selección de ellos en el mismo lugar, con una muestra para los talleres del grupo B y otra para la estr. A-2 (la única con A- 1, que proporcionó una estratigrafía).

Una veta de obsidiana, Cerro Chayal. está ubicada a 2 kms. del sitio (R. Sidrys, 1976), pero no hemos visto allí ningún vestigio de talleres.

El estudio de la cadena operatoria del material tallado de El Chagüite fue realizado por un grupo de trabajo durante una sesión de estudio sobre la tecnología dirigida por Jacques Tixier, director de investigación en el CNRS (ERA 28 del Centro de Investigaciones Arqueológicas: prehistoria y tecnología) en abril de 1988. Francois Rodríguez-Loubet también nos dio varias informaciones sobre algunos artefactos.

Hicimos muestras de artefactos para dos operaciones: una muestra de 213 piezas para el taller J1 (recolección de superficie y sondeo 1) y otra de 165 piezas para la estr. A-2 (ope. B). Las dos muestras fueron estudiadas del punto de vista tecnológico, con el objetivo de determinar la cadena operatoria, 50% del material (más 3% de fragmentos de piezas bifaciales) no presentan ningún vestigio de cortex, 37% de las piezas tienen una 1/4 parte de la superficie con cortex, y el demás material tiene entre 1/4 y 2/3 de cortex. El tamaño de las piezas es variable, de unos milímetros hasta 10 cms. de largo.

1- Estructura A-2. Operación B.

Hay dos variedades de obsidiana: una negra, y otra gris claro. Esta última viene probablemente del yacimiento San Carlos de Sansare.

Las dos cadenas operatorias se presentan de la manera siguiente (Fig. 32):

a/ Primera cadena.

Los bloques de obsidiana brutos fueron traídos al sitio para ser quebrados luego en varias lascas utilizadas para fabricar los artefactos por percusión.

Los artefactos de la muestra son 22 piezas esquirladas (B- 11), 2 piezas con muescas (B III) y un núcleo sobre lasca cortical, tal vez utilizado como percutor (BIV).

b/ Segunda cadena.

De esta cadena conocemos únicamente las navajas talladas por presión en otro lugar que El Chagüite e importadas en el sitio. Pueden ser fechadas del Preclásico (el talón abrasado es característico de este período). Plantean el siguiente problema: ¿desplazamiento, intercambio o negocio?

El material de la estructura A-2 está compuesto principalmente de navajas y de piezas esquirladas, de las cuales no conocemos la función. Aunque sean escasos, es posible que los núcleos hayan proporcionado la totalidad de las lascas. El gran número de piezas aparentemente sin utilizar puede explicarse por el hecho de que el despilfarro de material es cosa común en las cercanías de los yacimientos.

2 - Taller J1.

El taller J1 está ubicado, como los otros dos talleres, en medio de un conjunto de rocas aparentemente naturales (Fig. 33). Una recolección de material superficial en un espacio de 88 m2 y luego un sondeo de 1 m2 que bajó de un poco más de 20 cm., fueron realizados en dicho taller. El sondeo encontró una fuerte concentración de piezas de obsidiana: más de 4000 lascas de talla (Fig. 34). Podemos imaginar que los artesanos utilizaron las rocas como asientos durante el trabajo de talla. No hay vestigios de viviendas, lo que permite suponer que existía solamente un abrigo sencillo de materiales perecederos.

Aquí la cadena operatoria es diferente (Fig. 36 y 37).

Después de desbastarlas con un percutor duro, las lascas en forma de navajas (típicamente mesoamericanas), de canto cortical, obtenidas por percusión, fueron llevadas al sitio. Luego se les dio una preforma utilizando un percutor suave, a menudo sobre una lasca *kombewa* (Fig. 36). "El método *kombewa* permite fabricar una lasca de forma predeterminada gracias al abultamiento de la cara inferior de una lasca probablemente tallada para ser un núcleo: una lasca *kombewa* bruta tiene dos caras de fraccionamiento." (J. Tixier *et al.*, 1980:90).

El material de la muestra consiste en artefactos bifaciales (Fig. 35); dos de ellos fueron sacados de un bloque y cuatro de los demás de una lasca laminar. La punta bifacial entera nos indica el tamaño del módulo (J14). Uno de los artefactos bifaciales reutilizó una punta quebrada, posiblemente como perforador, una prueba de la reutilización de los artefactos.

Encontramos también un perforador y un vestigio de una pequeña navaja tallada por presión (JIV), así como unas piezas esquirladas. El demás material es una serie de lascas hechas como un percutor suave, tienen poca abrasión en su talón.

El presente estudio prueba que se encuentran esencialmente piezas esquirladas en el relleno de la estr. A-2. Se trata posiblemente de una especialización, mientras que las otras estructuras hubieran fabricado otros tipos de herramientas[1]. La producción principal de los talleres (ope. J) era las piezas bifaciales, lo que comprobaría la fecha más reciente de esta parte del sitio.

IV- Las rocas grabadas o esculpidas.

1- La roca esculpida (Fig. 38 y 39a).

Al este del centro ceremonial, una roca basáltica fue burdamente esculpida en forma naturalista. Parece que un fragmento de la piedra se quebró, tal vez por los incendios de la roza: el calor del fuego hubiera provocado su estallido. La interpretación de los motivos decorativos representados sobre la roca es difícil. Se puede ver un brazo doblado, utilizando la forma natural de la roca, y cúpulas que podrían representar un ojo.

La roca de El Chagüite tiene ciertas similitudes con las esculturas llamadas *pot-belly* de la costa del Pacífico y de El Salvador, fechadas por Demarest del Preclásico tardío, pero la comparación es dudosa. Una interpretación más precisa sería altamente hipotética.

2- Las piedras grabadas (Fig. 39b).

Dos piedras grabadas fueron encontradas en el sitio. La primera, que procede del juego de pelota, es un fragmento de la laja que presenta cinco incisiones rectilíneas adentro de un cuadro: pero el motivo es incompleto. La segunda es una pequeña roca ubicada en el lado norte del montículo A-1; tiene, como la primera, incisiones lineares (en este caso seis).

---

[1] Tratándose de un material hallado en un relleno, es evidente que no se puede hablar de una especialización de las estructuras, sino de las zonas (¿de vivienda?) de donde procede dicho relleno (A-1).

Capítulo 2:

El material cerámico

Alain Ichon

Ya hemos subrayado la abundancia de los tiestos que sacamos a luz en todas nuestras excavaciones adentro de las subestructuras del grupo A, concluyendo que el material del relleno procedió sin lugar a duda de una zona de viviendas (o de basureros) ocupada durante un tiempo bastante largo anteriormente a la construcción de dichas estructuras. El material cerámico incluye unos 50.000 tiestos, la mayor parte de ellos producto de las operaciones D y B en los montículos principales.

Nos hemos dedicado al estudio exhaustivo de los tiestos de la ope. B (estr. A-2), comparándolos con el material de los niveles superiores e inferiores de la ope. D (estr. A-1). En cuanto al material de las demás estructuras -juego de pelota, A-3, 4, 5 y 8- lo hemos sencillamente examinado, sobre todo para buscar en esos lotes los tiestos más tardíos que podrían comprobar la existencia de una ocupación clásica del sitio.

El análisis tipológico que sigue concierne esencialmente, en consecuencia, a los 15537 tiestos clasificados de la ope. B. Teniendo en cuenta que no existe hasta la fecha ningún estudio de la cerámica del Oriente de Guatemala, tuvimos que basar inicialmente nuestra clasificación, según el método "tipo-variedad", sobre comparaciones con las tipologías establecidas en los sitios del occidente de El Salvador, por Sharer en Chalchuapa (1978) y por Demarest en Santa Leticia (1986); hemos obtenido beneficios de las observaciones directas de este último autor.

El estudio comparativo de las demás tipologías elaboradas, para el período que nos interesa -el Preclásico tardío y el Clásico temprano- en las tierras altas centrales y septentrionales de Guatemala, fue basada esencialmente sobre la de Wetherington (1978) en Kaminaljuyú, de Viel (1984) y Arnauld (1985) en La Lagunita, de Hatch (1982) en el valle del Chixoy medio, de Sharer, Sedat (1987) y Arnauld (1986) en Verapaz. Tenemos que agradecer a Hatch sus visitas en nuestro laboratorio de Antigua y sus observaciones, especialmente la hipótesis de una ocupación del Clásico medio que le sugirió el material de los niveles más tempranos de la estr. A- 1.

En cuanto a la metodología de la clasificación, nos parecen pertinentes las críticas de Demarest (1986) sobre una proliferación abusivo del número de tipos y variedades basadas sobre todo en detalles de la técnica decorativa. En Santa Leticia, él ha podido reconstruir numerosas vasijas enteras o casi enteras, comprobando así que, según la tipología de Sharer, hubieran tenido que ser clasificadas en varios tipos distintos, una conclusión poco lógica.

Por eso es preferible quedarse en el nivel del grupo cerámico (y lo hemos hecho aquí) mientras las especificidades de forma o decoración serán utilizadas para elaborar una tipología modal, tan importante como la primera.

Hemos llevado la excavación por niveles artificiales de 20 cms. a partir de la plataforma superior hasta el nivel +320 en un relleno homogéneo. Luego teniendo en cuenta la estratigrafía "natural" -o más bien antropogénica- es decir, la de los pisos sobrepuestos y con excepción del más temprano (piso 12), los pisos sucesivos están separados por una capa de relleno de menos de 20 cms. de espesor. Así los niveles 1 a 14 representan catorce capas de 20 cms. de relleno homogéneo del período II, tardío. En los niveles 15, 16 y 17 el relleno es también homogéneo, a los dos últimos pisos construidos los hemos considerado como una transición entre los períodos I y II. En los niveles 18 a 34 las capas de relleno sucesivas entre los pisos 2 y 12. Finalmente los niveles 30 a 34 el relleno de la subestructura de la plataforma más temprana, desde el subsuelo rocoso hasta el primer piso de ocupación (piso 12).

Teniendo en cuenta el número de tiestos por nivel y su repartición entre lo diez grupos o tipos principales, hemos establecido el cuadro gráfico que evidencia la evolución de dichos grupos durante las dos etapas importantes de la secuencia : entre los niveles 14 y 15 del período I, preclásico, al período II, clásico, y entre los niveles 17 y 18, fase de transición entre los periodos I y II[2].

I- Tipología Cerámica.

1- El grupo cerámico Los Pinos (Fig. 40 y 41)

El grupo cerámico Los Pinos (negro-café) fue definido por Sharer en Chalchualpa (1978, 3:36-38) y por Demarest en Santa Leticia (1986:59-67). A pesar de algunas diferencias en la pasta y las formas de las vasijas, las similitudes entre el material de El Chagüite y el grupo Pinos son tan fuertes, que nos parece inútil crear un nuevo grupo para él. Existe en toda el área cultural de las esferas Providencia-Miraflores –y aún más allá de dichas esferas- una cerámica negra-café muy homogénea durante el Preclásico tardío y terminal.

Muestra y repartición estratigráfica: 2403 tiestos o sea 15,47% del total clasificado. Considerando el porcentaje del grupo Pinos en Chalchuapa y Santa Leticia (4,44% y 4,52% respectivamente), es probable que nuestra clasificación en el grupo Pinos fue menos estricta que la de Shrarer (1978) y Demarest (1986) en los sitios salvadoreños. La repartición es bastante constante -de 10 a 25%- en todos los niveles. No hay evidencia de una evolución neta entre los períodos I y II.

---

[2] Por desgracia este cuadro fue extraviado y el material cerámico, por haber sido echado, no podrá ser re-clasificado.

Criterios: engobe superficial negro o negro-café bien pulido. La pasta, de textura mediana, es de color gris. a veces más clara en el lado interior y/o exterior. El desgrasante, de densidad regular, es heterogéneo, con una mayoría de partículas blancas (¿cuarzo?) de tamaño pequeño. La superficie es bien pulida, hasta lustrada, el engobe negro, gris obscuro a gris claro o café-rojizo (5YR-5/16: rojo amarillento – con escasa representación-)

Formas: la forma predominante es el cuenco (93% de los bordes), generalmente abierto, o cerrado. Las vasijas cilíndricas son escasas (2.5%), así como las tinajas (4.5%).

a/ Cuencos abiertos (76%).

La pared, generalmente cóncava, o rectilínea, hace un ángulo marcado, agudo o redondeado, con la base ligeramente convexa.

Forma A. 1: borde directo, labio redondo (Fig. 40 e, f) o plano. Diámetro: 22-36 cms. Porcentaje: 28%.

Forma A.2: borde exteriormente engrosado (Fig. 40 h). Diámetro: 20-32 cms. Porcentaje: 27%.

Forma A.3: borde evertido; puede ser oblicuo, plano (Fig. 40 i, j) o sub-horizontal con decoración incisa, aplicada o modelada (Fig. 40 k, l y 41 b). Diámetro: 26-40 cms. Porcentaje: 28%.

Forma A.4: *Z angle* entre pared y base (Fig. 41e). Porcentaje: 9%.

Forma A.5: reborde sub-labial (Fig. 41d). Porcentaje: 4%.

Forma A.6: cuenco (o plato) abierto de pared cóncava y silueta sencilla (Fig. 41h). Porcentaje: 4%.

b/ Cuencos cerrados (17%).

Forma b.1: silueta sencilla, pared convexa, borde directo, labio redondo o adelgazado (Fig. 40 c).

Forma b.2: silueta compleja, ángulo pronunciado entre la pared y la base (Fig. 41f).

c/ Vasijas cilíndricas (2,5%).

Escasas. Borde engrosado (Fig. 40 d).

d/ Tinajas (4,5%).

El cuello puede ser vertical (Fig. 41i) o de boca ancha (Fig. 40b), el borde directo o evertido.

e/ Vasijas miniaturas.

Un pequeño plato trípode, de borde evertido con ranuras (Fig. 41b). Una tinajita con decoración de pastillaje e incisiones finas (Fig. 41o).

Elementos de forma:

- Pitorros (vertederas) cilíndricos: 8 tiestos.
- Asas; de cinta, saliendo del labio: 6 (Fig. 41i).
- Soportes: son pequeños, macizos, de forma troncónica. El soporte hueco, mamiforme, aparece en el nivel 5 (Fig. 41l).
- Varios (Fig. 41j, k).

Decoración pintada:

Hay huellas de un pigmento rojo fugitivo y a veces de un pigmento blanco en las incisiones hondas. Este tipo de decoración era probablemente más común, pero se borra fácilmente por la erosión; existe también en Santa Leticia (por lo menos el rojo) y en Chalchuapa (Sharer, 1978:37).

La decoración negativa Usulután, común en los grupos Olocuitla y Santa Tecla, es excepcional en el grupo Pinos (3 tiestos). Es también el caso del tipo *Púrpura sobre Negro*, representado en la ope. B por 3 tiestos de la misma vasija (Fig. 41 m) en el nivel 33 -un tipo que no está mencionado por Sharer y Demarest-,

Decoración plástica: La decoración por incisión es la más común. Las incisiones fueron hechas después de pulir, sobre el barro medio seco, con una punta de tamaño mediano o grueso. Los motivos, bastante variados de una vasija a la otra, están distribuidos en paneles sobre la pared. Son geométricos (Fig. 40 y 41e), en "chevrons" cuadriculados (Fig. 41f), trenzados (Fig. 40k). Las incisiones finas son muy escasas: 5 tiestos y un borde de tinajita (Fig. 40 o, p, q), con motivos complejos. Este tipo, más escaso aún en Chalchuapa, no existe en Santa Leticia. Se trata del *Canchón Fine Incised* probablemente importado de Kaminaljuyú como lo comprobó el análisis por activación neutrónica (Demarest, 1986: 67): sería un poco más tardío que los demás tipos del grupo Pinos o sea *Late Caynac* (100-250 d.C.). Sin embargo en la ope. B de El Chagüite aparece ya en el nivel 20, o sea durante el período I, Preclásico tardío.

Otros tipos de decoración plástica menos corrientes son: las acanaladuras, el filete aplicado con punteado, el modelado aplicado sobre el borde evertido de los cuencos, el cuello y cuerpo de las tinajas (Fig. 41a, n, o). Puede representar una cara estilizada (Fig. 40b), un ojo, un sapo. A veces el borde evertido o el reborde sub-labial es modelado (Fig. 40f, l y Fig. 41d). Este tipo de decoración está siempre asociado con incisiones hondas.

Evolución modal.

No hay ningún cambio evidente en las formas o decoración entre los períodos I y II. El único soporte hueco, mamiforme, aparece durante el período II, nivel 5. Ya hemos dicho que los tiestos con decoración púrpura sobre negro, en acanaladuras curvas, se encontraron únicamente en el nivel inferior (33).

Comparaciones.

El grupo Pinos de Sharer tiene una distribución geográfica muy amplia: se encuentra no solamente en El Salvador y el Oriente de Guatemala (Rancho Vista Hermosa. cerca de Asunción Mita), sino también en El Quiché y en Baja Verapaz. Los varios grupos *Negro-Café Pulido* o *Glossy Black-Brown* de la esfera Providencia-Miraflores son muy parecidos. La cerámica de El Chagüite, sin embargo, nos parece mas relacionada al grupo Pinos de Chalchuapa y al *Black-Brown* de Kaminaljuyú que al grupo Nogaro de La Lagunita (Viel, 1984:72 y Arnauld, 1985:121) o al *Bledo Negro Inciso* de Verapaz (Arnauld, 1986: 319), ambos grupos un poco marginales en la esfera cerámica.

2 – El grupo cerámico Tapalapa (Fig. 42 à 45).

Hemos clasificado en un nuevo grupo, Tapalapa, una cerámica negro-café de El Chagüite muy parecida a la del grupo Pinos pero que se diferencia de ella por dos característicos importantes en el tratamiento de la superficie: no tiene engobe (sino a veces auto-engobe) y no fue pulida (y menos aún lustrada) sino sencillamente alisada.

Muestra y repartición estratigráfica:

En la ope. B, 348 tiestos, o sea 2,2% del total clasificado. Notamos que este porcentaje cambia con bastante regularidad, disminuyendo de los niveles interiores, donde alcanza 12.2%, a los niveles superiores: 0,8% arriba del nivel 14.

En la ope. D (estr. A-1), los tiestos Tapalapa -unos 50 constituyen al contrario la mayor parte del material (poco abundante de hecho) de los niveles anteriores a la construcción de la plataforma temprana, desde el nivel estéril (+180) hasta 290.

Hemos definido cuatro tipos en el grupo Tapalapa: *Tapalapa Sencillo, T. Micáceo, T. Rojo sobre Beige y T. Grueso.*

La pasta es generalmente la del grupo Pinos. La superficie es de color café-rojizo (2,5YR-5/2 o 5/4), o chocolate o beige a café claro (7,5YR-6/4 o 6/6, 5.YR-6/6).

Tipo Tapalapa Sencillo.

La pasta, con desgrasante poco homogéneo, tiene una pequeña cantidad de mica no visible en la superficie. Los tiestos pueden ser decorados o no. Muestra: 233 tiestos (66% del grupo).

Tipo Tapatapa Micáceo.

El desgrasante es rico en muy pequeñas partículas de mica que dan a la superficie un aspecto brillante. Muestra: 115 tiestos. (33% del grupo).

Formas:

- La forma predominante es el cuenco (95%), que puede ser abierto (forma A), de pared cóncava -la mayoría-, convexa, rectilíneo o cerrado (3,2%).

En el cuenco abierto el borde es directo (forma A.1: 11,5%. Fig. 42f y 44a), engrosado (forma A.2: 8,3%. Fig. 43f y 44b-g) o evertido (forma A.3: 26,9%. Fig. 42m). El borde evertido es una característica del tipo micáceo (Fig. 45l, n).

En el cuenco cerrado las dos formas: B. 1, de silueta sencilla (Fig. 44l, n) y B-2, de silueta compleja (Fig. 44j, k) son presentes, hay dos ejemplos de reborde sub-labial, ambos en el nivel 3, tardío.

La forma C, vasija cilíndrica, es muy escasa (Fig. 42l).

Las tinajas representan 4,4% de los bordes del grupo. El cuello es generalmente vertical (forma D. 1, Fig. 43a - e), raras veces de boca abierta (forma D.2).

Elementos de forma.

La base de los cuencos es plana o ligeramente convexa. Hay pocas asas; la mayoría son de cinta, sobre las tinajas (Fig. 43e).

Decoración.

Es esencialmente plástica, aunque encontramos huellas de pintura fugitiva postcocción, roja o blanca. Un tiesto tiene huellas de rojo fugitivo en el exterior y decoración interior Usulután (Fig. 43h).

La decoración plástica, similar a la del grupo Pinos, afecta aproximadamente 50% de los tiestos. Incluye incisiónes medianas o burdas, a veces con zonas excisas (Fig. 42b, j), ranuras hondas sobre el labio plano, punteado sobre el ángulo de la pared de los cuencos cerrados (Fig. 44j, k), filete aplicado y punteado sobre el cuello de una tinaja (Fig. 43d) y decoración modelada, escasa.

Tipo Tapalapa rojo sobre Beige (Fig. 45a-c).

La pasta es similar a la del tipo sencillo, de color beige con el centro más obscuro, de textura densa. La superficie está bastante bien pulida y con un engobe rojo (10R-4/8) que cubre el exterior, incluyendo el labio o solamente hasta la ranura que limita el borde engrosado.

Muestra: 5 tiestos 1 % del grupo en los niveles 20 a 34, todos del período I, temprano.

La única forma es el cuenco (o plato) muy abierto, de pared cóncava, con borde engrosado. Diámetro: 32 cms. No tienen decoración.

Tipo Tapalapa Grueso (Fig. 45d- h).

La pasta es muy burda y el desgrasante más heterogéneo que en el tipo Sencillo. Se trata de grandes cuencos de diámetro superior a 32 cms. de pared sub-vertical, gruesa (1 cm.) v borde engrosado, alcanzando 3,2cms. de espesor, con un promedio de 2,5 cms.

Muestra: 11 bordes (2% del total del grupo, 7% de los bordes). Niveles 3 a 22 o sea fase de transición y período II tardío.

Comparaciones.

No hemos encontrado equivalentes exactos de nuestro grupo Tapalapa en el material de Santa Leticia descrito por Demarest.

En Chalchuapa, Sharer (1978: 25) describe un grupo *Masahuat* del complejo Kal (Preclásico medio: 650-400 d.C.) que representa 2,4% de los tiestos. Los tres tipos del grupo *Masahuat: Unslipped, Incised y Punctated*, tienen equivalentes en el Tapalapa. Pero las formas son distintas, con una predominancia en Chalchuapa de tinajas de cuello corto y de comales, formas que no existen en el Tapalapa; en cambio, no existe el cuenco abierto en el *Masahuat*.

En Kaminaljuyú, Wetherington (1978:62) describe una variedad micácea poco común *del Verbena Black-Brown Unincised*; pudimos comprobar en su muestrario del Museo Nacional que corresponde exactamente a nuestro tipo Tapalapa Micáceo

En conclusión, nuestro grupo Tapalapa es muy similar al grupo Pinos, pero se diferencia esencialmente de él por la ausencia de engobe, y de manera general por un aspecto más burdo y una decoración menos elaborada. El material de la ope. B se encuentra mezclado con el grupo Pinos y por ello es difícil distinguirlo de éste; pero su abundancia, al mismo tiempo que la ausencia de Pinos en los niveles inferiores del montículo A-1, prueban la anterioridad del Tapalapa. Marion Hatch piensa que esos niveles podrían ser fechados del Preclásico medio, una fecha que corresponde a la del grupo *Masahuat* de Chalchuapa. El grupo Pinos aparece solamente durante el Preclásico tardío y sustituye poco a poco al grupo Tapalapa.

3- El grupo cerámico Olocuitla (Fig. 46 y 47).

El grupo Olocuitla fue definido por Sharer en Chalchuapa (1978: 35-36) y en Santa Leticia por Demarest (1986: 76-88). con los siguientes criterios: 1° un engobe naranja pulido sobre toda la vasija, 2° una pasta fina, negra en el centro, con un desgrasante poco abundante o sin desgrasante.

Muestra y repartición estratigráfica.

3072 tiestos o sea 17,77% del total clasificado, y dos cuencos enteros en los entierros 3 y 5. Este porcentaje parece muy alto comparándolo con el de Chalchuapa (3,9%), de Santa Leticia (6,35%) o con el grupo correspondiente de Kaminaljuyú (9%), posiblemente porque nuestra clasificación no dio tanta importancia al criterio de la pasta. Sin embargo en El Quiché el grupo Orfeo de La Lagunita, que corresponde al grupo Olocuitla, representa 14% del total (Viel, 1982: 64 y Arnauld, 1985: 114).

Se nota un aumento bastante progresivo del número relativo de tiestos Olocuitla desde los niveles inferiores, con un máximo de casi 30% en el nivel 2.

Pasta y superficie.

Hoy dos tipos de pasta: la primera es fina, homogénea y densa, con un desgrasante poco abundante y una mayoría de pequeñas partículas blancas (cuarzo). Su color es café-amarillento a gris. La segunda pasta tiene un centro gris obscuro netamente distinto de la capa superficial más clara. El desgrasante es más abundante.

El engobe naranja interior y exterior es bien pulido, hasta lustrado. El color es rojo pálido (10R-6/8.2.5YR-6./6 o 6/8), a veces gris. La decoración Usulután es común: más de 50% de los tiestos.

Formas

A - Cuencos abiertos de silueta compleja (71%) o sencilla (5%).

A 1: borde directo (Fig. 46j, k). Algunos cuencos tiene un filete *(ridge)* sub-labial y una ranura interior (Fig. 46k). Porcentaje de los bordes: 19%. Diámetro: 27 cms. (de 18 a 32). Existe también el *Z angle* (Fig. 46d).

A.2: borde exterior engrosado, labio plano. Pared y base hacen un ángulo agudo (Fig. 46h). Porcentaje: 14,4%. Diámetro: 27 cms. (de 14 a 46).

A.3: borde evertido horizontal (Fig. 47a, c, d). generalmente decorado con ranuras, punteado, modelado o aplicado. Porcentaje: 28%. Diámetro: 27cms. (de 18 a 40).

A.5: reborde sub-labial (Fig. 47b, e), facetado o decorado como A-3- Porcentaje: 4%.

A-6: cuencos abiertos de silueta sencilla, pared convexa (Fig. 47g). Diámetro: 25 cms. (de 14 a 32).

B- Cuencos cerrados.

B.1: silueta sencilla (Fig. 46g). Porcentaje: 9% Diámetro: 13 cms. (de 6 a 22).

B.2: silueta compleja, borde evertido (Fig. 46f). Porcentaje: 3,4%. Diámetro: 26 cms. (de 18 a 30).

C - Vasijas cilíndricas: 5.7% (Fig. 46i).

D - Tinajas: 5,1%. Diámetro de la boca: 18 cms. (de 13 a 22).

-D.1: cuello vertical, rectilíneo o convexo (Fig. 46a, b).

-D.2: cuello corto, vertical o de boca abierta (Fig. 46c).

Elementos de forma.

Las bases son generalmente convexas, raramente cóncavas (¿tinajas?).

Los soportes son macizos o huecos. Los primeros pueden ser hemisféricos de base plana, cónicos o troncónicos, o en forma de botón (*nubbin)* (Fig. 47h).

Los soportes huecos son mamiformes (Fig. 47i) o altos (Fig. 47k); uno de ellos tiene forma de bota.

Casi todos los soportes se encuentran en los niveles superiores: 32 de los 34. La mayor de (24) son macizos.

Las asas son escasas (7) y de tipo variado: de cinta. de cinta gruesa. anular: a veces son puramente decorativas (Fig. 46h).

Hay solamente un pitorro (vertedera) de sección ovalada.

Decoración pintada:

Tipo Olocuitla Rojo sobre Naranja (Fig. 47g, l, p).

Muestra: 31 tiestos (1 % del grupo) - Formas: cuencos abiertos (A.1, A.2, A.3, A.6), tinaja de cuello vertical (B.2).

El pigmento rojo (7,5R-4/6 o 5/8) o a veces de color púrpura (10R-4/2 o 7. 5R-4/2) cubre generalmente el borde interior y exterior o solamente el labio; excepcionalmente todo el interior (Fig. 47m). Encontramos un ejemplo de decoración más compleja en zonas limitadas por ranuras (Fig. 46o).

La decoración roja puede ser asociada con una decoración plástica (ranuras o elementos aplicados) y, en un caso, con decoración Usulután.

Doble engobe.

Ocho tiestos y el cuenco entero del entierro 3 tienen un engobe blanco o crema abajo del engobe naranja; es una variedad que existe también en Santa Leticia (Demarest, 1986: 76). En un tiesto con decoración exterior Usulután se nota una zona de blanco fugitivo asociada con un filete aplicado curvo.

Usulután.`

Un poco más de la mitad de los bordes (53%) llevan este tipo de decoración. La mayoría son de formas A.1, A.2, A.5 o B. 1.

Decoración plástica.

Es probable que casi todas las vasijas del grupo Olocuitla llevaban algún tipo de decoración plástica: los tiestos sin decoración serían fragmentos de bases.

- Incisiones finas o medianas (escasas), generalmente circulares (Fig. 46).

- Ranuras circulares sobre el labio plano o sobre el borde exterior (Fig. 46b, d).

- Modelado o aplicado. El labio del cuenco o el reborde sub-labial puede ser festonado y llevar una figuración de animal (pájaro...) (Fig 47b-d). Se encuentran también la pastilla con incisiones (Fig. 46g), el filete vertical o curvo (Fig. 46f y 47p), el reborde facetado, la asa falsa, las acanaladuras verticales en vasijas cilíndricas y pequeños tinajas.

Comparaciones.

El grupo Olocuitla de El Chagüite es muy similar al mismo grupo de Santa Leticia o de Chalchuapa. También tiene similitudes con el grupo Jicalapa (Demarest, 1986:88-106) por las formas y la decoración. Comparando los porcentajes de Olocuitla y Jicalapa en Santa Leticia y El Chagüite, vemos que el grupo Jicalapa de doble engobe, más común en el sitio salvadoreño (34%) pero más escaso en Chalchuapa (6,6%), es casi inexistente en El Chagüite, donde lo constituye el Olocuitla (aproximadamente 20%).

Por otra parte no podemos descartar que clasificamos erróneamente en el grupo Olocuitla unos tiestos del grupo Izalco Usulután: esos últimos se diferencian del Olocuitla unicamente por la ausencia de engobe naranja. Su existencia en El Chagüite sería lógica si, como lo pensamos, la última ocupación del centro ceremonial fue clásica temprana, ya que el grupo Izalco Usulután es un poco más tardío que el Olocuitla. De todos modos el porcentaje de Izalco Usulután no sería superior a 5% del Olocuitla en El Chagüite.

En Kaminaljuyú el Olocuitla corresponde al *Verbena Red Orange*, con dos variedades: *Purple on Fine Red: Red-Orange var.* y *Verbena Red-Orange: Usulután var.*

En El Quiché y en el valle de Chixoy, el Olocuitla corresponde al *Glossy Orange* de M. Hatch (1982: 113) y al grupo Orfeo de La Lagunita. En Verapaz, corresponde al grupo Chopen del valle del Salamá, con su tipo *Chisub Red-on-Orange* (Sharer y Sedat, 1988: P1, 15-18).

4 – El grupo cerámico Santa Tecla (Fig. 48).

El grupo fue también descrito por Demarest y Sharer (op cit., 1986). Muestra: 1750 tiestos o sea 11,26% del total clasificado. El porcentaje es superior al de Chalchuapa (6 a 7%) y Santa Leticia (2,3%).

En La Lagunita, la cerámica rojo pulido correspondiente -el grupo Roqueño- representa el 8% de los tiestos.

No se nota una evolución neta en la estratigrafia. El porcentaje máximo se encuentra en el nivel 18: 18,5%: en ningún nivel es inferior a 5%.

Pasta y superficie.

La pasta es la misma que la del grupo Olocuitla, generalmente de color café-amarillo claro, bastante homogénea y densa, de fractura. El desgrasante es poco abundante, o medianamente abundante, generalmente fino, con una mayoría de partículas de cuarzo y algunos nódulos rojizos más gruesos (pero menos de 2m/m). La oxidación puede ser irregular, con el centro o a veces todo el espesor del tiesto negro. Unos tiestos, netamente más burdos, fueron clasificados en el grupo tal vez abusivamente, lo que podría explicar el porcentaje alto de Santa Tecla.

La superficie con engobe rojo es bien pulida, y en ciertos casos también estaba lustrada. El color va del rojo obscuro (7.5R-3/6, 3/8) al naranja (2.5YR-5/8 o 10R-5/6), a veces difícil de distinguir del Olocuitla. El engobe cubre generalmente toda la vasija; unicamente el exterior y el interior del borde, en las tinajas y en algunos cuencos abiertos.

Formas.

Las mismas que el Olocuitla con porcentajes un poco distintos.

- A.l: cuencos abiertos de silueta compleja: 78,5%.

- A.6: cuencos abiertos de silueta sencilla: 7, 1 %.

- B.1: cuencos cerrados de silueta sencilla: 4,3%.

- Tinajas: 11.4%.

Elementos de forma.

Bases planas, convexas o ligeramente cóncavas.

Soportes macizos, pequeños, troncónicos: 13 (Fig. 48 h).

Soportes huecos: 3. Ningún mamiforme.

Base anular: 1 (Fig. 48i). Todos los soportes aparecen en los niveles superiores -2 a 14-, la base anular en el nivel 15.

Asas: una únia asa de tinaja, de cinta gruesa (Fig. 48g) y dos asas falsas sobre un cuenco y una tinaja (Fig. 48e).

Pitorros (vertederas): 2.

Decoración pintada tipo Santa Tecla Púrpura sobre Polo.

Muestra: 33 tiestos (1,9% del grupo).

Se trata de un rojo obscuro *(weak red)*, el mismo que el rojo del tipo *Púrpura sobre Naranja* del Olocuitla. Cubre generalmente el borde interior y exterior. Las formas más comunes son B.3 (cuenco cerrado de silueta compleja), A.3 (cuenco abierto de borde evertido) y A.6 (cuenco abierto de pared convexa).

En la estr. A-1 (ope. D), encontramos sobre un cuenco abierto una decoración excepcionalmente compleja de cintas verticales rojas sobre el barro natural pulido.

Tipo Santa Tecla Grafito sobre Rojo.

Muestra: 8 tiestos (0,46% del total).

Los ocho tiestos son fragmentos de dos cuencos en los niveles 15 y 20 (Fig. 48k, l). El grafito negro-azul brillante, fue puesto después de la cocción en la ranura circular del borde evertido o en las ranuras curvas de la pared facetada.

Usulután.

Este tipo de decoración, generalmente dispuesta en líneas paralelas verticales, es dificil de distinguir de las manchas de cocción, siendo comunes estas últimas. Por eso los porcentajes de Usultán en los bordes (8,6% para el total de Santa Tecla, o 0,3% para el total de tiestos) debe de ser considerado como un mínimo.

La decoración Usulután es más común en los cuencos abiertos de borde evertido forma A.3: 50%.

Decoración plástica.

Idéntica a la del Olocuitla:

- incisiones escasas. Algunos tiestos llevan motivos más complejos. por ejemplo cuadriculado y trenzado.

- ranuras circulares sobre el borde evertido de cuencos y tinajas, o ranuras más complejas sobre la pared.

- acanaladuras horizontales o verticales (escasas).

- aplicado-modelado: estilización de animales (sapo: Fig. 48j). Los bordes evertidos pueden ser festonados (Fig. 48d, k), así como los rebordes laterales (Fig. 48d).

Comparaciones.

El rojo pulido de la tríada: negro-naranja-rojo, corresponde al grupo Santa Tecla de Chalchuapa y Santa Leticia; pero vimos que, en El Chagüite, el porcentaje es mayor y la pasta menos homogénea.

El Santa Tecla corresponde al *Verbena Fine Red* de Kaminaljuyú con sus tipos *Providencia Purple on Red* y *Mulato Graphite Painted*, y al *Roqueño* de La Lagunita, pero este último no tiene los tipos Púrpura y *Grafite.* No encontramos equivalentes del Santa Tecla en Veracruz.

5- El grupo cerámico *Corinthian Daub* (Fig. 49).

La cerámica utilitaria, incluyendo esencialmente tinajas y tecomates, puede llevar una decoración sencilla de color rojo sobre el barro natural. Hemos clasificado esta cerámica rojo sobre natural en dos grupos: *Corinthan Daub* y *Guaymango*. Se diferencian por el hecho de que, en el *Guaymango*, la decoración rojo es pulida (brillante), mientras es mate en el *Corinthan Daub*. Hay también unas diferencias menores en las formas, el color y la zona decorada.

Muestra.

219 tiestos, o sea 1,4% del total clasificado.

Se nota que el porcentaje diminuye con bastante regularidad entre los niveles inferiores del período 1, donde alcanza un 12%, hasta los niveles superiores del período II, donde disminuye de 3 a menos de 1 %.

En realidad el porcentaje del *Corinthan Daub* tendría que ser mayor, ya que clasificamos en el grupo únicamente los tiestos de la parte decorada.

Pasta y superficie.

Pasta amarillenta-café, generalmente bien oxidada. Textura arenosa, de fractura irregular. Desgrasante medianamente abundante, a veces muy abundante, bastante fino con predominancia de partículas de cuarzo y mica e inclusiones blancas y rojas más gruesas (hasta 2m/m).

Superficie café claro a obscuro, o gris mate, a veces con huellas del alisado.

Formas.

Tinajas y tecomates (no hay cuencos).

1 - Tinajas (muestra: 33)

El cuello es corto, ancho. vertical o de boca abierta.

a) La pared del cuello vertical es regularmente cóncava, el labio redondo, a veces plano o adelgazado (Fig. 49a, e). Asa de cinta saliendo del labio. Muestra:17. Diámetro de la boca: 16-18 cms.

b) Cuello evertido (Fig. 49b). La parte plana, oblicua, es enteramente pintada o lleva dos cintas rojos circulares: una decoración muy típica del *Corinthian Daub* (Hatch, 1982: fig. 49b). El asa gruesa saliendo del labio también tiene una forma característica de sección elipsoidal, el eje mayor de la elipse está en el mismo plano vertical que el asa y no perpendicular como es el caso común. Muestra:14. Diámetro de la boca: 26 cms.

c) Cuello muy corto, casi inexistente; se trata de un borde vertical engrosado exterior o interiormente (Fig. 49g). El asa circular sale de la base del "cuello".

2- Tecomates (muestra: 5).

El borde es directo (y no engrosado como en el *Guaymango)*, el labio es redondo, biselado o plano (Fig. 49f). El cuerpo puede ser decorado de filetes verticales con incisiones, pintados de rojo como el borde.

Elementos de forma.

Las asas son comúnmente anulares o de sección elipsoidal (véase supra). Hay un mango de extremidad adelgazada con ranura longitudinal.

Decoración pintada.

El rojo es generalmente obscuro "corinto" (*weak red* 10R-4/4) pero a veces más claro (10R-5/8) o casi naranja (5YR-7/6); en este último caso podría ser clasificado como *Guaymango* sino por la ausencia de pulimiento.

El rojo puede cubrir toda la parte superior de la vasija y el interior del borde (cuello), haciendo manchas más abajo. Vimos que el borde plano es enteramente rojo o lleva dos cintas circulares dejando una cinta de color natural del barro entre ellas. La decoración exterior es de cintas horizontales (Fig. 49c) o verticales, generalmente sencilla sin motivos complejos.

Decoración plástica.

Filete aplicado y punteado en la base del cuello (Fig. 49d). Muestra: 15. Filetes verticales con incisiones pintados de rojo (Fig. 49f). Pastilla punteada ("ojo": Fig. 49e). Filete horizontal sencillo (pequeña representación).

Comparaciones.

Hatch (1982) ha llamado *Corinthian Daub* un *ware* del valle del Chixoy que compara con la cerámica de El Portón (Verapaz) y Tulamaje (Motagua). M. C. Arnauld (1985: 112) subrayó la similitud estrecha entre el *Corinthian Daub* y el tipo *Arenal Mate, var. Púrpura,* del *ware Velarde Buff Paste* de Kaminaljuyú. Wetherington (1978: 74) distingue los tipos *Arenal Mate* y *Arenal Polished,* que corresponderían a nuestros grupos *Corinthian Daub* y *Guaymango.*

En Verapaz el *Corinthian Daub* -o *Arenal Mate-* corresponde al *Barro Rojo Obscuro sobre Natural* de Arnauld (1986: Fig. 128) y al grupo Cachil del valle del Salamá (Sharer y Sedat, 1988: Pl. 15-15). En la tradición preclásica de las tinajas decoradas de rojo sobre el barro natural, Sharer nota una expansión del Cachil *(dull-red daubed)* en el complejo Tol (500-200 a. C.) mientras el Guaymango *Red on Buff, Polochic var,* representa el estilo pulido *(glossed slip-painted style).*

6- El grupo cerámico Guaymango (Fig. 50)

El grupo fue definido por Sharer en Chalchuapa (1978-3: 27-28). En Santa Leticia, Demarest considera que los tipos estriado, punteado, etc. son sencillas variaciones modales.

En El Chagüite, el grupo *Guaymango* se diferencia del *Corinthian Daub* por el tratamiento de la superficie: lo consideramos como una variedad local del *Guaymango* de los sitios salvadoreños.

Se trata de una cerámica doméstica, con decoración sencilla roja sobre el barro natural y pulida.

Muestra.

86 tiestos (0,55% del total clasificado) y una vasija entera con el entierro 3.

La curva general indica una disminución entre los períodos I y II -más abundante en los niveles inferiores (4,7%), el grupo disminuye hasta 3% en el nivel 18 y cae a 1 % o menos en los niveles superiores.

Criterios.

Decoración (o engobe) rojo obscuro pulido en cintas anchas sobre la superficie natural sencillamente regularizada o alisada, de color café-naranja a café-gris. Formas de tinajas y tecomates predominantes. El engobe cubre el interior del cuello: en el exterior, forma cintas horizontales abajo del cuello.

Pasta y superficie.

La pasta es la del *Corinthian Daub.*

El engobe rojo, de color "ladrillo" (10R-4/8.7.5YR-41/6), a veces más obscuro (2.5YR-4/6), es pulido o bien alisado con huellas visibles.

Formas.

1- Tinajas: muestra: 27 (64% de los bordes).

- de cuello ancho y corto, vertical, cóncavo: borde directo (Fig. 50a, b). El labio es redondo, biselado o engrosado. Diámetro, 16-32 cms.
- tinaja globular de cuello casi inexistente o sea borde engrosado (Fig. 50c). Diámetro, 24 cms.

2- Tecomates- muestra: 5 (12% de los bordes).
- El borde es directo o exteriormente engrosado (Fig. 50e, d). Diámetro: 12-20-26 cms.

3- Cuencos: muestra: 10 (24% de los bordes).
- Son de dos tipos: a/ abiertos, de borde directo y pared delgada. b/ grandes cuencos de pared subvertical, borde engrosado (Fig. 50g).
- Un cuenco es de silueta completa con el interior rojo, el exterior decorado de cúpulas ovaladas (Fig. 50f). La vasija del entierro 3 tiene forma de un zapato.

Elementos de forma.

Algunas bases son planos. No hay soportes.

Asas de cinta saliendo del labio (tinajas) o de la base del cuello (tecomates).

Decoración.

Pintada: cubre generalmente el interior del cuello, el borde exterior engrosado de las tinajas; cintas horizontales, verticales, manchas. A veces el rojo cubre todo el exterior de la vasija.

Plástica: escasa (2,7% del grupo). Filete aplicado -y pintado- en la base del cuello o unos centímetros más abajo, con punteado o incisiones verticales.

Comparaciones.

La cerámica doméstica rojo sobre ante es muy común durante el Preclásico medio y tardío, con variedades locales o regionales bastante similares.

En Santa Leticia el *Guaymango* representa 40% de los tiestos. Demarest no menciona la forma de cuencos.

En el altiplano central el *Guaymango* corresponde al tipo *Arenal Polished* del *ware Velarde Buff Paste* (Wetherington, 1978:72) o al *Sacatepequez Polished Red on Unpolished Buff* de Shook y Hatch (1978:30).

Hemos visto que, en Verapaz, el tipo *Guaymango Red-on-Buff, Polochic var.,* coexiste con el tipo rojo mate (grupo Carchil), mientras este último tipo es ausente de los sitios salvadoreños.

7- El grupo cerámico Lamatepeque (Fig.51a-i).

También definido por Sharer en Chalchuapa (1978-3:16) en sus complejos Tok (1200-900 a.C.) y Colos (900-600 a.C).

Criterios.

Cerámica doméstica bastante burda, decoración punzonada.

Muestra.

Cincuenta y cinco tiestos (0,25% del total clasificado).

El porcentaje es inferior a 1% en toda la secuencia con excepción del período 1 donde alcanza 2% en el nivel 23.

Pasta y superficie.

La pasta es muy variable. El tipo más común (75%) es gris, burdo y de cocción imperfecta, con desgrasante heterogéneo abundante. Otro tipo de pasta (25%) es mas fina de color café-amarillenta, con desgrasante fino y poco abundante.

La superficie natural es café claro (7,5YR-6/4) a gris obscuro 10YR-3/1 o 4/1), alisada pero no pulida. 13 de los 55 tiestos llevan huellas de pintura roja sobre el borde.

Formas.

1- Tecomates (Fig. 51a, c) de borde directo o engrosado.

2- Tinajas (Fig. 51e) cuello corto, ancho, vertical. cóncavo.

3- Cuenco miniatura, cerrado, de silueta compleja (Fig. 51d).

Decoración.

Incisiones y punzonado en zona hechas en el barro suave con una punta redonda o triangular, a veces con la extremidad de un tubo.

La decoración pintada es escasa: un baño rojo delgado, casi transparente, cubre el labio y el borde de unos tecomates: no se extiende sobre la zona punzonada.

Comparaciones.

En Chalchuapa el grupo Lamatepeque, con sus tipos *Lamatepeque Incised-Punctated, Tehuiste Modeled-Punctated y Ochupse Red-Painted* representa 1,6% de los tiestos. Los complejos Tok y Colos son claramente anteriores a la ocupación de El Chagüite, pero la existencia de tiestos Lamatepeque en nuestro sitio prueba que el grupo perdura en los complejos más tardíos: según Sharer es bastante común en los rellenos del Preclásico tardío. Sin embargo Demarest no lo menciona en el material de Santa Leticia.

Tenemos un equivalente del Lamatepeque en Verapaz con el grupo Turbala, tipo *Mocohan Punctated* de los complejos Xox y Max del valle del Salamá (Sharer y Sedat 1988: PI. 15.4d. e) y con el *Bacche Simple* de M. C. Amauld (1985:396); en Kaminaljuyú corresponde al *Zoned Punctated* de la fase Las Charcas: en la costa del Pacífico, al *Suchiate Brushed, Stick-Punctated* de los complejos Jocotal y Conchas (Coe y Flannery 1967:30. Fig. 13e, f).

8- El grupo cerámico Lolotique (Fig. 51j, o)

El grupo fue definido por Sharer (1978-3: 21-23) y Demarest (1986: 106).

Criterios.

Engobe rojo pulido dejando zonas geométricas de barro natural; decoración por incisiones finas.

Muestra.

23 tiestos (0,14% del total clasificado) con un máximo de 1,2% en el nivel 22.

Formas.
1- Tinajas de cuello vertical cóncavo o convexo (Fig. 51k).
2- Cuencos de borde vertical, silueta compleja (Fig. 51l)

Decoración.

Engobe rojo (7.5P-4/8), bien pulido, dejando zonas de barro natural sin engobe. Incisiones finas hechas después del alisado delimitan estas zonas de forma geométricas, rectangulares, triangulares o curvas. Las zonas rojas están decoradas de incisiones finas (líneas paralelas, punteado. etc.) o de triángulos excisos.

Comparaciones.

El grupo Lolotique del complejo Kal (650-400 a.C.) representa 5,8% de los tiestos en Chalchuapa y 9,2% en Santa Leticia. Según Demarest. corresponde al *Canchón Red ware*: tipo *Las Charcas Pallid Red* de Wetherington (1978:80).

9- El grupo cerámico Cara Sucia (Fig. 52).

El grupo Cara Sucia, definido por Sharer en Chalchuapa (1978-3:28) incluye sobre todo una cerámica ritual –incensarios- y también doméstica. Clasifica en el mismo grupo los comales. que preferimos incluir en el *ware* Jumay (utilitario) por su cocción imperfecta y pasta gruesa.

Muestra.

341 tiestos (2,2% del total clasificado). El porcentaje del grupo alcanza 6% en el nivel 27. No se nota una evolución neta en la curva del cuadro 3.

Pasta y superficie.

La pasta, similar a la del *ware* utilitario, tiene desgrasante de cuarzo y mica predominante, en proporción mediana: la fractura es irregular, el aspecto arenoso.

La superficie es sin retocar o sencillamente alisada: generalmente no lleva engobe. Algunos incensarios fueron pintados de rojo o de blanco, fugitivo después de la cocción.

Formas y decoración.

1- Incensarios. Es la forma más común: 53% del grupo. No tenemos ningún incensario entero.
  - Grandes incensarios de doble cuerpo ("reloj de arena") decorados con filetes aplicados y punteados (Fig. 52c).
  - Incensarios con "dientes" y tapadera, decorados de incisiones muy gruesas o estratificaciones.

2- Cuencos y tinajas (44%), probablemente domésticos, con la misma decoración de filetes punteados, sencilla o más compleja con "pastillas representando una cara humana estilizada (Fig. 52g).

3- Cuencos y tinajas miniaturas (3%) con la mismo decoración.

Comparaciones.

En Santa Leticia el grupo Cara Sucia representa 1.20% de los tiestos (Demarest, 1986:126).

Los grandes incensarios con tapadera hondamente escarificada similares a los de Cara Sucia son comunes en Kaminaljuyú (González y Wetherington, 1978:284-295). En Verapaz, Sharer y Sedat (1988: PI. 15-25) los clasifican en el grupo Cotoxa, *Cotoxa Composite- Alpes var.*

En El Quiché los grupos correspondientes son el *Rabolio* de La Lagunita (Viel,1984:83 y Arnauld,1985:158) y el *Beige no Pulido,* forma C (incensarios con dientes) del valle del Chixoy (Hatch, 1982:109).

10 - El *ware* Jumay -utilitario- (Fig. 53).

Esta categoría residual incluye la cerámica utilitaria que no fue clasificada en los grupos Cara Sucia, Guaymango o *Corinthian Daub.* Representa en la ope. B de El Chagüite un porcentaje

bastante regular de 37% (hasta 64% en los niveles 31 a 46) de los tiestos clasificados.

Menos de 20% de los tiestos del *ware* o sea 7% del total de los tiestos, llevan huellas de pintura roja: podrían ser clasificados en uno de los grupos Rojo sobre Natural.

Pasta y superficie.

La pasta es la de Cara Sucia. El desgrasante puede ser más abundante como es el caso de los comales, y la cocción poco cuidadosa.

La superficie es mate, generalmente sin engobe y burdamente alisada.

Formas.

1- Tecomates (Fig. 53a-d).
Muestra: 34 bordes. Diámetro: 10-22 cms.
El borde es directo o engrosado exterior o interiormente el labio redondo o plano.
En la secuencia modal (Fig. 58) incluyendo los grupos Guaymango y *Corinthian Daub*, el tecomate aparece ya en los niveles inferiores; el número de bordes por nivel es bastante constante, con un máximo de 9 en el nivel 16.

2- Tinajas (Fig. 53e-i).
La forma más común tiene un cuello corto y ancho, vertical, cóncavo. El borde es generalmente directo, el labio redondo la pared cóncava. El borde puede ser engrosado exteriormente o evertido horizontal. El cuello vertical recto (Fig. 53f). Diámetro de la boca: 24-30cms.

Elementos de forma.

Las asas verticales, de cinta, de cinta gruesa o anulares, saliendo del labio, son muy escasas en los niveles Inferiores.

3- Cuencos (Fig. 53j, l)
Los cuencos son escasos, de pared subvertical; el cuenco de figura 53 l muy abierto, es en realidad un plato. Diámetro 25-27 cms.

4- Comales (Fig. 53m, p).
Muestra: 9. La forma es escasa y tardía: aparece en el nivel 15.
Cinco de los nueve comales podrían ser catalogados como platos de fondo plano y borde vertical (Fig. 53m). Los demás son verdaderas "placas" (Fig. 53o) o comales de borde engrosado o biselado (Fig. 53n, p). Este último lleva la huella de una asa de canasta.

11 - Grupo potencial Blanco (Fig. 54).

Tipo Blanco Pulido (Fig. 54a, b).

Muestra: 11 tiestos repartidos en los niveles inferiores y superiores. Criterios: cerámica fina, engobe blanco o rosado (2.5Y-8/2 10YR-8/2) pulido. Pasta: 1) fina y compacta, gris en el centro, con desgrasante poco abundante (7 tiestos). 2) pasta blanca fina, con muy poco desgrasante. ¿Autoengobe?.

Formas.

Cuencos abiertos de silueta sencilla. Base ligeramente convexa. Soportes pequeños, macizos, semiesféricos o más grandes y huecos. Comparaciones: los tiestos de pasta blanca corresponden al tipo *Miraflores White Paste ware*; *Verbena Ivory* de Kaminaljuyú (Wetherington, 1978:71).

Tipo Rojo y Blanco Pulido (Fig. 54c - e).

Muestra: 4 tiestos (niveles 16 a 23).
Las características son las mismas que las del tipo *Blanco Pulido*, pero hay dos engobes que no se sobreponen sino en las orillas, el blanco recubriendo el rojo. El interior es generalmente sin engobe pero puede ser parcial o enteramente blanco. La combinación exterior del rojo y del blanco es sencilla. Formas: cuencos abiertos o cerrados.

Tipo Rojo sobre Café Claro (Fig. 54f, g).

Muestra: 16 tiestos, niveles 3 a 18, la mayoría en los niveles superiores. Decoración de cintas rojas, sencilla o más elaborado, sobre un engobe delgado de color blanco sucio a café muy claro (10YR-8/4), mate.

II- Artefactos

1 – Figurillas (Fig. 55 y 56).

Son de dos tipos: Bolinas y Burdo. Muestra: 51 (37 en los niveles 1 a 14).

a/ Tipo Bolinas.

El estilo Bolinas de Boggs (1973) corresponde al tipo Alvarez *Tri-Punctated Eye* de Chalchuapa definido por Dahlin en su complejo Tat (350-0 a.C.) (Sharer ed., 1978-2:150). Las figurillas Bolinas son modeladas y macizas: una de sus características, aparte del ojo, es el tratamiento de la boca, hecha con un filete de barro dando una expresión de mueca (Fig. 55a). El cuerpo es plano por atrás, poco espeso: representa personajes femeninos, sentados, manos sobre el vientre (Fig. 56a), llevando adorno de tocado, orejeras o collar. La figurilla 55d es posiblemente una mujer embarazada: hay que notar la decoración punteada de la barriga y el listón pintado de rojo y azul.

Clasificamos, por ser huecas, una figurilla agujereada (Fig. 55b) y dos vasijas miniaturas (Fig. 55c y 56d).

b /**Tipo Burdo.**

La representación humana es mucho más tosca que en el tipo Bolinas. Tenemos la figurilla entera de un personaje en cuclillas brazos cruzados (Fig. 55f). En este tipo los ojos y la boca están hechos con la misma técnica: pastillas punteadas o naranja horizontal con dos puntos en las esquinas (Fig. 55e).

c / **Animales.**

Los escasos ejemplares, uno de ellos sobre el cuello de un cuenco, otro posiblemente un pito (Fig. 55g, i). representan animales o seres híbridos difíciles de identificar. El fragmento de una cabeza de animal con su boca abierta (Fig. 56d) encontrada en la estr. A-3 es probablemente más tardía (¿clásica?)

2 - **Tiestos limados** (Fig. 57).

Estos artefactos, comunes en todos los sitios pero excepcionalmente abundantes en El Chagüite, fueron cortados en fragmentos de vasijas (de cualquier grupo cerámico, utilitario o ritual, decorada o no), labrados para darles una forma geométrica y generalmente agujereados.

La muestra en la ope. B es de 49 artefactos, repartidos en todos los niveles con un máximo en los niveles 20 (7 tiestos) y 14 (6 tiestos). Formas: muy variadas, desde el disco perfecto, agujereado en su centro (Fig. 57c) hasta la figuración triangular de una punta de flecha (Fig. 57l), pasando por formas ovaladas, rectangulares, poligonales, etc.

El artefacto puede ser agujereado (con uno, dos, cuatro agujeros), medio-agujereado o sin ninguna perforación.

El diametro de los discos es variable de 2,8 a 5,5 cms. Función probable: podemos descartar la función de tapadera, por el tamaño y la forma irregular, como también la de malacate, sino en un caso: el disco de la figura 57a. Quedan, entre otras, las posibilidades de utilizar el artefacto como adorno (pendiente) o como "ficha" para un juego.

III- La cerámica de las estructuras menores del grupo A y del grupo D.

1 – El juego de pelota (estr. A-6 y 7)

Muestra: 3,844 tiestos clasificados. No hay evidencia de cambios en la estratigrafía. El material en general es muy similar al de la ope. B, más precisamente de los niveles superiores de la estr. A-2 (período II). Sin embargo hemos notado:

- Una frecuencia mayor de los soportes huecos, varios de ellos probablemente mamiformes: 15, o sea 0,4% del total, y la existencia de escasas bases anulares.

-

- La presencia de una cerámica doméstica. sobre todo de tinajas y algunos cuencos, de un *ware Micáceo Burdo* que no hemos encontrado en las estr. A- 1 y A-2. Parte de ella, casi en la superficie. podría ser moderna; otra, por su posición estratigráfica, es seguramente prehispánica, como lo comprueban la forma y decoración de unas tinajas con filete punteado.

- Algunas características modales que no existen en las ope. B y D, por ejemplo; una asa horizontal en el cuerpo de una tinaja común de pared delgada y algunos comales con asa de canasta.

- Un tipo potencial *Rojo Micáceo* de pequeños cuencos finos, abiertos o de pared vertical, silueta sencilla, con engobe rojo obscuro micáceo. De manera general, los tiestos de superficie micácea son bastante abundantes, pero puede ser un efecto de la erosión ya que, como lo hemos visto, casi todos los grupos cerámicas tienen mica en su desgrasante.

Para concluir, consideramos el juego de pelota como contemporáneo del período II de la estr. A-2 o tal vez un poco más tardío por la presencia de tipos nuevos -*Micáceo Burdo, Rojo Micáceo*...-; pero ninguno de estos tipos es característico del Clásico medio o tardío.

2 -La estructura A-5.

Muestra total (ope. K, L y M): 3123 tiestos clasificados. La mejor estratigrafía fue proporcionada por la ope. K en el centro de la plataforma. Muestra: 1111 tiestos.

En el nivel inferior, de -10 a +10, la proporción de Micáceo Burdo (4,3%) comprueba la antigüedad de este *ware*. Hay tres formas principales: la tinaja de cuello vertical, el cuenco de borde vertical directo o evertido, y el verdadero comal en forma de placa.

El porcentaje de la tríada: Pinos -Olocuitla- Santa Tecla representa 42% de total, con una mayoría de Olocuitla (32%), seguido por el Pinos (7.5%) y el Santa Tecla (2,5%). Hay que notar la abundancia relativa del Olocuitla de doble engobe: 12,8% del grupo, mientras que representa menos de 5% en la Ope. B.

Una nueva forma en la cerámica doméstica (*ware* Jumay) aparece en el nivel superior (+50 a +88): la tinaja de cuello corto, borde evertido con el interior cóncavo. Podría ser característico del Clásico temprano, pero faltan los demás "marcadores de horizonte" de dicho período: el soporte hueco, la base anular, el comal de fondo ranurado.

3 - La estructura A-3.

La ope. C, un pozo hecho en la parte oeste de esta plataforma baja, proporcionó 432 tiestos clasificados.

Encontramos aquí los marcadores mencionados arriba, especialmente el fondo de comal (o más bien de cuenco muy abierto) plano, decorado con el dedo, de ranuras anchas y curvas: 4 tiestos (0,9%). Este tipo es bastante común en Sansare (M. A.Leal, comunicación personal), pero escaso en El Chagüite.

Hay también algunos ejemplares de bases anulares y soportes huecos, así como formas nuevas en la cerámica doméstica *Rojo sobre Natural*, más precisamente en el grupo Guaymango. El tipo *Rojo Micáceo* de la estr. A-8 existe en la estr. A-3. pero el *Micáceo Burdo* es casi ausente.

4- El grupo D (falda del volcán Jumay).

Entre los escasos tiestos proporcionados por el sondeo hecho en este grupo, notamos una base anular y un fragmento de pichel trípode (ambos del Clásico temprano) y un tiesto Naranja Delgado (¿*Thin Orange*?) que podría ser, con la vasija trípode "Teotihuacán" de la estr. A- 1, la única prueba de una ocupación del Clásico medio en El Chagüite.

Conclusión.

El estudio de la cerámica de El Chagüite prueba que la ocupación mayor del sitio tuvo lugar durante el Período Preclásico tardío y terminal, pero también que nuestro sitio ya estaba poblado varios siglos antes de la edificación de las estructuras del grupo A y que siguió ocupado después de ella, probablemente hasta el Clásico medio

La ocupación más temprana de El Chagüite está evidenciada por la cerámica de los niveles inferiores de la estr. A-1, donde domina un grupo negro-café no pulido que llamamos Tapalapa, muy similar al grupo Masahuat de El Salvador definido por Sharer en su complejo Kal fechado del Preclásico medio. Tanto en la estratigrafía de la estr. A-1 como en la de A-2 es notable la disminución ulterior del Tapalapa mientras se desarrolla una cerámica del mismo color pero más elaborada y pulida, sino lustrada, que clasificamos en el grupo Pinos de Chalchuapa pero que podría ser equiparada a varios grupos *Glossy Black-Brown* contemporáneos en el altiplano.

Otra prueba de una ocupación posiblemente aún más temprana es la existencia en el relleno de los montículos de una cerámica doméstica con decoración punzonada, que hemos clasificado en el grupo Lamatepeque de Chalchuapa, fechado del Preclásico medio, complejos Tok y Colos, aunque son bajos los porcentajes de estos dos grupos Tapalapa y Lamatepeque, indican la presencia de una pequeña población en El Chagüite por lo menos desde el Preclásico medio.

Es durante el período siguiente, el Preclásico tardío, que se construyen las primeras plataformas habitacionales que más tarde van a ser el núcleo de los montículos ceremoniales A-1 y A-2. El relleno de dichas estructuras procede de un área de viviendas vecinas; contiene, entre otros desechos de piedra, huesos o vegetales, una gran cantidad de tiestos sobre los cuales hemos basado nuestra tipología. Comprobamos que existe una correlación estrecha entre los grupos cerámicos así definidos y los que constituyen la mayor parte del complejo cerámico contemporáneo de los sitios salvadoreños –Chalchuapa, Santa Leticia- ubicados a poca distancia de la frontera guatemalteco actual; El Chagüite está a unos 80 kms. en línea recta de Chalchuapa.

Es cierto que los complejos cerámicos de El Chagüite y Chalchuapa no son del todo idénticos: hemos subrayado algunas diferencias (posiblemente debidas en parte a la metodología de la clasificación), por ejemplo en el porcentaje de los grupos mayores: la tríada negro-café, naranja y rojo pulido, hay tipos de Chalchuapa que son inexistentes o casi inexistentes en El Chagüite, por ejemplo el *Izalco Usulután*, el *Olocuitla de doble engobe*. Tal vez más significantes son las diferencias en la cerámica doméstica rojo sobre natural, representada en El Chagüite por dos grupos, el Guaymango y el *Corinthian Daub*, el primero casi exclusivamente salvadoreño, el segundo más común en las tierras altas centrales y septentrionales. Las similitudes entre la cerámica del Preclásico tardío en El Chagüite y en Kaminaljuyú también son evidentes, sobre todo en los grupos mayores. Prueban que nuestro sitio estaba plenamente integrado en la esfera cerámica Providencia-Miraflores; siendo ubicado casi a igual distancia de los polos occidental y oriental de dicha esfera -Kaminaljuyú y Chalchuapa- es lógico que compartiera los rasgos de ambos, por supuesto con unas particularidades locales. Pensamos además que su situación, no muy lejos del margen norte de la esfera, explica las similitudes que encontramos con la cerámica preclásica del valle del Río Motagua, del valle del Saláma y del Chixoy medio, todas regiones consideradas marginales en la esfera. Dicho carácter marginal tendría que ser todavía más marcado al norte de El Chagüite, en la zona de Sansare estudiada por M. A. Leal, que está a solamente unos 20 kms. del Río Motagua. Lo poco que vimos del material (en curso de estudio) nos pareció muy similar al de El Chagüite en cuanto al Preclásico, pero tal vez similar a la cerámica de Verapaz y de El Quiché en cuanto al Clásico temprano.

Es en la estratigrafía de los montículos A-1 y A-2 que pudimos observar una evolución de la cerámica del período I al período II, es decir del Preclásico tardío al Clásico temprano; una evolución en realidad no muy evidente, donde las curvas de frecuencia de los grupos principales no cambian de manera neta entre los niveles inferiores (34 a 15) y los niveles superiores (14 a 1), aunque tengamos pruebas, por las fechas 14C y la aparición de nuevos modos en las formas y decoración, que ya

entramos en el período Protoclásico o Clásico temprano. Esta continuidad aparente no quiere decir que el complejo cerámico del Preclásico tardío siga sin modificarse al principio del Clásico sino más bien que el relleno del montículo del período II, que se volvió ceremonial según nuestra interpretación, siempre procede de la misma zona de viviendas preclásicas donde son escasos lo vestigios más tardíos. Eso puede explicar que las formas nuevas características del Protoclásico-Clásico temprano sean muy escasas en la ope. B, período II, como los vemos en la figura 58 con los comales, ciertas formas típicas del borde (en "gancho ") o todavía mejor con las bases anulares y soportes huecos.

Los datos proporcionados por la ope. B en la estructura A-2 prueban, pues, que el Clásico temprano fue un período importante en la historia de El Chagüite con la organización de un verdadero centro ceremonial, pasando por una fase Protoclásica, poco evidente sino por la presencia de unos soportes mamiformes; sin embargo, esos datos no nos permiten definir un verdadero complejo cerámico para este período. Tal complejo tendría que ser basado sobre excavaciones estratigráficas en una zona de viviendas clásica o un estudio más detallado de las estructuras del grupo que consideramos como construidas durante el Clásico temprano; el juego de pelota, las estructuras A-3 y A-8. Hemos visto que el relleno de dichas estructuras contiene tiestos atestiguando la aparición de nuevos tipos micáceos e innovaciones modales que podrían servir de base a una tipología para el Clásico. Este estudio queda por hacer .

En cuanto a la ocupación de El Chagüite en el Clásico medio y la cerámica correspondiente a este período, ya sabemos que la única muestra clara de ella es la vasija trípode *slab-feet* intrusiva en la plataforma de la estructura A-1 (Fig. 59) y posiblemente el tiesto *Thin Orange* del grupo D.

En resumen nuestro tipología cerámica, por ser basada sobre el material de relleno de una sola estructura (A-2), no puede pretender abarcar varios períodos sino únicamente el Preclásico tardío y terminal. Prueba que durante este período El Chagüite era parte de la gran esfera cerámica Providencia-Miraflores que cubría la mayor parte de las tierras altas centrales y surorientales, una situación que no excluye la existencia de influencias desde las zonas marginales al norte y de particularidades locales o regionales. Proporciona además unos datos (que tendrían que ser comprobados) sobre la cerámica del período anterior -Preclásico medio- y por otra parte sobre la cerámica del Clásico temprano.

Capitulo 3:

Estudio antropológico de los restos humanos.

Véronique Gervais.

1- Estado de los Vestigios.

No hay necesidad evocar en este capítulo las prácticas funerarias descritas en el capítulo primero para explicar parcialmente el estado de las osamentas. Sin embargo, parece importante hablar de las consecuencias negativas -para la antropometría- del modo y de la organización de los entierros; todos los cráneos, enteros o fragmentados, y un buen número de los elementos postcraneanos presentan una deformación *postmortem* marcada, y sobre todo cuando se trata de inhumaciones individuales, las cuales corresponden a capas de poco espesor. La profundidad de los entierros más recientes se sitúa a más de 3 mts. del nivel más alto de la estructura A-2, a más de 6 mts. para los entierros más tempranos; este volumen de tierra que recubre el conjunto de los entierros explica una reducción de la altura inicial de los diferentes estratos. A esto se añade el hecho de que este "cementerio" fue, antes que nada, un sitio de hábitat en donde la tierra fue constantemente pisada, aplastando considerablemente las capas inferiores en las cuales fueron depositados los cuerpos. Esto se confirmó por la mínima diferencia de altura entre el nivel interior y el nivel superior de algunos entierros, la cual oscila alrededor de 10 cms.

El elemento más afectado es el esqueleto craneano. La deformación *postmortem* es tal que no se ha podido dibujar ningún perfil. En cuanto al esqueleto postcraneano, lo más afectado es la columna vertebral, hasta un punto tal que sin el conocimiento de estos fenómenos de aplastamiento podríamos calificar de patológicas a casi todas las vértebras. Las cintura pectoral y pélvica están a menudo aplastadas. Solamente los huesos largos no fueron dañados en su mayoría.

El estado de las corticales no es muy satisfactorio y se explica por diferentes razones: por una parte el modo de entierro, el terreno seguramente poco propicio para una buena conservación de las osamentas, la presencia de hogares y el depósito de cenizas son elementos que han jugado un papel bastante importante en la alteración de los restos humanos. Por otra parte la utilización durante la excavación de un consolidante, indispensable, no facilitó el estudio macroscópico de las osamentas

2 - Población: sexo y edad.

La edad ha sido calculada basándose en las suturas craneanas, las extremidades anteriores costales, la sínfisis pubiana y las sinóstosis epifisarias. El desgaste dental no ha sido tomado en consideración en ninguno de los casos, ya que el desgaste depende frecuentemente de agentes ajenos a la alimentación, tales como la arena o las partículas de la piedra de moler.

Hemos optado por las siguientes categorías de edad, dado el mal estado de las osamentas:

- Edad *juvenilis*: de 18 a 20 años
- Edad *adultus:* de 20 a 35 años,
- Edad *maturus*: de 35 a 50 años.

Operación B: Estructura A-2 (Fig. 7, 9, 10, 11)

En esta estructura se han registrado los vestigios óseos de veinte individuos: dieciséis adultos y cuatro sujetos, no adultos.

Sexo.

La diagnosis sexual para los sujetos adultos da los siguientes resultados: seis individuos de sexo masculino, seis de sexo femenino y cuatro de sexo indeterminado.

Para los sujetos no adultos la determinación sexual fue imposible ya que los restos óseos eran demasiados parciales.

Estimación de la edad.

Dentro de los sujetos masculinos, uno es de edad *juvenilis*, uno de edad *adultus* y cuatro de edad *maturus*.
Dentro de los sujetos femeninos, cuatro son de edad *juvenilis*, uno tiene entre 30 y 40 años (es decir, el límite entre las categorías *adultus y maturus*) y uno es de edad *maturus*.

La esperanza de vida no sobrepasa los 45 años, lo que, en la época preclásica no ha de sorprendernos.

Aunque la muestra de la población sea reducida, observamos una diferencia neta entre el promedio de longevidad de los hombres, más alto que el de las mujeres, siendo los accidentes en el parto la causa mayor invocada para explicar tal diferencia.

El estudio paleopatológico no puede poner en evidencia las causas de mortalidad, los síntomas que presenta el sujeto masculino *maturus* del entierro No. 8 no son suficientes para llegar a esta conclusión.

Entre los cuatro sujetos de sexo indeterminado, un sujeto es un adulto j*uvenilis*, otro está en el límite de las categorías *adultus* y *maturus*, y en dos casos no se ha podido determinar la edad.

Los sujetos no adultos tienen respectivamente 2 a 3 meses, 1 a 3 años, más o menos 7 años, y 15 a 16 años.

Operación D: Estructura A-1 (Fig. 13a).

Cinco individuos han sido clasificados en esta estructura: cuatro adultos y un niño. Entre los adultos, dos sujetos son de sexo masculino, uno de edad *adultus* y el otro de edad *maturus*. El único sujeto femenino es de edad *adultus*. No se ha podido establecer la edad del sujeto de sexo indeterminado. El quinto sujeto es un niño de 4 a 6 años.

Comentarios.

En total, veinticinco individuos han sido exhumados de las estructuras A- 1 y A-2 Veinte son sujetos adultos: ocho hombres, siete mujeres y cinco de sexo indeterminado.
Las categorías de edad detalladas anteriormente para la estructura A-2 corresponden a los datos comunes en esas épocas.

Los cinco sujetos no adultos pueden ser clasificados dentro de las siguientes categorías:
- Primera infancia (O a 12 meses): un sujeto.
- Segunda infancia (1 a 7 años): tres sujetos.
- Adolescencia (1 2 a 18 años): un sujeto.

La muestra es demasiada reducida para sacar conclusiones precisas, pero los resultados se aproximan a los esquemas clásicos: proporción sensiblemente igual entre el número de hombres y el de mujeres, mayor longevidad para los hombres, débil representación de los sujetos no adultos y, sobre todo, de niños de 0 a 12 meses.

3 - Cráneo.

3.1 Caracteres descriptivos de los sujetos adultos masculinos y femeninos.

Los siguientes resultados son poco significativos estadísticamente, por un lado por el número reducido de individuos, y por el otro, por el mal estado de los vestigios. Sin embargo, parece necesario presentarlos, dada la escasez de datos osteológicos para la región oriental de Guatemala.

3.1.1 Neurocráneo.

Gracilidad y robustez.
La observación se refiere a doce sujetos. La gracilidad es el atributo del sexo femenino y la robustez el atributo del sexo masculino, sin excepción.

Relieves.
En los sujetos de sexo femenino, los relieves son casi siempre débiles (tres casos), o medianamente marcados en un caso. En los sujetos de sexo masculino, en tres casos son medianamente marcados y en tres casos, aparecen muy fuertes.

Contornos.
La deformación *postmortem* reduce el estudio descriptivo cuando no la imposibilita completamente; así los contornos horizontal, transversal y sagital no han podido ser dibujados. En cinco sujetos, sin embargo (tres mujeres y dos hombres) se puede suponer el contorno transversal; para un sujeto femenino está "en forma de casa" y para los otros cuatro sujetos es esferoide

Región del vertex.
En el plano sagital de cinco sujetos (tres femeninos y dos masculinos), la región del vertex es convexa (esta observación está asociada en general con la braquicrania cuando no hay deformación artificial).

Aplanamiento o convexidad del frontal.
En el plano sagital de cuatro sujetos (dos femeninos y dos masculinos) el frontal es muy inclinado.

Occipucio.
En el plano sagital de dos sujetos (uno femenino, uno masculino) el occipucio es plano, y en un sujeto femenino aparece saliente sin formar un "moño".

Huesos suturales.
Puesto que muchos cráneos son incompletos o en el caso contrario envueltos en una capa de tierra endurecida, la presencia o ausencia de los huesos suturales es difícil de establecer. En dos sujetos la presencia de huesos lambdáticos ha sido observada.

Pterión.
Solamente en un sujeto femenino se pudo observar, aparece en H.

Entrecejo.
Para tres sujetos femeninos se refiere al No. 1, en un caso y al No. 2 en dos casos; para siete sujetos masculinos se refiere al No. 2, en dos casos, al No. 3, en cuatro casos, y al No. 4, en un caso. El dimorfismo sexual no es siempre muy notorio.

Depresión retro-bregmática. ,
Observable en nueve individuos, no está presente más que en un solo sujeto masculino.

Depresión pro-lambdática.
Observable en ocho individuos, está presente en cinco casos (dos femeninos, tres masculinos); es poco profunda.

Agujero parietal.
La capa de tierra o el estado de las corticales no permite hacer un estudio mas que en dos sujetos: en un sujeto femenino los agujeros parietales son ausentes y, en un sujeto masculino, el agujero es unilateral izquierdo.

Carena y gotera parietal
Observables en ocho sujetos, sólo se presenta una gotera parcial en un sujeto femenino.

Cuadro 3: Caracteres métricos del Neurocráneo.

	Sepultura	Identifi-cación del hueso	Diámetro Sagital Máximo	Entrecejo Inio	Diámetro Transver-Máximo	Basion bregma	Diámetro Maximal Frontal	Diámetro Minimal Frontal	Arco Frontal	Cuerda Frontal	Convexi-dad de la ceja	Espesor
							CARACTERES METRICOS DEL NEUROCRANEO					
f e m e n i n o	B.1 B.2 B.4 B.6 B.9 B.10 A1.2	E	*155	*155	*135 *152	135			110	103		5.0 6.0 7.0 4.0
m a s c u l i n o	B1 B1 B1 B.5 B.7 B.8 A1.1 A1.3	A B H	*160 *170 *185		*155 *155 *148		135	*102	130 120 117 125 *120	104 105 110	3.0	7.0 7.0 8.0 8.0

Cuadro 4: Indices del Neurocráneo

Sexo	Sepultura	Identificación del hueso	Indice Fronto-Segital	Indice Fericto-Segital	Indice Occifito-Segital	Indice de la Escama Temporal
			INDICES DEL NEUROCRANEO			
F e m i n i n o	B1 B.2 B.4 B.6 B.9 B.10 A1.2	E	93.64		86.73	70.15 56.34
m a s c u l i n o	B1 B1 B1 B.5 B.7 B.8 A1.1 A1.3	A B H	86.67 89.74 88.00	86.67 88.00 93.00	85.25 93.00	71.43 73.77

49

Línea temporal exterior.
En cuatro sujetos (uno masculino, tres femeninos) es invisible.

Protuberancias parietales.
Observables en tres casos (uno femenino, dos masculinos), las protuberancias son no posteriores.

Incisión parietal.
En seis sujetos sin excepción (tres femeninos, tres masculinos) la incisión es obtusa.

Línea curva superior occipital.
Observable en siete casos, en un sujeto femenino es invisible y en otro sujeto femenino es ligera, en los hombres es ligera en los cuatro casos y aguda en un caso. El dimorfismo sexual es, por consiguiente, poco evidente.

Relieves de los cóndilos occipitales.
Presentes y observables en seis sujetos (tres femeninos, tres masculinos), su relieve es convexo y su contorno elíptico en todos los casos.

Inio
En las mujeres es del tipo 1 (dos casos) o del tipo 2 (un caso); en los hombres, para un sujeto es de tipo 2, para dos sujetos es del tipo 3 y para un sujeto del tipo 5. Por la deformación artificial, práctica que no se debe olvidar pero que no se ha podido poner en evidencia en este sitio, parece superfluo presentar una conclusión en cuanto a la protuberancia iníaca.

3.1.2 Macizo facial superior.

Borde superior de la órbita.
En los sujetos adultos sin excepción el borde tiene un aspecto embotado.

Forma de la órbita.
En tres sujetos solamente el contorno es observable; en un sujeto femenino y en uno masculino la órbita es redondeada; en un sujeto femenino es cuadrilateral.

Pómulos.
En todos los sujetos sin excepción los pómulos son agudos, lo que no nos sorprende dentro de una población supuestamente xantoderma.

Nación.
Observable en dos individuos de sexo femenino y en cuatro de sexo masculino, aparece medio deprimido.

Línea saliente nasal (o espina de la nariz).
En tres sujetos femeninos aparece respectivamente cóncava, rectilíneo y convexa, en tres sujetos masculinos es cóncava, y en un cuarto sujeto masculino es rectilínea.

Borde nasal inferior.
En todos los casos (un femenino, cuatro masculinos) el borde nasal es simple.

Espina nasal según Vallois.
En dos sujetos femeninos es respectivamente del tipo No. 3 y del tipo No 2.

3.1.3 Mandíbula.

Goniones.
Los goniones son introvertidos en cuatro sujetos (tres femeninos y uno masculino), extravertidos en nueve sujetos (cuatro femeninos y cinco masculinos). La extraversión traduce un aumento del volumen del músculo masseter; es un signo habitual de dimorfismo sexual pero no obligatoriamente porque tanto en la mayoría de las mujeres como en los hombres de este sitio, este músculo de la masticación presenta un desarrollo importante.

Crestas goníacas.
Observables en siete sujetos femeninos, son ausentes en un caso, internas en dos casos, internas y externas en cuatro casos, en siete sujetos masculinos, aparecen externas en tres casos, internas y externas en cuatro casos. El desarrollo de las crestas traduce una actividad intensa del músculo pterigoidiano medio, y más todavía cuando se desarrollan en ambos lados de la mandíbula.

Masseter y pterigoidiano medio desarrollados traducen una masticación poderosa; en la región andina evocaría la manducación del maíz para la fabricación de la chicha y/o de ciertas hojas tales como la coca. Por falta de conocimiento sobre la etnología del Oriente de Guatemala, es difícil afirmar la existencia de semejantes prácticas.

Coronados.
Para un sujeto femenino (no desdentado) los coronados no son gráciles; para seis sujetos femeninos y tres masculinos son medianos y para tres sujetos masculinos, son achaparrados.

Agujero del mentón y posición.
Sin excepción, en doce sujetos femeninos y masculinos, el agujero del mentón es único: está alineado verticalmente con el segundo premolar en once casos, con el primer premolar en un caso.

Eminencia del mentón.
De los diez sujetos observables, se presenta en cinco casos (tres femeninos, dos masculinos).

Incisión del mentón.
Es evidente en una mujer solamente.

Forma del mentón.

En dos sujetos femeninos y dos masculinos el mentón es de forma redonda; en un sujeto femenino y dos masculinos, el mentón es anguloso.

3.2 Caracteres métricos de los sujetos adultos.

3.2.1 Neurocráneo.(Cuadro 3 y 4).

La distancia nasión-basión, la anchura bi-porión, la anchura bi-stilo-mastoidiana, la altura porión-bregma, la altura de la bóveda, el perímetro horizontal, el ángulo del frontal y el ángulo de Schwalbe, no pudieron ser medidos por el mal estado de los vestigios.

Las medidas aproximadas figuran en los cuadros osteométricos, precedidas de un asterisco, pero fueron excluidas del cálculo de los índices.

Diámetro sagital maximal y distancia entrecejo-inión.

En el sujeto femenino estas anchuras son de 155 mms., lo que significa que el inión y el opistocráneo están confundidos. Esta constatación ha sido hecha para los cráneos deformados en sitios guatemaltecos de las Tierras Altas (Gervais, 1989).

Diámetro transversal maximal.

Aún cuando la mayoría de las medidas son aproximadas, los diámetros obtenidos indican una anchura del cráneo particularmente grande.

Indice del nomocráneo.

Solamente cuatro índices han podido ser calculados: se trata del índice frontal sagital, del índice parietal sagital, del índice sagital occipital y del índice de la escama temporal.

El índice frontal sagital pudo ser calculado en cuatro individuos: un sujeto femenino es chamaemetope (frente aplanada), tres sujetos masculinos son ortometopes (frente abultada).

3.2.2 Macizo facial superior (Cuadro 5 y 6)

La anchura bi-zigomática, la anchura bi-zigomaxilar, la anchura bi-frontozigomática, el ángulo del perfil facial total, el ángulo del perfil alveolar y la anchura maxilo-alveolar no pudieron ser medidos.

Indices del macizo facial superior.

Indice orbital: calculado en un sujeto femenino, la órbita es elevada ("*hypsiconque*").

Indico nazca: calculado en un sujeto femenino, es mesorínico.

Indice maxilo-alveolar: calcado en dos sujetos, femenino y masculino, estos son braquiuránicos.

Indice del paladar: calculado en un sujeto femenino, éste es braquiestafilino.

3.2.3 Mandíbula (Cuadro 7)

Indices de la mandíbula.

Indice de longitud-anchura: en un sujeto femenino se pudo calcular: la mandíbula es braquignata.

Indice de robustez: en tres sujetos femeninos varía entre53,8 y 65,3. En tres sujetos masculinos varía entre 37,8 y 50.

4- Esqueleto postcraneano.

4.1 Cintura pectoral.

4. 1.1 Escápula (Cuadro 8)

Contorno de la glena: en seis sujetos, tres femeninos, tres masculinos, la glena es piriforme.

Borde axilar (según Vallois): observable en siete sujetos (cuatro femeninos, tres masculinos) presenta una única gotera ventro-axiliar.

Espina (según Vallois): en cinco individuos (cuatro femeninos, uno masculino), la espina es del tipo No. 1. En un individuo masculino es del tipo No. 2.

Acromión: sujetos femeninos, el acromión es triangular. En un sujeto femenino y dos masculinos el acromión es cuadrangular.

Huella clavicular: en dos sujetos femeninos la huella está presente. En un sujeto femenino y en uno masculino está ausente.

Indico glenoidiano: la glena es estrecha en los dos sujetos femeninos y mediana en el sujeto masculino.

4.1.2 Clavícula (Cuadro 9)

Tubérculo conoide: en tres sujetos femeninos el tubérculo es débil. En un sujeto masculino es mediano.

Huella costal: en un sujeto femenino es invisible. En dos sujetos (un femenino, otro masculino) es hueca. En un sujeto masculino es en relieve.

Indice de robustez: en dos sujetos femeninos el índice indica gracilidad. En tres sujetos masculinos, en un caso la clavícula es mediana, y en dos casos es robusta.

4.2 Miembro superior.

4.2.1 Húmero (Cuadro 10)

Cuadro 5: Cara. Caracteres métricos

Sepultura	Identificación del hueso	Distancia Basion-Bregma	Nasion Prostion	Anchura de la Orbita	Altura de la Orbita	Interorbitas	Anchura de la Nariz	Nasion Naso-Espiral	Prostión Alveolon	Biendo-Molar	Altura Sfino Alveolar	Longitud del Paladar	Anchura del Paladar	Profundidad del Paladar
B1	.II.										11			
B1	.III.										23			
B1	.IV.										20			
B.2		93	62	37	38	20	22	49	53	45	19	40	42	13
B.9		74	69	42	35	21	24			62				
B.10														
A.1.2														
B1	.H.										22			
B1	.I.													
B.5											19			
B.7														
B.8														
A.1.1						21			59	70	21		46	19
A.1.3														

Cuadro 6: Mandíbula. Caracteres métricos.

MANDIBULA Sepultura	Longitud de la Mandibula	Pogonion-gonion en Proyección	Pogonion-gonion	Bicondilios (Distancia)	Bigoniaca (Distancia)	Longitud de la Rama	Altura de la Rama	Altura Mediana	Altura en 6/7	Espesor en 6/7	Angulo Goniaco	Angulo
B.1.II.	96	75	84	127	102	34	61	32	26	17	115°	
B.1.III.	*105	*88	91		92	33	59	33	26	14	*110°	
B.1.IV.			90			34	63	35	30	18	120°	
B.2			90			31	62	25				
B.4						34	65	34				
B.9			89		107			38				
B.10			91			33		39	30			
A.1.2			89			32	*63		31			
B.1.H.	*113		91	>130	115	36	76	40	36		*105°	
B.1.I.			100			39		34	36	14		
B.5			100			38		36	37			80°
B.7						35		34	34	14		95°
B.8								39				
A.1.1						39		41		17		
B.3												

52

Cuadro 7: Mandíbula. Indices

MANDIBULA		INDICES							
	Sepultura	Indice Orbitario	Indice Nasal	Indice Maxilo-Alveolar	Indice del Paladar	Indice de Longitud/Anchura	Indice de la Rama	Indice de Longitud	Indice de Robustez
f		102.70				75.59	55.74	80.31	65.38
e	B.1 .II.						55.93		53.85
m	B.1 .III.						53.97		60.00
i	B.1 .IV.						50.00		
n	B.2						52.31		
i	B.4		48.98	116.98	105.00				
n	B.9								
o	B.10								
	A1.2								
m	B.1 H								38.89
a	B.1. I								
s	B.5						50.00		
c	B.7								37.84
u	B.8								
l	A1. 1			118.64			57.35		50.00
i	B.3								
n									
o									

Cuadro 8: Escápula. Caracteres métricos.

ESCAPULA		CARACTERES METRICOS				
	Sepultura	Altura	Longitud	Altura de la Glena	Anchura de la Glena	Indice de la Glena
fe				36		
mi	B.2					
ni	B.4		95	29	22	75.86
no	B.6					
	B.9	>130	92	29	19	65.52
	B.10					
mas			124	31	24	77.42
cu	B.5					
li	B.7			38		
no	B.8	153				
	A1.3					

Cuadro 9: Clavícula. Caracteres métricos

CLAVICULA		CARACTERES METRICOS		
	Sepultura	Longitud	Perimetro en el Medio	Indice de Robustez
femi		140	33	23.57
nino	B.2		38	
	B.4		25	
	B.6	130	31	23.85
	B.10			
mascu		135	37	27.41
lino	B.5	164	45	27.44
	B.7	*175	37	
	B.8	154	40	25.97
	A.1			

Relieves: observables en diez sujetos, son débiles en un sujeto femenino, mediados en cuatro sujetos femeninos y dos masculinos, fuertes en tres masculinos.

Gotera radial: observable en diez sujetos (cinco femeninos y cinco masculinos), la gotera aparece profunda, comprobando una musculatura desarrollada.

Indice diafisiario: el húmero aparece platibráquico en tres sujetos femeninos y en dos masculinos. El húmero es euribráquico en dos sujetos femeninos y en tres masculinos.

Estatura según Genoves: en cinco sujetos femeninos, la longitud del húmero indica una estatura entre 149 cms. y 155,5 cms. En tres sujetos masculinos esta estatura varía de 59 a 165,6 cms.

4.2.2 Antebrazo.

En cinco sujetos femeninos los relieves son débiles en un caso, medianos en cuatro casos. En cuatro sujetos masculinos, los relieves son débiles en un caso, medianos en un caso y fuertes en dos casos.

Radio (Cuadro 11)

La información con respecto al radio hemos preferido resumirla en el cuadro 11.

Cúbito (Cuadro 12)

Límite olecrano-coronoidiano: en tres sujetos femeninos este límite es invisible. En dos sujetos masculinos, en un caso tiene la forma de un surco, en otro de una cresta.

Indice de platolenía: los dos sujetos femeninos son platolénicos. Un sujeto masculino es platolénico y dos sujetos masculinos son eurolénicos.

4.3 Tórax

Esternón: en todos los sujetos (cuatro femeninos, cuatro masculinos) el *manubrium* está articulado con el mesoesternón (Cuadro 13).

4.4 Rachis

Atlas (Cuadro 14).

La información desprendida de este estudio ha sido sintetizada en el cuadro 14.

Axis (Cuadro 15).

En un sujeto masculino la apófisis odontoide tiene una corona.

4.4 Cintura Pélvica.
4.4.1 Coxal (Cuadro 16).

Tubérculo de la cresta ilíaca: observable en cinco sujetos femeninos, en tres casos es nulo y en dos casos es mediano. En los cuatro sujetos masculinos es mediano.

Surco pre-auricular: en los siete sujetos femeninos está presente sin excepción.

Huellas retro-pubianas: en los tres sujetos femeninos no están presentes sino en un casa.

Escote isquiático: fue utilizado para el diagnóstico sexual; es de tipo femenino en siete sujetos y de tipo masculino en cuatro.

Eversión de la ramificación isquio-pubiana: la eversión está marcada en un sujeto femenino; dos sujetos masculinos son normales.

Diámetros vertical y horizontal del *acetabulum*: medidos en cuatro sujetos (un femenino, tres masculinos), los diámetros indican una ovalización acetabular; el diámetro vertical es el más grande; esta "anomalía" se observa muy frecuentemente en las poblaciones mesoamericanas.

4.4.2 Sacro (Cuadro 17)

En un sujeto femenino el sacro hipobasal; en dos sujetos masculinos es homobasal.

4.5 Miembro inferior.

4.5.1 Fémur (Cuadro 18).

Relieves: en cinco sujetos femeninos los relieves son débiles: en tres sujetos femeninos y cuatro masculinos, son medianos; en un sujeto masculino son fuertes. El dimorfismo sexual no es notorio.

Zona glútea: (según Martin y Saller): en cuatro sujetos femeninos y un sujeto masculino la zona es de tipo 5 (cresta sola); en un sujeto masculino es de tipo 3 (tercer trocanter + cresta + fosa).

Pilastro: observable en once sujetos, no está presente más que en un sujeto masculino.

Indice de platimería: dos sujetos femeninos tienen un fémur hiperplartimérico; un sujeto femenino y dos masculinos son euriméricos.

4.5.2 Tibia (Cuadro 19)

Relieves: en dos sujetos femeninos son débiles; en los otros (tres femeninos y cuatro masculinos) son medianos.

Cuadro 10: Húmero. Caracteres métricos

			CARACTERES MÉTRICOS								
HUMERO											
Identificación del hueso	Sepultura	Sexo	Longitud Maximal	Diametro Maximal	Diametro Minimal	Peritrotro en el Medio	Diametro Vertical de la Cabeza	Espesor de la Cortical en el Medio	Indice de Robustez	Indice Diafisario	Estatura según Genoves
femino	B.2	2	296	20	16	58	>37		19.59	80.00	155.5
	B.4	2	292	22	17	64	40		21.92	77.27	154
	B.6	2	280	21	15	54	39		19.29	71.43	149
	B.9	2	287	22	15	56	37		19.51	68.18	152
	B.10	2	285	20	13	52	37		18.25	65.00	151
masculino X	B.1	1	300	24	22	63		3.5	22.67	91.67	159
	B.5	1	330	27	20	68	45	5.0	23.03	74.07	
	B.7	1	327	31	27	76	46	4.5		87.10	165.5
	B.8	1	302	24	17	64	46	6.0	20.86	70.83	159.5
	A.13	1			19	63				19.17	

Cuadro 11: Radio. Caracteres métricos.

			CARACTERES MÉTRICOS						
RADIO									
Sepultura	Longitud Mamal	Longitud Fisiológica	Diámetro Segital en el Medio	Diámetro Transversal en el Medio	Perimetro en el Medio	Espesor de la Cortical en el Medio	Indice de Robustez	Indice Diafisario	
feminino	B.2	228	220	14	18	36	2.0	17.27	66.67
	B.4	221	208	13	17	42		20.19	76.67
	B.6	205	207	11	16	33		15.94	68.75
	B.10		195	11	11	35		17.95	100.00
masculino	B.5	254	246	15	17	42	4.0	17.07	88.24
	B.7	265	252	14	21	50			66.67
	B.8			12	14	41		16.27	85.71

Cuadro 12: Cúbito. Caracteres métricos.

	CUBITO	CARACTERES METRICOS										
	Sepultura	Longitud Maximal	Longitud Fisio-lógica	Diámetro Trans-versal Superior	Diámetro Segital Superior	Diámetro Segital en el Medio	Diámetro Trans-versal en el medio	Perímetro en el Medio	Espesor de la Cortical en el Medio	Indice de Robustez	Indice Diafisario	Indice Platolenia
fe mi ni no		245	218	17	26	13	18	34	3.0	15.60	72.22	65.38
	B.2	231	202			14	17	38		18.81	82.35	
	B.4	235	213	18	23	12	15	30		14.08	80.00	78.26
	B.6				22							
	B.9	*235		18	22	15	17	34			88.24	81.82
	B.10											
mas cu li no		273	242	27		14	17	35		14.46	82.35	
	B.5				29	14	20	45	4.0		70.00	
	B.7	284	249	22	28	15	16	37	4.0	14.86	93.75	78.57
	B.8			22	25	13	16		3.5		81.25	88.00
	A1.3											

Cuadro 13: Esternón. Caracteres métricos.

	ESTERNON	CARACTERES METRICOS							
	Sepultura	Edad	Longitud Total	Longitud del Meso-esternón	Longitud del Manubrio	Anchura Minimal del Meso-esternón	Anchura Maximal del Meso-esternón	Espesor del Meso-esternóm	Indice de Anchura/ Longitudinal del Meso-esternón
feminino				86	47	35	67		
	B.2				52				
	B.4			87					
	B.6								
	B.10								
masculino		>20				40			
	B.5		157	108					
	B.7				54	36	74	11.0	22.93
	B.8				48	38	61	8.0	
	A1.3								

Cuadro 14: Atlas. Caracteres métricos.

	ATLAS	CARACTERES METRICOS			
	Sepultura	Diámetro Sagital	Diámetro Transversal	Espesor del Arco Anterior	Espesor del Arco Posterior
feminino	B.4	43	25	5.0	6.0
	A1.2			5.0	
masculino	A1.1				9.0

Cuadro 15: Axis. Caracteres métricos.

	AXIS	CARACTERES METRICOS		
	Sepultura	Altura de la Apófisis Odontoide	Diámetro Transversal	Diámetro Sagital
fe mi ni no	B.4	49		
	A1.2			16
mas cu lino	A1.1			16
	A1.3			17

Cuadro 16: Coxal. Caracteres métricos.

COXAL Sepultura	Sexo	CARACTERES MÉTRICOS											
		Altura	Altura de la Simposis Pubiana	Longitud del Ala Iliaca	Anchura Minimal del Ala Iliaca	Espesor Acetabulo Isquiático	Apertura de la Escotadura	Profundidad de la Escotadura	Diámetro Vertical del Acetabulum	Diámetro Horizontal del Acetabulum	Indice de Anchura Coxal	Indice de la Escotadura	Indice Acetabulo Isquiático
feminino B.1	2				57	34							
B.1	2				59								
B.2	2			150	55	36	54	35				64.81	150.00
B.4	2			140	54	32	58	25	45	32		43.10	181.25
B.6	2	194	31		58	37	50	27				54.00	135.14
B.10	2	216			55								
A1.2													
masculino B.5	1	221	34	145	56	31	49	35	50	45	65.61	71.43	158.06
B.7	1	224		157	62	38	38	25	51	47	70.09	65.79	100.00
B.8	1	220	36	150	62	35	43	23	53	48	68.18	53.49	122.86
A1.1	1				62	38							

Cuadro 17: Sacro. Caracteres métricos.

SACRO Sepultura	Sexo	CARACTERES METRICOS				
		Altura Anterior	Altura Anterior en Proyección	Anchura Maximal Anterior	Indice Anchura/ Altura	Indice de Curvatura Segital
feminino B.2	2	122	120	118	98.33	96.00
B.4	2	125				
B.6	2					
B.10						
masculino B.5	1	95	86			90.53
B.7	1					
B.8	1					
A1.1						

Cuadro 18: Fémur. Caracteres métricos.

FEMUR Sepultura	Sexo	Longitud en posición	Anchura Maximal del Distum	Diámetro Sagital en el Medio	Diámetro Transversal en el Medio	Perímetro	Espesor de la Cortical en el Medio	Diámetro Sagital Bajo el Trocanter	Diámetro Transversal Bajo el Trocanter	Diámetro Vercal de la Cabeza	Angulo de Inclinación del Cuello	Angulo de Dirección del Cuello	Indice de Robustez	Indice de Platineria	Estatura sgún Genoves
B.1	2			25	24	80	4	25	29	30					
B.1	2			26	25	78	6	23	33	40					
B.1	2			26	24	77	6			40					
B.1	2			28	28	87	5.5			40					
B.6	2	398		27	24		4	28	32					87.50	150.0
B.9	2			27	25	78		23	31					74.19	
B.10	2	*390		24	25	73		21	30	40		132		70.00	*148.0
A1.2	2	*435		26	27	82		26	34					76.47	*160.0
B.1	1	450	75	28	27	93	7	30	35	42	15	140	12.22	85.71	165.5
B.5	1	470	85	34	30	100	8			46			13.62		170.0
B.7	1	483	78	30	28	92	8	30	37	48		130	12.01	81.08	173.0
B.8	1	*450	83	30	26	87		29	32	47		135		90.63	
A1.1	1			29	25	84		26	32	43				81.25	
A1.3	1														

CARACTERES METRICOS

fe mi ni no

mas cu li no

Cuadro 19: Tibia. Caracteres métrico.

	TIBIA	CARACTERES METRICOS										
	Sepultura	Sexo	Longitud Maximal	Anchura de la Epifisio Superior	Diámetro Sagital al Nivel del Agujero Vasicular	Diámetro Transversal al Nivel del Agujero Vasicular	Espesor de la Cortical en el Medio	Perímetro Minimal	Angulo de Retroversión	Indice de Robustez	Indice Crémico	Estatura según Gemoves
fe mi ni no		2	330				4.0			22.82		151
	B.4	2	*320		28	21		72			75.00	*148.5
	B.6	2	333		33	22		76			66.67	152
	B.9	2	*320		29	20		64			63.97	*148.5
	B.10	2	*355	*82	36	23		75			63.89	*158
	A1.2											
ma sc u li no		1	396	68	35	28	5.0	86	80°	21.72	80.00	169
	B.5	1	382	80	34	27	7.0	88		23.04	79.41	166
	B.7	1	402	75	32	24	7.0	73		18.16	75.00	170
	B.8	1	365	80	34	28					82.35	163
	A1.1											

Cuadro 20: Patela. Caracteres métricos.

	PATELAS	CARACTERES METRICOS		
	Sepultura	Altura Maximal	Anchura Maximal	Indice de Anchura/Altura
feminino		37	38	102.70
	B.6	42	45	107.14
	A1.2			
masculino		46	47	102.17
	B.5	43	45	104.65
	B.7	44	48	109.09
	A1.1			

Cuadro 21: Fíbula. Caracteres métricos

	FIBULA	CARACTERES METRICOS						
	Sepultura	Longitud Maximal	Perímetro Minimal	Diámetro Minimal en el Medio	Diámetro Minimal en el Medio	Espesor de la Cortical en el Medio	Indice de Robustez	Estatura según Genoves
feminino		320	45	17	13		14.06	150
	B.4		30	18	12			
	B.6		35	16	10	3.0		
	B.9		32	17	12			
	A1.2							
masculino		390	40	19	14	3.5	10.26	
	B.5	360	41	19	14	4.5	11.39	
	B.7	398	33	16	12		8.29	
	B.8	356	40	17	11	2.5	11.24	162.5
	A1.1							

Cuadro 22: Talus. Caracteres métricos.

	TALUS	CARACTERES METRICOS	
	Sepultura	Longitud	Anchura
feminino	A1.1	58	41

Cuadro 23: Calcáneo. Caracteres métricos.

	CALCANEO	CARACTERES METRICOS			
	Sepultura	Longitud Maximal	Anchura Minimal	Altura	Altura del Sustentaculum Talare
feminino	B.6	69	27	36	12
masculino				42	
	B.5	77			
	B.8	79	28	38	13
	A1.1				

60

Faceta de postura en cuclillas: en todos los sujetos está particularmente bien marcada.

Indice cnémico: en todos los sujetos femeninos la tibia es mesocnémica; en un sujeto femenino y los cuatro sujetos masculinos es euricnémico.

4.5.3 Patela (Cuadro 20).

Escote adorno: en un sujeto masculino está presente y particularmente acentuado.

4.5.4 Fíbula (Cuadro 21).

Relieves: en tres sujetos femeninos y tres masculinos los relieves son ligeros; en un sujeto masculino son medianos.

Acanaladura: observable en seis sujetos, la fíbula no aparece acanalizada más que en dos individuos masculinos.

Curvatura: en dos sujetos (uno femenino, uno masculino) la curvatura es nula. En cuatro sujetos (uno femenino, tres masculinos) es normal. En un sujeto femenino, la fíbula izquierda tiene una curvatura nula y la fíbula derecha una curvatura normal (no hay ninguna patología evidente).

4.5.5 Pie.

Talus : las facetas de postura de cuclillas observables solamente en dos sujetos, son particularmente marcadas (Cuadro 22)

Calcáneo : la faceta articular antero-interna es doble en el único sujeto observable que es de sexo femenino. (Cuadro 23)

5 - Patología osea. Anomalías y Patología dentaria.

La patología ósea observada, corresponde a la patología clásica descrita en las antiguas poblaciones; el raquis es la región más marcada. Sin embargo, un sujeto masculino *adultus* presenta daños múltiples, que no parecen resultar de una causa única. Esas diversas patologías figuran posteriormente según las rúbricas de clasificación nosológica.

Enfermedad congénita y de crecimiento.
Entierro No. 2, mujer de edad *adultus:* fusión completa de los cuerpos de L2 y de L3, de C7 y T1; en este último caso, reducción de la altura anterior del cuerpo.
Entierro No. 10, mujer de edad *adultus:* sacralización de la primera vértebra coccigiana.

Traumatismo.
Entierro A-1.1, hombre de edad *adultus:* sobre la fíbula derecha, fractura surmaleolar del tipo *Dupuytren* sin fractura maleolar interna (forma señalada por los autores antiguos). La fractura está consolidada sin desplazamiento y no hubo modificaciones en los huesos; eso deja suponer un gesto terapéutico eficaz.

Enfermedad degenerativa.
Esta patología concierne sin excepción al raquis. Todos los sujetos femeninos enfermos son de edad *adultus*, el sujeto masculino es de edad *maturus*.
Entierro No. 2, mujer: lesiones generalizadas de espodilosis localizadas en el borde anterosuperior de cada uno de los cuerpos, sobre el sacro únicamente la primera vértebra sacrea está dañada.
Entierro No. 6, mujer: sobre el borde superior de dos cuerpos vertebrales lumbares, presencia de un ribete osteofítico.
Entierro No. 8, hombre: signos de espondilosis lumbar.
Entierro No. 10, mujer: espondilosis ligera sobre el borde anterior de los cuerpos de L4 y L5; artrosis ligera sobre la primera vértebra sacra.

Diagnóstico incierto.
Entierro No. 8, hombre de edad *maturus:* la cara externa de dos costados medios presenta, a un centímetro de la extremidad anterior, una depresión ovalada con su eje mayor longitudinal, con borde liso y ensanchado, fondo irregular de aspecto esponjoso (longitud media; 10 mms. anchura media: 4 mms. profundidad: 2/3 mm). En ausencia de todas perturbaciones morfológicas y reacciones constructivas, parece lógico eliminar cualquier causa traumática o infecciosa, y ver en esas depresiones puramente destructivas una posible infestación parasitaria. Sin embargo, este diagnóstico no es seguro dado el carácter aislado del caso. Un hecho notable es que las superficies de articulación con el esternón, presentan una ligera artrosis.

Osteopatía deformante.
Entierro No. 8, hombre de edad *maturus:* la diáfisis femoral derecha presenta una curvatura más acentuada que la de la diáfisis izquierda; el hueso es más voluminoso, su cortical punteado en la superficie, y el corte es de aspecto algodonoso: su espesor alcanza 15 mms. La asimetría entre los dos huesos está sobre todo evidente en la parte mediana: diámetro transversal (5 mms. más en el hueso dañado), perímetro (10 mms. más), y en el espesor mediano (5 mms. más)

No podemos afirmar que se trata de la enfermedad de Piaget; sin embargo, la diálisis presenta todos los aspectos de tal enfermedad. Sería necesario hacer exámenes histológicos y radiológicos, sin que por eso, se llegue a una conclusión segura por falta de un balance humoral imposible de realizar con los huesos antiguos.

6 - Anomalía y Patología dentaria.

En un sujeto adolescente (entierro 1, cráneo C), el canino 13 está en rotación externa, una posición anormal debida a la presencia de un diente de más.

El sujeto femenino del entierro No. 2 tiene sus terceras molares inferiores de volumen muy reducido; su morfología se aparenta más a premolares. Sería necesario un examen radiográfico para conocer el número de raíces.

Las caries, a pesar de la insuficiencia de los vestigios esplanocraneanos, son escasas: fueron observadas en tres sujetos solamente, con tres caries, una y dos respectivamente.

Los dientes ausentes *in vivo* son particularmente frecuentes: se observaron en nueve individuos, siete mujeres y dos hombres. Se trata generalmente de los molares. El número de dientes ausentes varía de dos a cuatro promedio, pero puede alcanzar nueve; un sujeto presenta un desdentamiento maxilar total.

Un desgaste dental, horizontal u oblicuo, fue observado en trece individuos de ambos sexos; el grado de desgaste es variable y, en algunos casos, concierne toda la corona. La utilización de piedras de moler podría ser una de las causas de tal desgaste.

No observamos ninguna modificación intencional, limadura o inclinación.

7 -Comentarios y Conclusiones.

Inventario de los elementos óseos.

En los entierros colectivos parece evidente que una selección fue hecha después de la muerte de los sujetos, pero antes del entierro; los cráneos y los huesos largos tienen preferencia.

Ciertos sujetos que han sido objeto de entierros individuales fueron encontrados en conexión anatómica; el modo de inhumación y la estratigrafía descritos con precisión por Alain Ichon permiten difícilmente imaginar perturbaciones *postmortem* diferentes al aplastamiento de los esqueletos. En consecuencia, es extraño constatar la "ausencia notable de ciertas partes del esqueleto -cráneo, cintura pectoral, miembro superior, miembro inferior - particularmente evidente en los entierros B.2, B.13, A-1.1 y A-1 2.

Un caso típico es el del entierro No. 3, un niño de 2 a 3 meses. La mayoría de los vestigios (algunos en conexión) fueron localizados en el nivel +209 pero algunos fragmentos diafisiarios (humeral) fueron encontrados en otro cuadro del nivel + 185 a proximidad del entierro No. 4, y también en el nivel +152. Esto confirma que había entre las diversas piezas óseas, en el plano horizontal, hasta dos metros de distancia, y en el plano vertical, hasta 57 cms. ¿En qué momento se produjeron estos desplazamientos de los restos óseos, y se pueden imputar al hombre o a la fauna ... ?

A pesar del estado de los vestigios óseos, una observación minuciosa no ha permitido revelar la menor huella de disección; esto implica una intervención hecha cierto tiempo después de la muerte para permitir una extracción selectiva de ciertos elementos. Aquí podemos hablar razonablemente de entierros diferidos: el cuerpo, en una primera fase, hubiera sido expuesto a causas diversas de destrucción de la carne y en una segunda fase sometido a la ablación de ciertas piezas óseas.

Estudio Antropológico.

El estado de los vestigios, evocado ampliamente al principio de este trabajo, es responsable de la ausencia de una verdadera síntesis. Sin embargo, la población de El Chagüite, mediante las observaciones y/o las medidas realizadas, puede caracterizarse de la manera siguiente.

Los relieves son poco marcados generalmente: únicamente el húmero atestigua una musculatura desarrollada tanto en las mujeres como en los hombres. Esta observación es, sin embargo, insuficiente para precisar una ocupación particular.

A pesar de la deformación *postmortem*, los cráneos aparecen cortos, pero es imposible decidir entre la braquicefalia y la deformación artificial del cráneo. En ninguno de los sujetos se ha podido poner en evidencia por el estado deficiente de los vestigios, pero un cierto número de rasgos, pueden sugerirla:

- El diámetro transversal maximal del cráneo parece anormalmente grande en individuos adultos al menos, aproximado o sobrepasando 1 50 mms.

- El diámetro sagital maximal en dos individuos adultos revela un cráneo corto o a lo mejor "acortado" (155 y 160 mms.).

- Por otra parte, las curvas de los parietales del niño de 2 a 3 meses de edad (entierro N sugieren una práctica deformante.

- El borde superior de la escama temporal aparece casi rectilineal en tres individuos. Este rasgo ha sido observado en otras poblaciones mesoamericanas, especialmente en Mixco Viejo (Guatemala) y en el estado mexicano de Michoacán (Gervais, 1989).

- Ciertos aplastamientos o depresiones recuerdan rasgos a menudo constatados en cráneos deformados; el estado de los vestigios y sobre todo las presiones ejercidas en la sepultura impiden una afirmación de esta práctica.

Si las inhumaciones más tempranas son fechadas del Preclásico, la práctica de la deformación artificial del cráneo no sería sorprendente en El Chagüite; es conocida en las culturas o civilizaciones mesoamericanas anteriores. La estatura calculade a partir de los cuadros de Genovés, revela un dimorfismo sexual muy claro. En efecto, en las mujeres la estatura media por el fémur y la tibia es de 152 cms, (estatura pequena según Vallois); en los hombres es de 168 cms. (estatura mediana). Generalmente la diferencia entre los sexos escasamente sobrepasa los 10 cms., y es en particular el caso de todas las poblaciones mayas, cercanas geográficamente al oriente guatemalteco. Tal dimorfismo sugiere dudas en cuanto al origen de este grupo humano.

Hubiéramos podido tratar de hacer una comparación entre las dos estructurasA-1 y A-2 de donde provienen los esqueletos, pero el número de individuos no nos pareció suficiente: preferimos juxtaponer los datos de los dos conjuntos en los cuadros osteométricos.

El objeto del presente estudio no podía ser la elaboración de una verdadera síntesis: el número reducido de sujetos, el estado de los esqueletos deformados en su sepultura, mal conservados por varias razones, incompletos, son las principales causas de nuestra limita. Quisimos, antes que nada, proporcionar el máximo de datos antropológicos sobre una población bastante temprana, en una región poco conocida arqueológicamente. Se debe estudiar otros sitios en un futuro próximo y, los resultados, permitirán la confrontación de datos antropológicos y un mejor conocimiento de estas poblaciones.

Anexo

Material Osteológico de "El Chagüite"
(Restos Animales)

Bióloga Alicia Blanco Padilla
Sección de Biología
Subdirección de Salvamento
Arqueológico, INAH

El sitio arqueológico de "El Chagüite", se localiza a 5 km. de la actual población de Jalapa, en el oriente del territorio de la actual República de Guatemala. Fue excavado por personal de la Misión Científica Franco-Guatemalteca, en Diciembre de 1987 y Enero de 1988.

"El Chagüite" se considera como "un pequeño centro ceremonial" que incluye ocho estructuras, entre las cuales se encuentran dos montículos de 9 y 6 mts. de altura (estructuras A-1 y A-2). Sobre la base del análisis cerámico preliminar, se sitúa el sitio, culturalmente, desde el Preclásico Tardío (cerca 400 a.C.) hasta el Clásico Medio (cerca 450 d.C.).

El material de origen biológico, motivo del presente informe, procede de la Estructura A-2, en cuyo centro se realizó un pozo estratigráfico de 3 x 3 mts, llamado "Operación B". De acuerdo con los datos que aportó dicha operación, se considera una "estructura funeraria periodicamente sobrealzada, con doce pisos sucesivos de barro quemado o apelmazado" (niveles +1.00 a +3.20mt.) de entre los cuales se obtuvieron "doce entierros primarios sencillos y un entierro secundario múltiple de ocho individuos" (nivel +2.80 mt.) correspondiendo, culturalmente, al Preclásico Tardío. A partir del nivel +3.20 a +6.00 mt., al parecer la estructura cambia de función y se sitúa del Clásico al Posclásico.

En el manejo de los materiales se respetó la nomenclatura asignada por los arqueólogos. En el cuadro de concentración se presentan los restos analizados, considerando su procedencia y los niveles de obtención, indicando el grupo zoológico asignado a cada uno. Como "no diagnósticos" dejamos fragmentos de hueso que fue imposible determinar, en general por su tamaño, por falta de rasgos anatómicos diagnósticos. Sin embargo, muchos de ellos pueden corresponder a los grupos zoológicos que fueron identificados.

Designamos "hueso trabajado" aquellas piezas óseas que presentan huellas o total trabajo humano.

Se consideran "señas de cremación" las manchas aisladas, generalmente de tono castaño oscuro, producto del contacto con fuego.

"Roído", llamamos a las huellas dejadas por la actividad trófica de animales como los roedores (ratas, ratones y otros semejantes).

Entre paréntesis anotamos los restos óseos que correspondían al mismo elemento anatómico, por ejemplo: B-102/1 y 3.

A continuación damos una breve reseña biológica de los grupos zoológicos determinados, a fin de facilitar la incorporación e interpretación de los datos que aporte este informe al trabajo arqueológico.

Del *Phylum Arthropoda*, clase crustácea, la cual incluye cangrejos, camarones, percebes, langostinos y otros, contamos con un fragmento de pinza o quela de una "jaiba", Familia *Portunidae*, cuyos miembros son comestibles, siendo en su mayoría de aguas marinas, algunos dulceacuícolas y unos pocos terrestres. Las escasas características de la pieza en cuestión, no permiten establecer el género al cual pertenece, aunque podríamos aventurar que se trate de una especie del género *Callenectes*, determinado en materiales de algunos sitios arqueológicos costeros.

El *Phylum* de los Cordados, donde se agrupan peces, anfibios, reptiles, aves y mamíferos, se encuentra mejor representado.

Los organismos de la Clase Piscis, esencialmente acuáticos, se agrupan en Elasmobranquios o Condricties, como son los tiburones, rayas, quimeras, peces sierra y en Osteicties o peces óseos, que son los más conocidos y relacionados con el hombre, tales como truchas, salmones, caballitos de mar, peces lobo y otros.

De los Osteicties, "El Chagüite" aporta el hueso basal del cráneo de un individuo, posiblemente de la Familia Ameiuridae, al cual comprende los generalmente conocidos como "bagres", comunes en aguas dulces del continente americano y apreciados como alimento humano.

De la Clase Reptilia, contamos con la presencia de representantes de dos grupos, a saber: Orden Serpientes, Familia Colubridae, donde encontramos a las "culebras", en general animales inofensivos, pero muy perseguidos y difamados por el hombre; Orden Chelonia o Testudines, el cual comprende a las tortugas, habitantes de los medios terrestres, dulceacuícolas y marinos, animales cuyo cuerpo está protegido por una concha o carapacho, caja formada por placas óseas y escudos córneos, colocados sobre las placas. Estos elementos presentan un número y distribución particular para cada especie, por lo que se utilizan en la determinación taxonómica.

Las tortugas son ampliamente apreciadas como alimento humano, materia prima de instrumentos y ornatos, "mascotas" y entre los grupos prehispánicos, además, se usaron con fines ceremoniales al ser depositadas como ofrenda.

La Clase Mammalia aporta representantes de las órdenes primates, lagomorpha, rodentia y artiodactyla.

Homo Sapiens, primate conocido comunmente como "hombre" reporta elementos óseos, los cuales fueron verificados por la Antropóloga Física Rosa Ma. Peña, de la Subdirección de Salvamento Arqueológico.

Los mamíferos del orden Lagomorpha son los conocidos conejos y liebres, géneros *Sylvilagus* y *Lepus* respectivamente, de los cuales sólo el primero tiene representantes en el área de estudios. Especialmente los conejos, son apreciados por su carne y en muchos grupos prehispánicos el pelo de este animal fue usado con fines ornamentales.

Para el orden Rodentia contamos con la Familia Geomydae, la cual agrupa a las muy conocidas "tuzas" y aunque sólo contamos con un fragmento de mandíbula sin rama ascendente, consideramos que se trata de un individuo del género *Orthogeomys*.

Del orden antes señalado, la familia Cricetidae agrupa a los llamados "ratones de campo", de amplia distribución en el continente americano. A los roedores se les encuentra practicamente en toda la superficie terrestre, pues sitios como Australia, Oceanía y Madagascar, en donde no existían, han sido invadidos en épocas recientes, sobre todo por ratas y ratones. En su mayoría son animales pequeños, de hábitos nocturnos y que, a pesar de su gran abundancia, pasan desapercibidos.

La Familia Cervidae pertenece al orden Artiodactyla y agrupa a venados, ciervos, renos, gamos y otros semejantes. Los materiales aportados por el sitio de "El Chagüite" pertenecen a la especie *Odocoileus virginianus*, cuyo nombre vernáculo es "venado de cola blanca", el cual se encuentra tanto en zonas templadas como tropicales, obteniéndose de él carne, piel, hueso y cornamenta (en el caso de los machos) y tuvo amplio uso en épocas prehispánicas.

Notas al cuadro de concentración

C-J-12   El fragmento de la "jaiba" presenta señas de cremación.

C-J-13   El único elemento de este cuadro corresponde a un fragmento de costilla, posiblemente cérvido, que se encuentra trabajado, recortado en un extremo y presenta, además, señas de "roído" en la superficie de la pieza.

C-J-14   B-83: el reptil reportado corresponde a dos vértebras de culebra, de un individuo del género *Lampropeltis* que en América Central y en el norte de América del Sur se conoce como "coral ratonera" (Cendrero, 1972:463) y de acuerdo al nombre vulgar que ostenta, se alimenta de pequeños roedores, lagartijas y mamíferos pequeños. Un fragmento de cintura pélvica (B 83/2 y 4) de un individuo del género *Sylvilagus*. B 83/3 fragmento óseo que presenta señas de cremación.
B-105: bajo "roedor" dejamos dos elementos óseos pertenecientes al género *Peromyscus* y tres más del género *Neotoma*, ambos cricétidos, habitantes de la campiña americana.
B-85/1: una piedra; B-85/2: un fragmento de fémur, epífisis proximal, de cérvido; B-85/3,4,5,6: cuatro restos óseos, no diagnósticos, que pueden corresponder, también, a un cérvido.
B-125: un fragmento de mandíbula de un individuo infantil humano y un fragmento de

cráneo, región temporal, también de *Homo Sapiens*.

C-K-12   B-102: una costilla de un individuo infantil (B-102/1 y 3).
B-139: un metacarpiano, también humano, individuo adulto.

C-K-14   B-98/2: un fragmento óseo, al parecer una vértebra, que representa señas de un corte.
B-93/3: corresponde a un fragmento de cúbito humano, individuo infantil.
B-98/4: hueso basal de cráneo de pez.
B-97: el reptil pertenece al orden Chelonia que, como ya indicamos en el párrafo correspondiente, no es posible determinar con certeza la familia a la que corresponde por tratarse de un fragmento de placa óseo de "carapacho". Sin embargo, sobre la base del trabajo de los materiales realizado por la Sección de Biología es posible argumentar que se trata de un individuo de la Familia Emydae, género *Chrysemis*, tortuga habitante de ríos de corriente lenta, lagos y lagunas así como de aguas pantanosas.
B-106 y B-116: cada uno aporta un fragmento de mandíbula de venado que, al ser revisados, corresponden a la misma pieza. Se trata de la región anterior (zona de la sínfisis y premolares primero y segundo) de la rama izquierda.

C-L-13   B-74: un fragmento de asta de venado.
B-109: tenemos un fragmento óseo trabajado, con señas de uso por arriba de la punta, la cual es aguzada.
B-120: un fragmento de cráneo, región temporal, un metatarsiano y un fragmento de costilla, todos de *Homo sapiens*, individuo adulto.

Consideraciones finales

Tomando la sugerencia expresada por los arqueólogos que exploraron el sitio de "El Chagüite" en el informe que entregaron a esta Sección junto con los restos arqueológicos de origen biológico: "el análisis de los huesos no humanos y otros restos animales (*jutes*, cangrejos...) y vegetales deben proporcionar datos interesantes sobre la dieta alimenticia de la población prehispánica de la región" (Misión científica Franco-Guatemalteca, 1988), exponemos lo siguiente: el único resto de crustáceo reportado nos indica el conocimiento y uso que los habitantes del sitio tenían de este grupo ya que, por los escasos datos que aporta, al parecer fueron consumidos como alimento por el hombre. De manera similar podemos interpretar los restos de "bagre" considerando, además en este caso, que los elementos óseos de peces son problemáticos para su conservación e identificación en los contextos arqueológicos.

En cuanto a los elementos de roedores y "culebras" los consideramos "intrusivos" ya que los primeros tienen hábitos hipogeos y la presencia de restos óseos y madrigueras son frecuentes en las excavaciones arqueológicas. Las culebras, por su parte, son afectas a guarecerse de las altas temperaturas, dado que son animales que carecen de sistema regulador de temperatura (poiquilotermos), entre las piedras y resquicios de los que abundan en los sitios arqueológicos.

Con los restos de tortuga y conejo queda la duda del papel que jugaron en el contexto cultural que nos ocupa ya que ninguno de ellos presenta señas de actividad humana (cocidos, quemados, trabajados). En el caso del quelonio, el no determinar la especie a la que pertenece, nos impide asegurar si fue transportada por el hombre de su hábitat natural hacia el sitio arqueológico o si el sitio mismo corresponde a su hábitat natural. Por su parte, los conejos suelen construir sus madrigueras por debajo de la superficie del suelo y por ende las zonas arqueológicas son lugares idóneos para tal actividad. Así, como en el caso de roedores y culebras, pueden ser considerados organismos intrusivos.

Con respecto al venado, aun cuando son claras las evidencias de su uso cultural, en general fue una especie ampliamente explotada por los grupos humanos prehispánicos de Mesoamérica debido, en gran medida, al alto rendimiento de carne y materia prima que de él obtenían. De este animal, el hombre precolombino no sólo obtenía carne y piel para satisfacer sus demandas cotidianas sino, además, los huesos que eran empleados en la elaboración de diversos implementos utilizados en otras actividades productivas (como podría ser, posiblemente, el caso del elemento B-109), a la vez que en la creación de ornamentos y aun instrumentos musicales. De la cornamenta de los individuos machos se obtenían, también, herramientas para actividades como el tallado de la piedra y la obsidiana, entre otras.

En cuanto a los restos de *Homo sapiens*, su presencia se explica al considerar que se reporta el hallazgo de varios entierros humanos en el área excavada.

Finalmente, nos permitimos exponer los siguientes comentarios, al margen del trabajo realizado:
a) Hubiera sido conveniente contar con un mínimo de información en torno a las características bióticas del área de "El Chagüite" (flora y fauna actuales, clima, presencia de cuerpos acuíferos), considerando que no tenemos experiencia en trabajos del área maya guatemalteca.
b) En el informe que nos fue proporcionado indican que se trata "de una muestra", quedándonos la duda de si todo material óseo obtenido en la excavación corresponde a los grupos zoológicos aquí determinados.
c) Sugerimos que los elementos óseos, producto de futuras excavaciones, sean manejados con un poco más de cuidado a fin de evitar fracturas en los mismos.

Relación de Materiales
Sitio El Chagüite, Guatemala

B-71 (Op. B; Niv. +3.20 - +3.00; C-J-12)
1 calcáneo de cérvido

B- 74 (Op.B; Niv. +2.80 - +2.60; C-L-13) Relleno.
1 fragmento de asta de venado (con restos leves de carbón)

B-81 (Op.B; Niv. +2.70 - +2.60; C-J-13; Relleno).
1 Fragmento de costilla (posiblemente de cérvido), recortado y roído en la superficie.

B-83 (Op.B; Niv. +2.70 - +2.60; C-J-14).
B833/5: dos vértebras de culebra
B83/3: un fragmento longitudinal de hueso largo de un mamífero; en un extremo presenta señas de cremación.
B83/1: n fragmento de costilla, al parecer de cérvido.
B83/2 y 4: media cintura pélvica de un lagomorfo.

B-85 (Op.B; Niv. +2.57; relleno; C-J-14).
B85/1: piedra
B85/2: un fragmento, epífisis proximal de fémur sin carilla articular, de cérvido.
B85/3: no diagnóstico.
B85/4: no diagnóstico.
B85/5: no diagnóstico.
B85/6: no diagnóstico.

B-97 (Op.B; Niv. +2.47; C-K-14).
un fragmento de placa ósea de caparazón de tortuga.

B-98 (Op.B; Niv. +2.60; C-K-14).
B98/1: un fragmento de mandíbula derecha, sin rama ascendente, de geómido.
B98/2: un fragmento óseo con señas de corte.
B98/3: un fragmento de cúbito humano.
B98/4: un hueso pez.
B98/5: un fragmento , apófisis espinosa de vértebra de mamífero.

B-100 (Op.B; Niv. +2.49; C-K-14).
una carilla articular de fémur, no diagnóstico.

B-101 (Op.B; Niv. +2.54 C-J-12; abajo del piso +2.55).
B101/1: un fragmento, epífisis distal de húmero, de cérvido.
B101/2: un fragmento de escápula (posiblemente de cérvido).

B-102 (Op.B; Niv. +2.45; C-K-12).
B102/1 y 3: una costilla humana
B102/2: no diagnóstico.

B-104 (Op. B; Niv. +2.60 - +2.44; C-J-12; relleno)
una falange de cérvido

B-105 (Op. B; Niv. +2.60 - +2.44; C-J-14; encima piso +2.44)
tres fémures de roedor
un húmero de roedor
un fragmento de costilla, no diagnóstico (por el tamaño puede ser un roedor)

B-106 (Op. B; Niv. +2.44; C-K-14; encima piso +2.44)

B-107 (Op. B, Niv. +2.60 - +2.44; C-K-14; encima piso +2.44)
un fragmento, región distal de una escápula, no diagnóstico.

B-109 (Op. B; Niv. +2.44; C-L-13)
un fragmento óseo, trabajado, con señas de uso.

B-111 (Op. B; Niv. +2.44 - +2.20; C-J-12; relleno, abajo piso +2.44)
un fragmento de quela de "jaiba", con señas de cremación.

B-116 (Op. B; Niv. +2.37; C-K-14, relleno)
un fragmento de mandíbula, izquierda, de cérvido.

B-177 (Op. B; Niv. +2.32; C-K-14)
no diagnóstico.

B-120 (Op. B; Niv. +2.24; C-L-13, relleno)
B120/1: un fragmento de cráneo, humano.
B120/2: un metatarsiano, humano.
B120/3: un fragmento de costilla, humana.
B125: (Op. B; Niv. +2.14;C-J-14; abajo piso +2.20).
B125/1: un fragmento de mandíbula, humana.
B125/2: un fragmento de cráneo, humano.

B-134 (Op. B; Niv. +2.09; C-J-14; encima piso +2.09)
un fragmento de costilla, no diagnóstica.

B-139 (Op. B; Niv. +1.87; C-K-12)
un metacarpiano, humano.

B-140 (Op. B, Niv. +1.85; C-K-13; piso +1.85)
un fragmento de hueso largo, no diagnóstico.

Cuadro 24 : Material Zoológico

Cuadros/Niveles	C-J-12	C-J-13	C-J-14	C-K-12	C-K-13	C-K-14	C-L-13
+3.20 /+3.00	Artiodáctilo						
+2.80/+2.60							Artiodáctilo
+2.70/+2.60		" Trabajado " Artiodáctilo	Reptil Lagomorfo Artiodáctilo No diagnóstico				
+2.60						Peces Primate Geómido No diagnóstico	
+2.60/+2.44	Artiodáctilo		Roedor			No diagnóstico	
+2.57			Artiodáctilo No diagnóstico				
+2.54	Artiodáctilo						
+2.49						No diagnóstico	
+2.47						Quelonio	
+2.45				Primate No diagnóstico			
+2.44						Artidáctilo	" Trabajado "
+2.44/+2.20	Crustáceo						
+2.37						Artiodáctilo	
+2.32						No diagnóstico	
+2.24							Primate
+2.14			Primate				
+2.09			No diagnóstico				
+1.87				Primate			
+1.85					No diagnóstico		

68

Bibliografía

Amaroli, P. 1987. *Informe preminar de las excavaciones arqueológicas en Cara Sucia, departamento de Ahuachapán, El Salvador*. Inédito.

Arnauld, M.Ch. 1985. "La céramique de la structure A-7 (La Lagunita)" en *Le Protoclassique à La Lagunita, El Quiché, Guatemala*, A. Ichon (ed.), Institut d'Ethnologie, Paris.

1986. *Archéologie de l'habitat en Alta Verapaz (Guatemala)*, CEMCA serie I, vol 10, México.

Azurdia, V. y Carlos Enrique: "Las minas de Papalhuapa", *SGHG-A.N-1*, 2 vols, 65-70.

Bernardet, P. 1984. "Pour une étude des modes de transmission. La technologie du manche court en Afrique noire", *Cahiers ORSTOM,* série Sciences Humaines, vol XX, n° 3-4; 375-398. Paris.

Boggs, S. 1973. "Pre-Maya costumes and coiffures", *Américas 25/2*: 19-24. San Salvador.

Casas, G. 1967. *Contribución al conocimiento de las tortugas dulceacuícolas de México*, tesis de licenciatura, Facultad de Ciencias, UNAM, México.

Cendrero, L. 1971. *Zoología Hispanoamericana. Invertebrados*, Porrúa, México.

Cendrero, L. 1972. *Zoología Hispanoamericana.. Vertebrados*, Porrúa, México.

Coe, M. D. y Flannery, K. V. *Early cultures and human ecology in South Coastal Guatemala*. Smithsonian Contribution to Archaeology, vol. 3, Washington D.C.

Demarest, A.A. 1986. *The archaeology of Santa Leticia and the rise of Maya civilization*, Middle American Research Institute, Pub. 52, Tulane University, New Orleans.

Demarest, A.A. y Sharer, R.J. 1986. "Late Preclassic ceramic spheres, culture areas and cultural evolution in the southeastern Highlands of Mesoamerica", en *The southern periphery of Mesoamerica*, Shortman, E.M. y Urban, P.A (eds.), University of Texas Press, Austin.

Fazekas I.G. y Kosa F. 1978. *Forensic Fetal Osteology*, Akadémiai Kiado, Budapest.

Feldman, L. 1975. *Riverine Maya: the Torquega and other Chols of the Lower Motagua valley*, University of Missouri, Columbia Museum brief 15, Columbia, MO.

Fowler, W. R. 1984. Late Preclassic mortuary patterns and evidence for human sacrifice at Chalchuapa, El Salvador. *American Antiquity* 49; 3: 603-618.

Fox, J. 1981. The Late Postclassic Eastern frontier of Mesoamerica: Cultural innovation along the periphery. *Current Anthropology* 22:321-346.

Graham, J. y Heizer, R. F. 1968. Notes on the Papalhuapa site, Guatemala. *Papers on Mesoamerican Archaeology: 101-125. Contributions of the University of California. Archaeological Research Facility 5*, Berkeley.

Gervais V. 1989. *Déformations artificielles de crânes préhispaniques au Guatemala et au Mexique*, Thèse Sciences, Caen. 2 tomos.

Hall, R. y Kelson, K. 1959. *The Mammals of North America*, Ronald Press, New York.

Hatch, M. P. "La céramique de Los Encuentros", en *Archéologie de sauvetage dans la vallée du rio Chixoy. 4-Los Encuentros*, Ichon, A. (ed.), Institut d'Ethnologie, Paris.

Ichon, A. 1969. *La religion des Totonaques de la Sierra*, Ed. CNRS, Paris.

1986. *Reconocimiento arqueológico en el Oriente de Guatemala: Departamento de Jalapa. Informe preliminar*, Instituto de Antropología e Historia, Guatemala.

1987. *Reconocimiento arqueológico en el Oriente de Guatemala: Departamento de Jalapa. Informe 2*, Instituto de Antropología e Historia, Guatemala.

1990. "Sauvetages et expéditions de reconnaissance au Guatemala". *Les Dossiers d'archéologie N°145: Les Amériques de la préhistoire aux Incas*. Pp.34-37. Février, Dijon.

1991. "Les terrains de jeu de balle dans l'est du Guatemala", en *Vingt études sur le Mexique et la Guatemala réunies à la mémoire de Nicole Percheron*, Breton, A., Berthe, J.P. et Lecoin, S, col. Hespérides, PUM, Toulouse.

Leal Rodas, M.A., Paredes, J.H., y del Aguila, P. 1988. *Proyecto Arqueológico Sansare. Temporada de campo nov. 1987/enero 1988*, Universidad de San Carlos de Guatemala, Instituto de Investigaciones Históricas, Antropológicas y Arqueológicas.

Leopold, S. 1977. *Fauna Silvestre de México*, Instituto Mexicano de Recursos Naturales Renovables, México.

Misión Científica Franco-Guatemalteca 1988. Informe manuscrito, Guatemala.

Olsen, S. 1980. "Fish, Amphibian and Reptile remains from archaeological sites", *Papers of the Peabody Museum of Archaeology and Ethnology,* vol. 56, n°2, Harvard University, Cambridge (Mass.).

1982. "An osteology of some Maya mammals", *Papers of the Peabody Museum of Archaeology and Ethnology*, vol. 73, Harvard University, Cambridge (Mass.).

1985. "Mammal remains from archaeological sites", *Papers of the Peabody Museum of Archaeology and Ethnology* vol. 56, n°1, Harvard University, Cambridge (Mass.).

Parsons, L.A. 1986. *The origins of Maya art: monumental stone sculpture of Kaminaljuyú, Guatemala, and the Southern Pacific Coast*. Studies in Precolumbian art and archaeology 28, Dumbarton Oaks Research Library and Collection, Washington

Sharer, R.J. (ed.) 1943. *The prehistory of Chalchuapa, El Salvador*, 3 vols, University of Pennsylvania Press, Philadelphia.

Sharer, R.J. y Sedat, D. W. 1987. *Archaeological investigations in the Northern Maya Highlands, Guatemala*, The University

Museum, University of Pennsylvania, Philadelphia.

Sheets, P.D. y Dahlin, B.H. 1978. Artefacts and Figurines, vol 2 de *The prehistory of Chalchuapa*, Sharer, R.J. (ed.), University of Pennsylvania Press, Philadelphia.

Shook, E. 1943. *Fichas de reconocimiento de los sitios arqueológicos*, IDAEH, Guatemala.

Shook, E. y Hatch, M. P. 1978. "The Ruins of El Balsamo, Dept. of Escuintla, Guatemala". *Journal of New World Archaeology* 3 (1): 1-38. Institute of Archaeology, University of California, Los Angeles.

Sidrys, R. *et al.* 1976. "Obsidian sources in the Maya area", *Journal of New World Archaeology* 1, 1-13. Institute of Archaeology, University of California, Los Angeles.

Smith, A. L. y Kidder, A. V. 1943. *Explorations in the Motagua valley, Guatemala*, Carnegie Institution of Washington, Pub. 546, Washington.

Strömsvik, G. 1950. "La ruina de Asunción Mita. Informe de su reconocimiento", *Antropología e Historia de Guatemala* II (1), 23-29. Guatemala.

Tixier, J, Inizan, M.L y Roche, H. 1980. *Préhistoire de la pierre taillée 1: terminologie et technologie*, Centre de Recherches et d'Études Préhistoriques, Valbonne.

Ubelaker D. 1978. "Human skeletal remains. Excavations, analysis and interpretation. Taraxacatun", *Manuals in Archaeology*, 2, EUA.

Viel, R. 1984. "La céramique de la structure A-7 de La Lagunita", en *La période formative à La Lagunita et dans le Quiché méridional*, A. Ichon (ed.), Institut d'Ethnologie, Paris, 53-115.

Walters, G. R. 1985. "Proyecto arqueológico San Agustín Acasaguastlán". *Antropología e Historia de Guatemala*. II época. Vol.5: 39-85, Guatemala.

Wauchope, R. y Bond, M.N. 1989. *Archaeological Investigations in the Department of Jutiapa, Guatemala*. Middle American Research Institute, Pub. 55. Tulane University, New Orleans.

Wetherington, R.K. 1978. *The ceramics of Kaminaljuyú, Guatemala*, Monographs Series of Kaminaljuyú, The Pennsylvania State University Press.

Fig. 1. Mapa de Guatemala y de los departamentos del oriente.

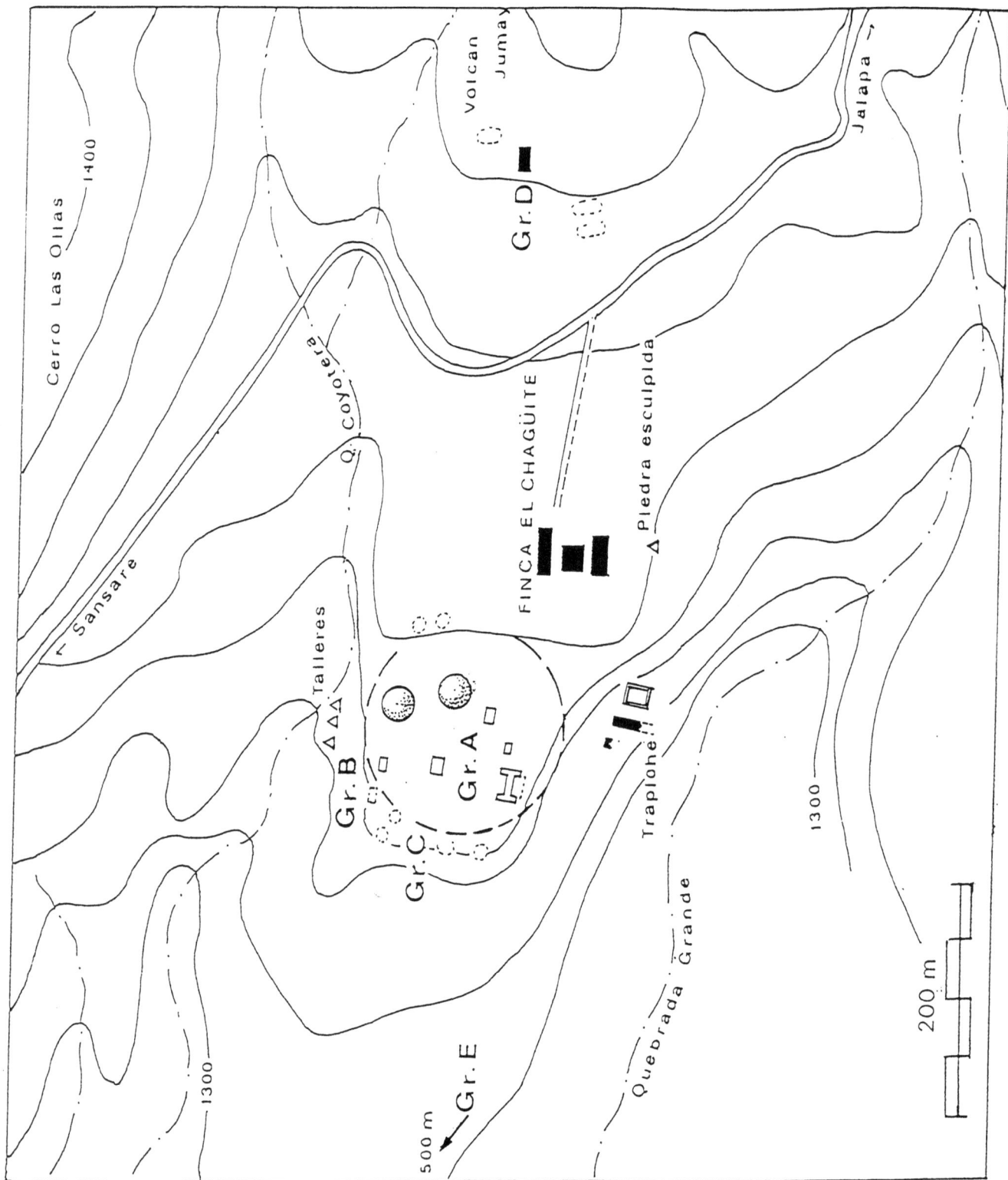

Fig. 2. Plano general de la finca El Chagüite y del sitio arqueológico.

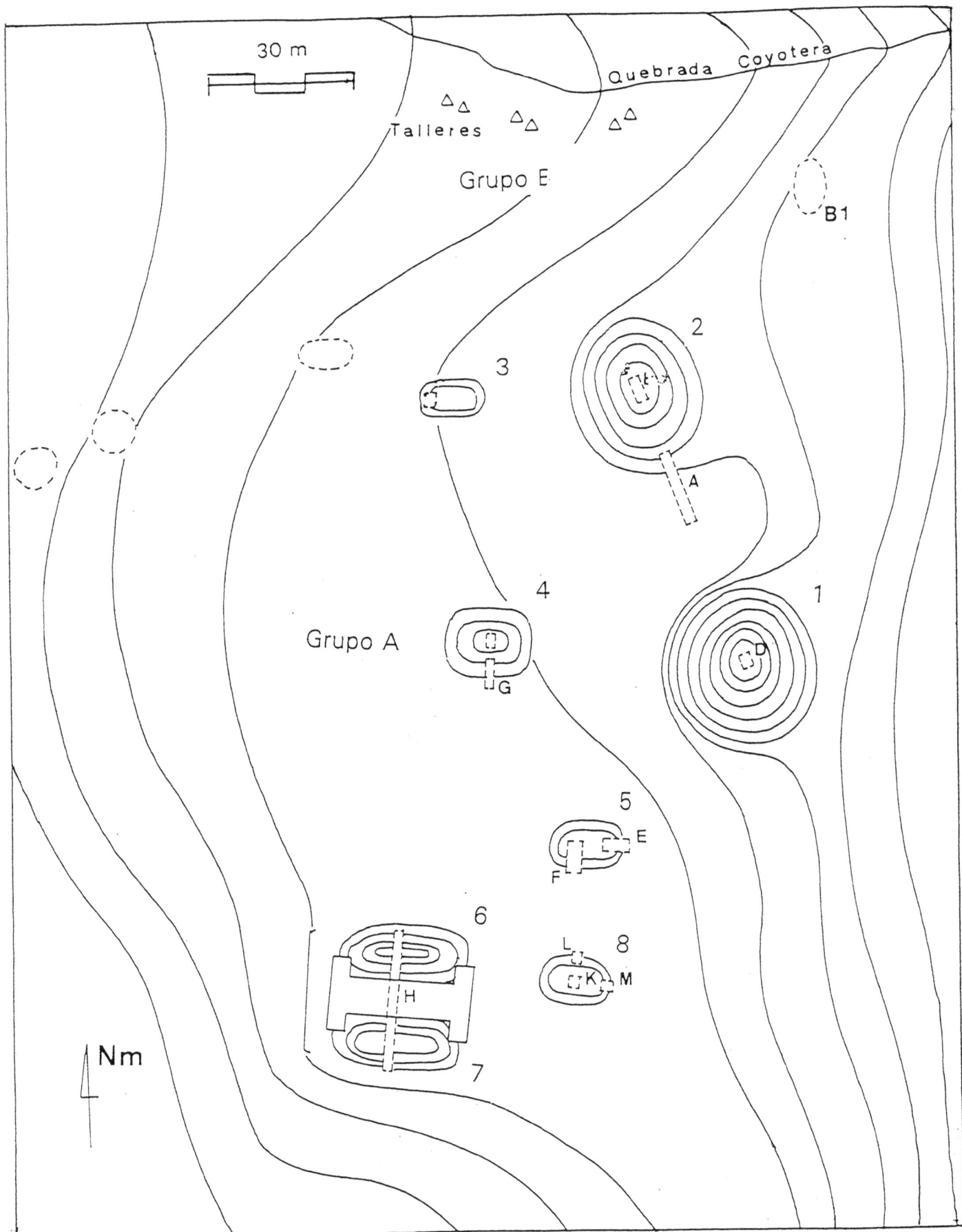

Fig. 3. Plano del grupo A y de las operaciones realizadas.

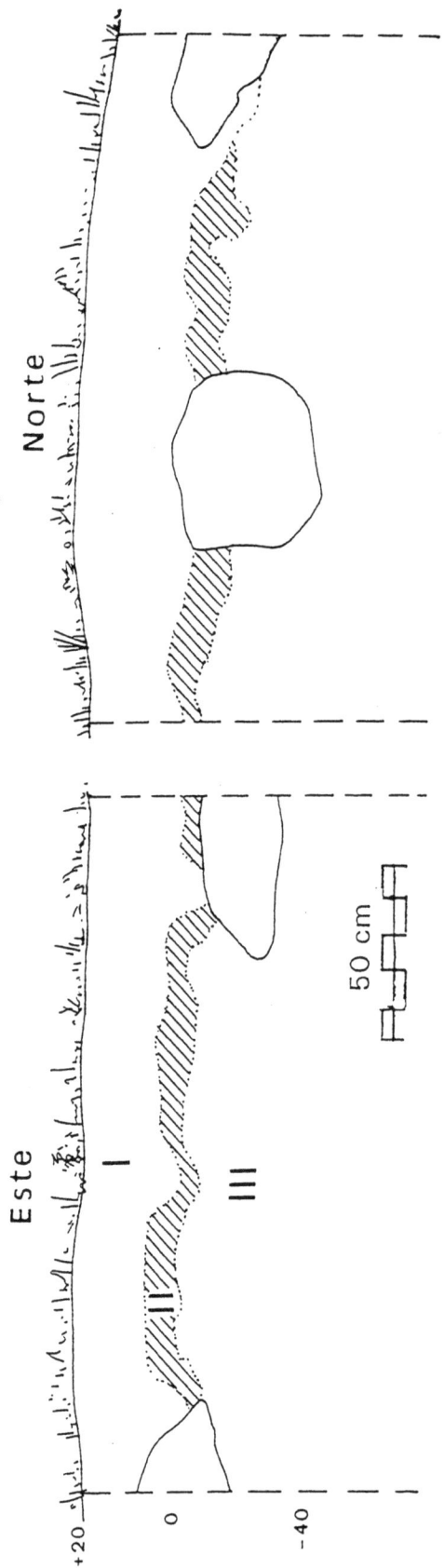

Fig. 4. Estratigrafía en el centro de la plaza.

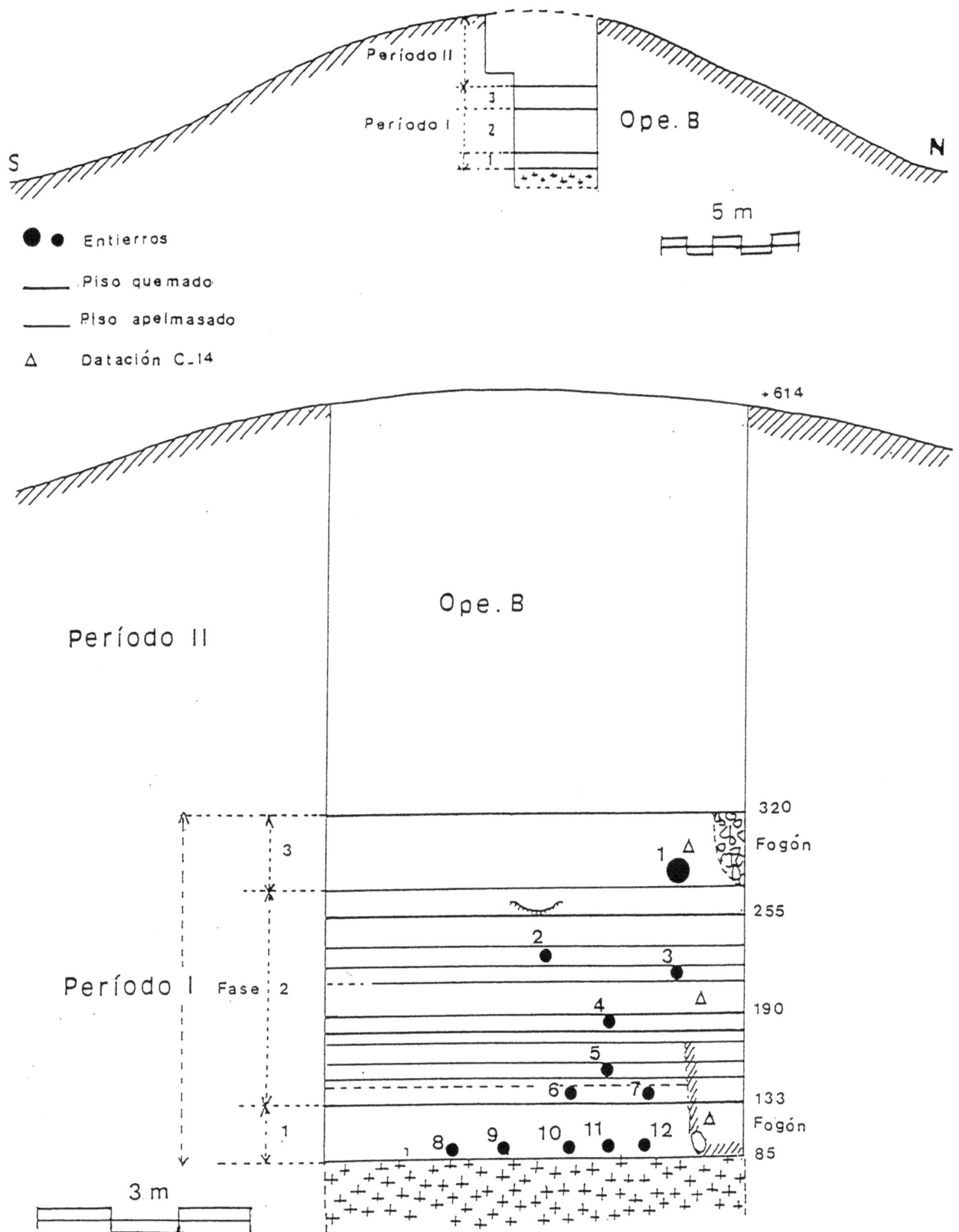

Fig. 5. Perfil norte-sur y corte estratigrafico de la estructura A-2.

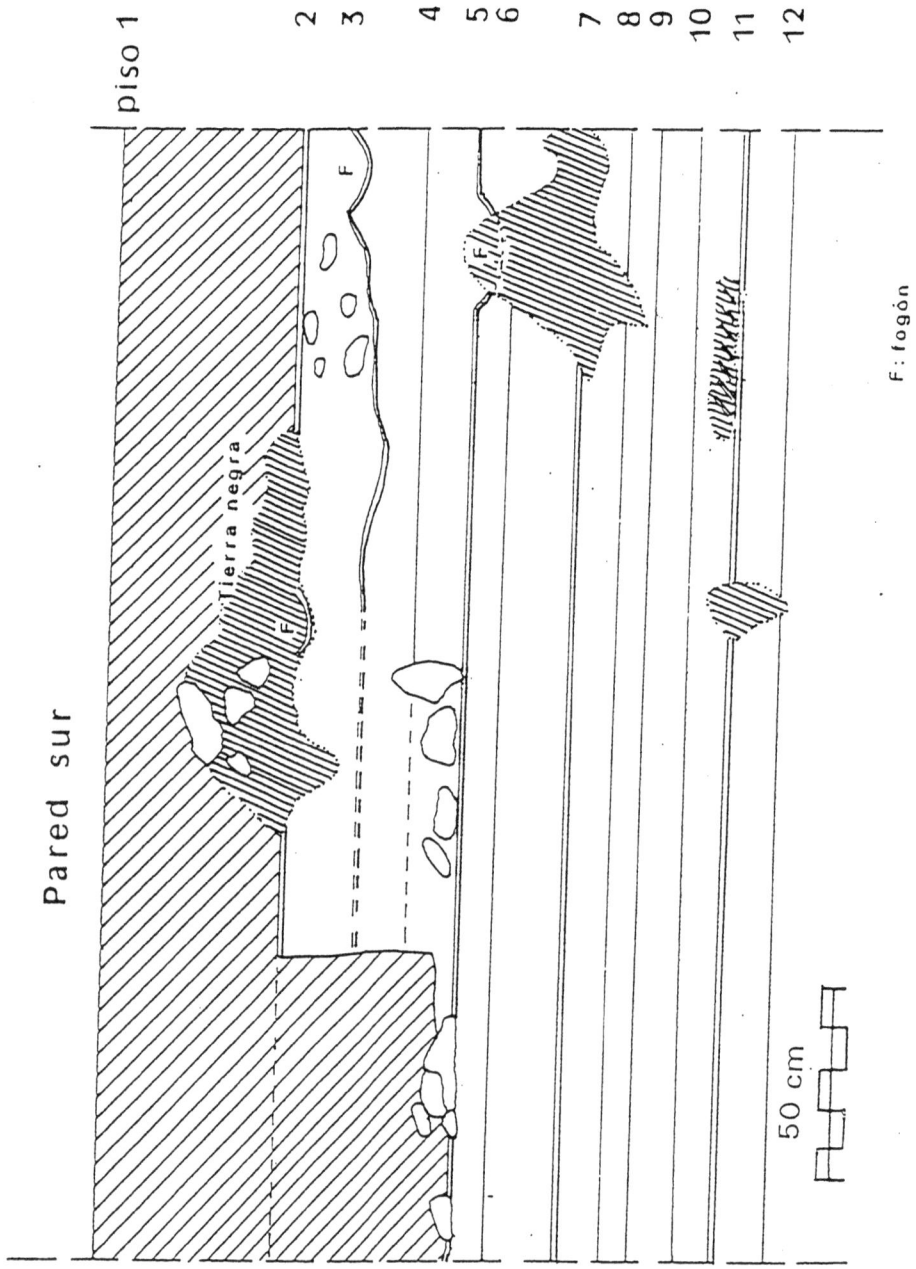

Fig. 6. Perfil de la pared sur de A-2 entre los niveles +120 y +320.

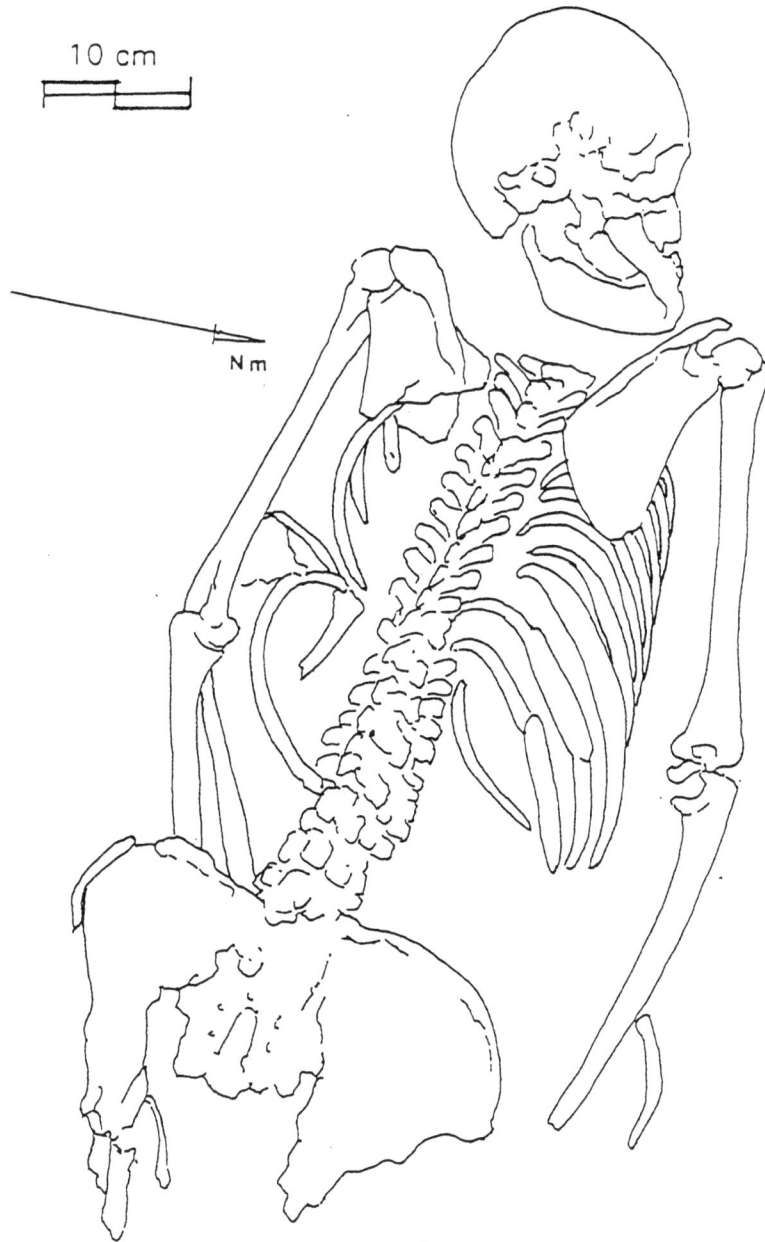

10 cm

N m

Fig. 7a El entierro 2

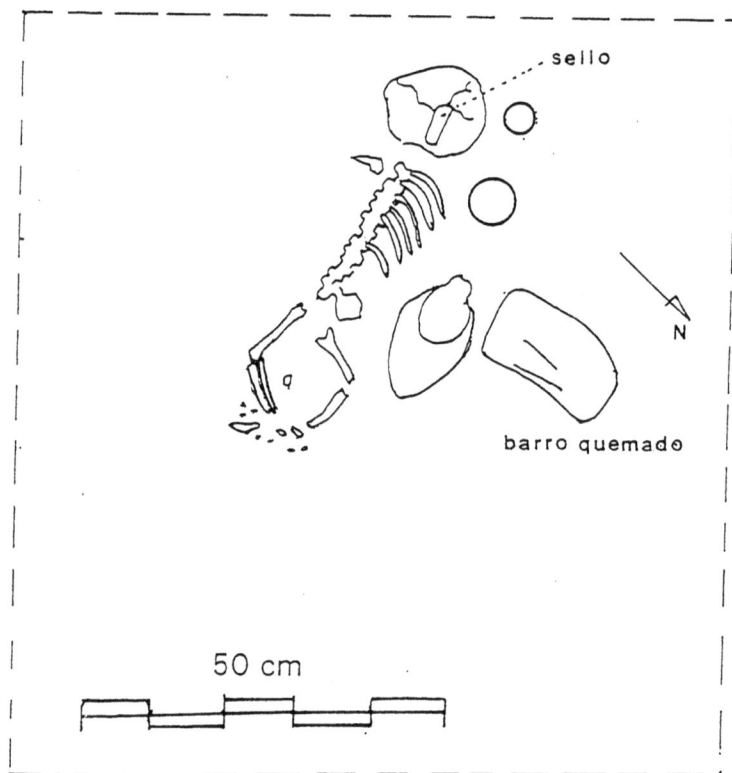

sello

barro quemado

N

50 cm

Fig. 7b El entierro 3.

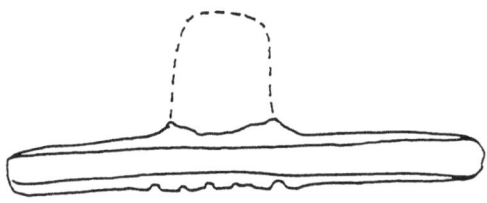

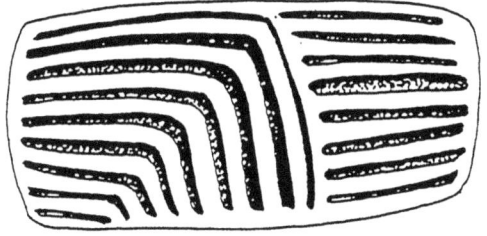

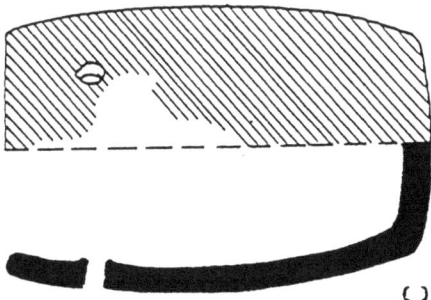

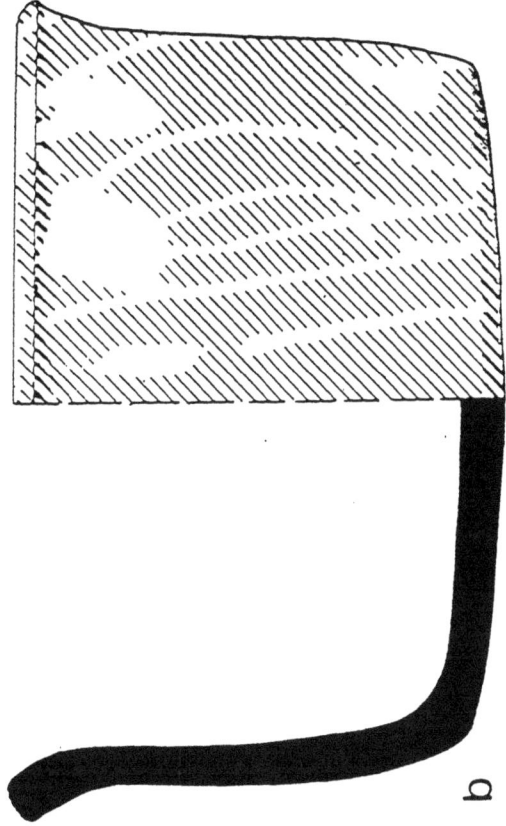

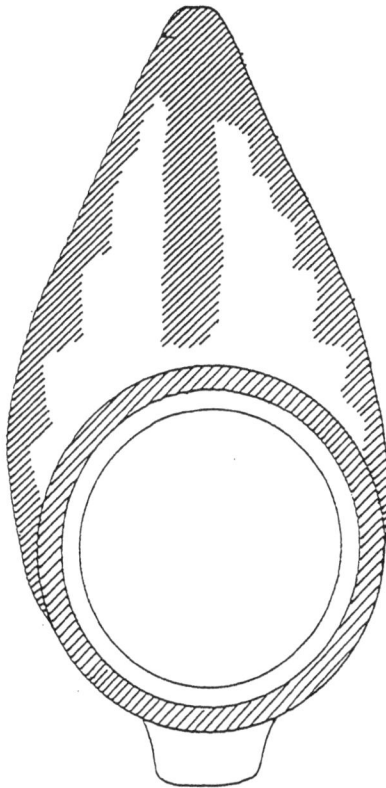

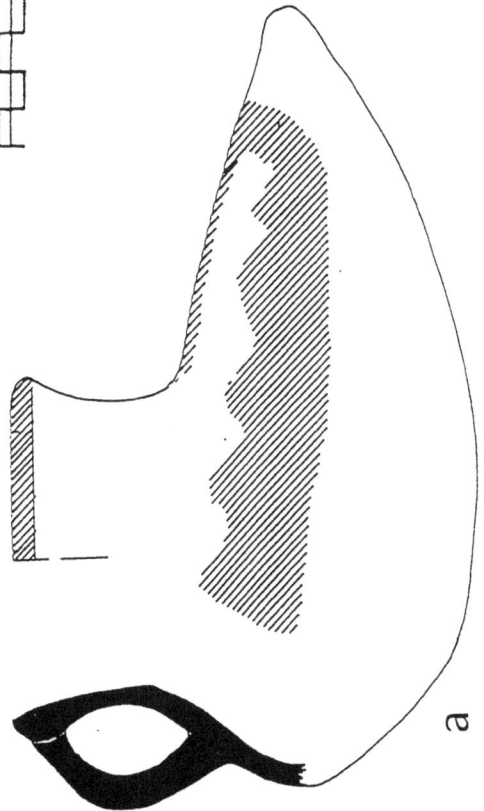

5 cm

Fig. 8. Las ofrendas del entierro 3.

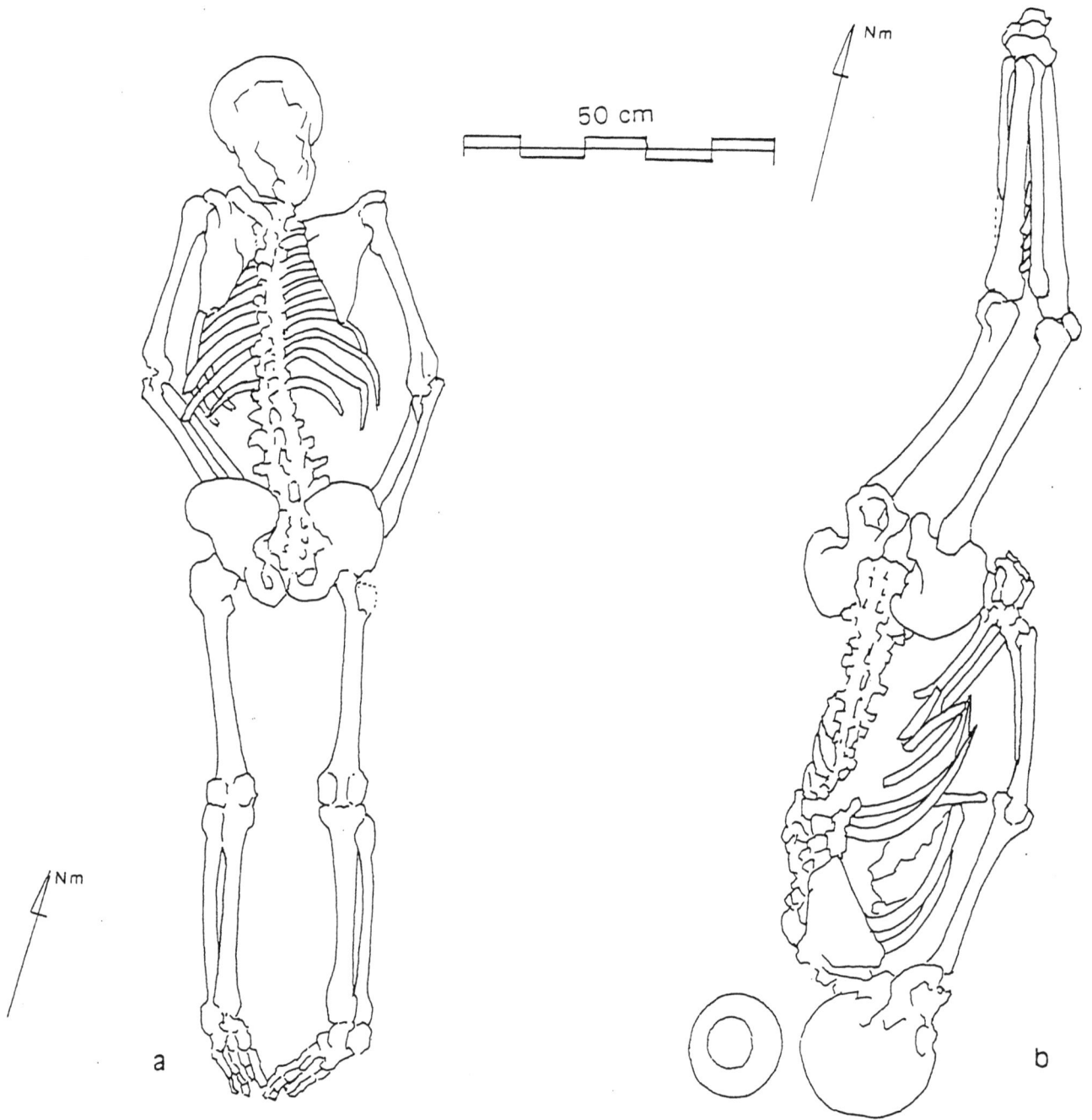

Fig. 9. Los entierros 4 (a) y 5 (b).

7

6

Nm

50 cm

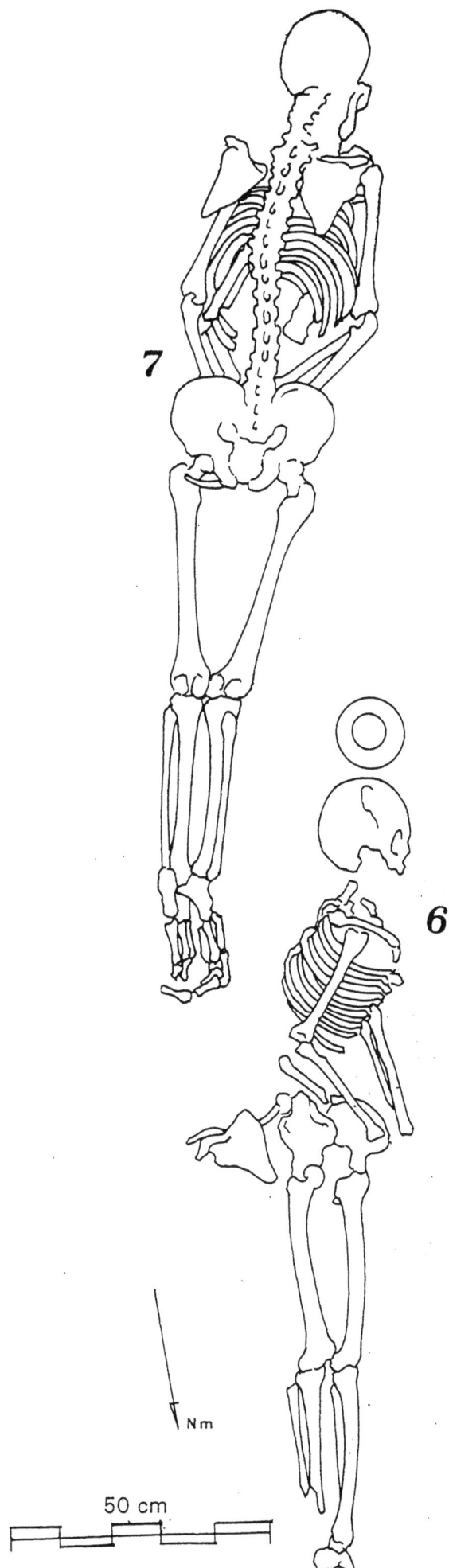

Fig. 10. Los entierros 6 y 7.

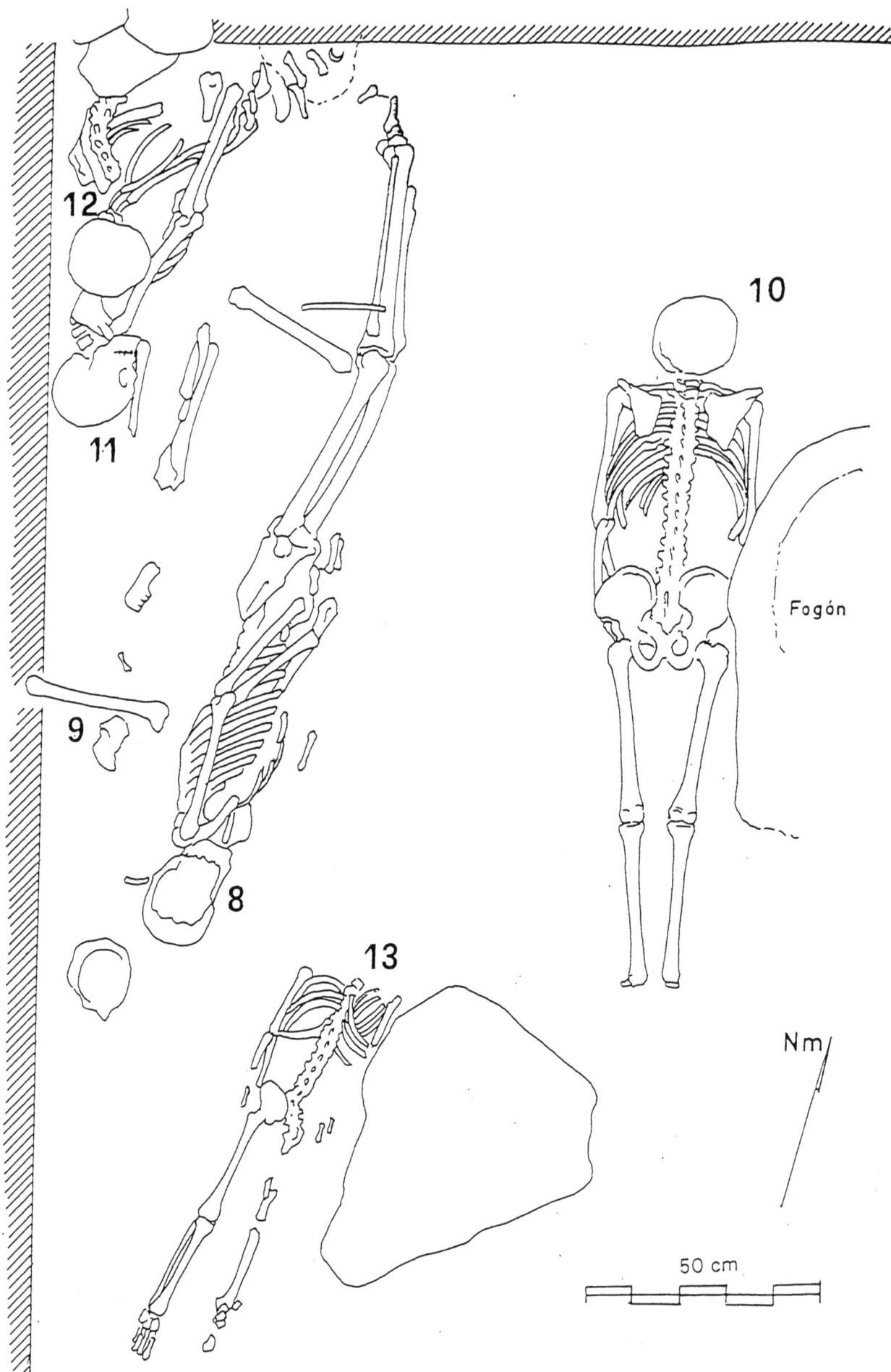

Fig. 11. Los entierros del nivel inferior (8 a 13).

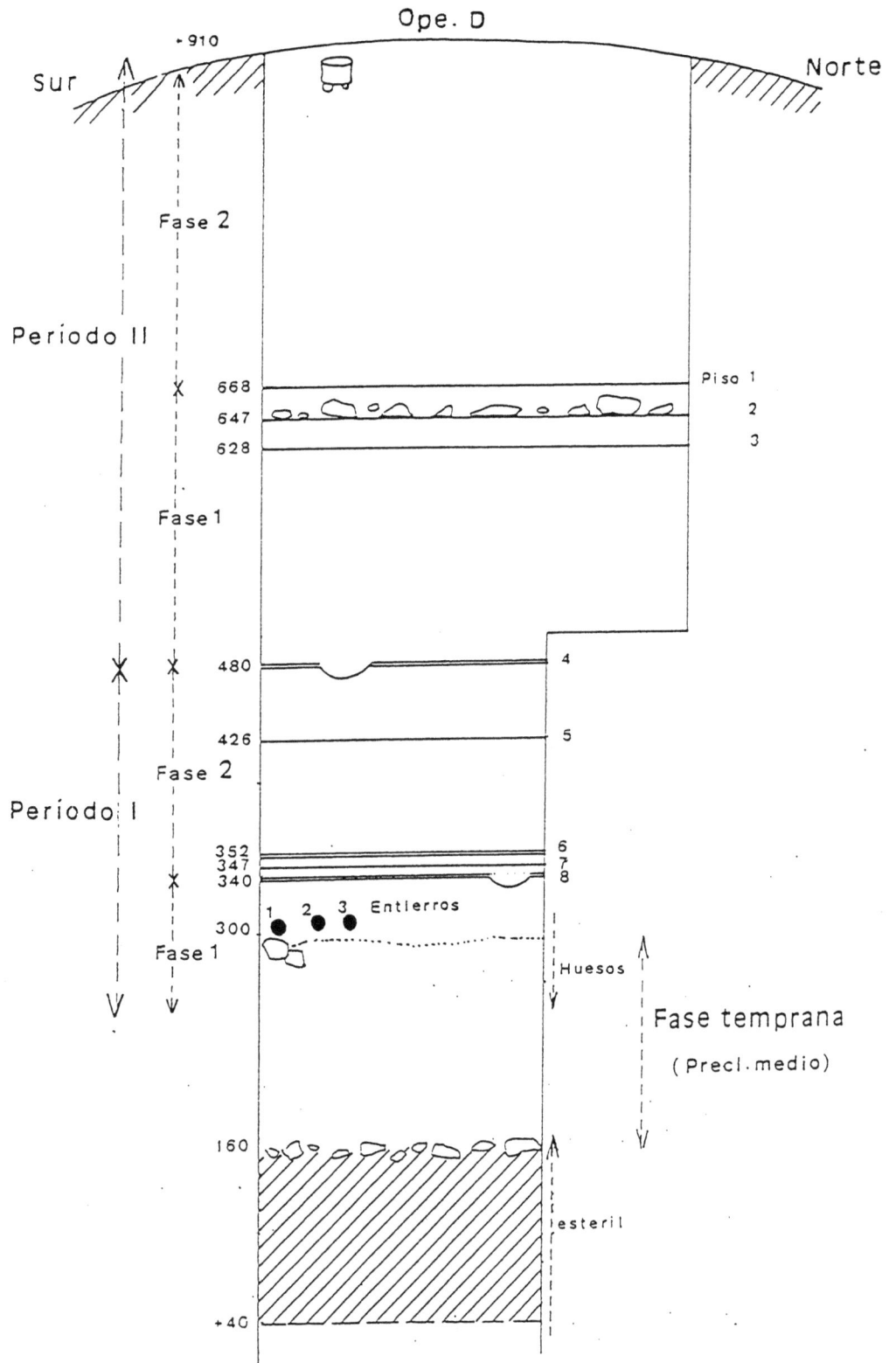

Fig. 12. La operación D en la estructura A-1: perfil norte-sur y estratigrafía.

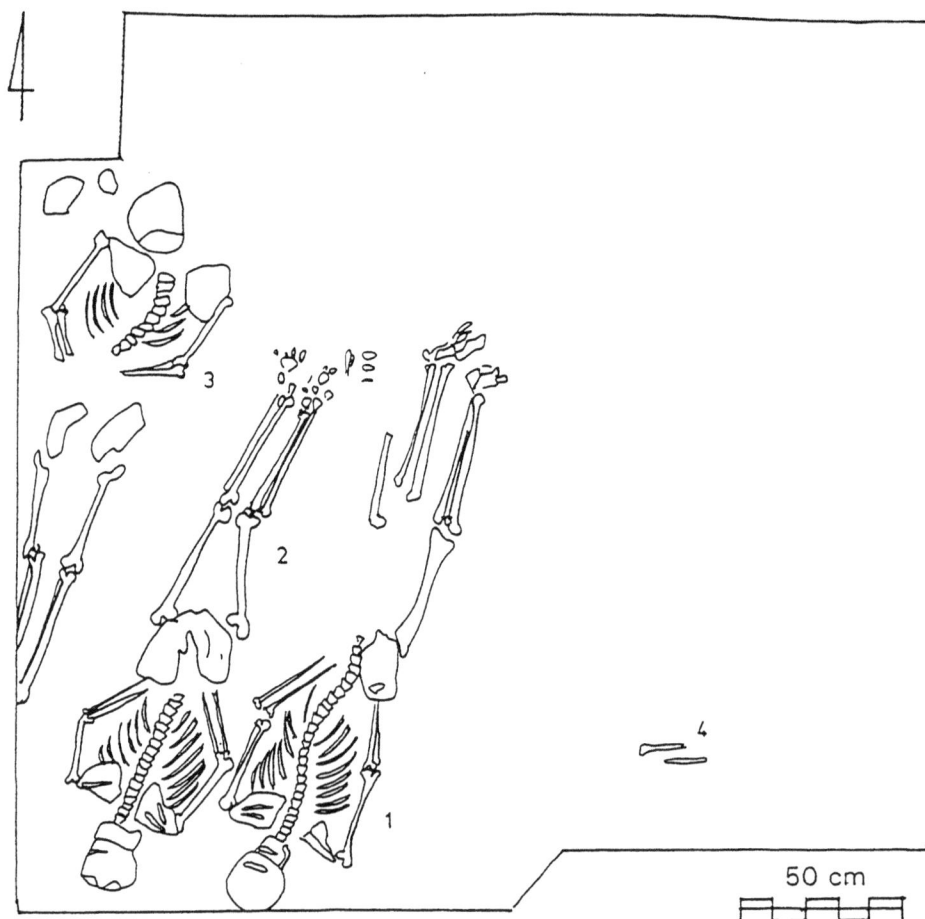

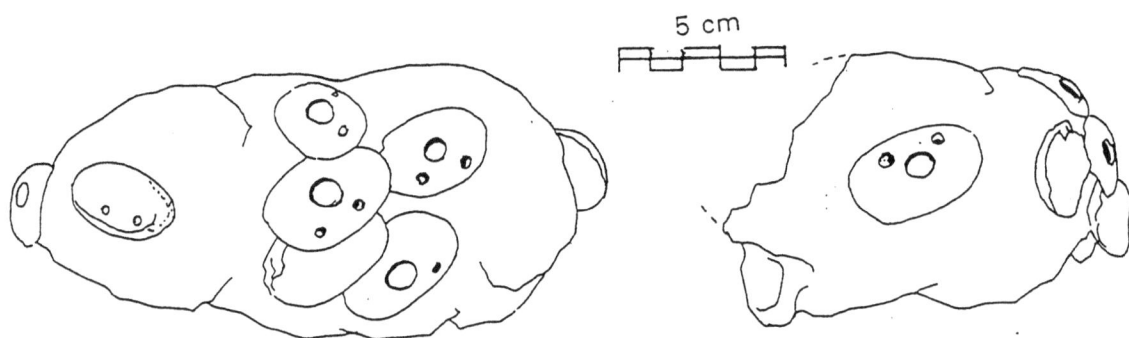

Fig. 13. a) Entierros 1 a 4; b) collar (o tocado) de conchas alrededor del cráneo 2,
visto por la parte trasera y lateral.

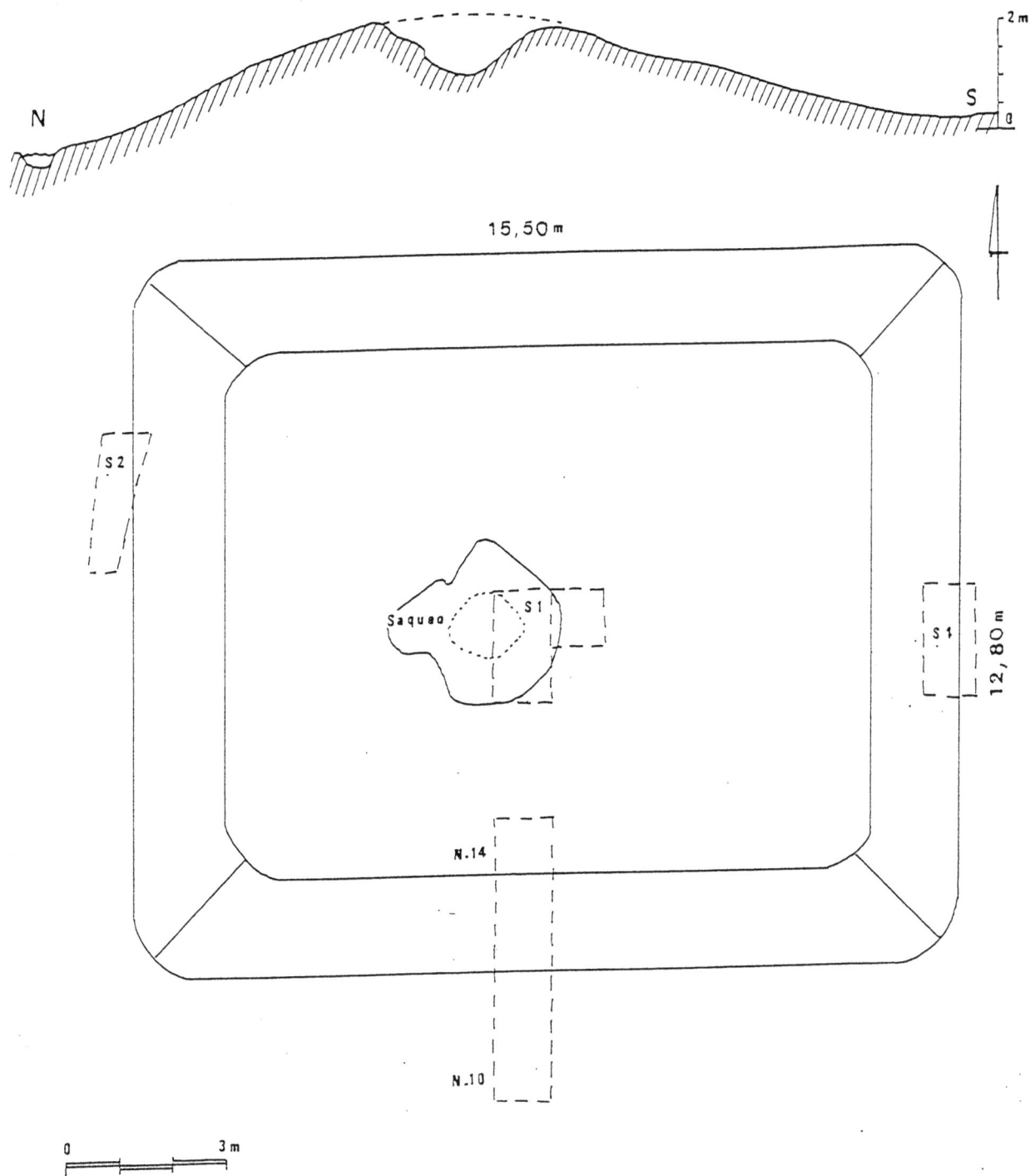

N

S

2 m

0

15,50 m

S 2

Saqueo   S 1

S 1

12,80 m

N.14

N.10

0   3 m

Fig. 14. La estructura A-4: perfil norte-sur y planta.

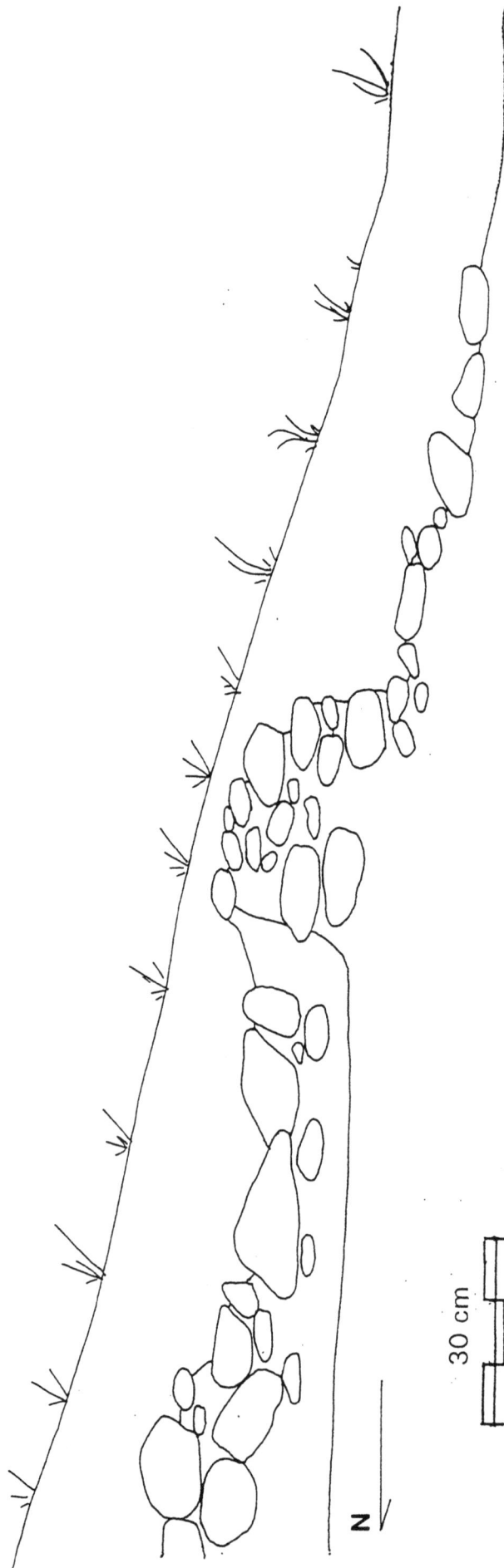

Fig. 15. a) perfil de la trinchera en el lado sur de A-4

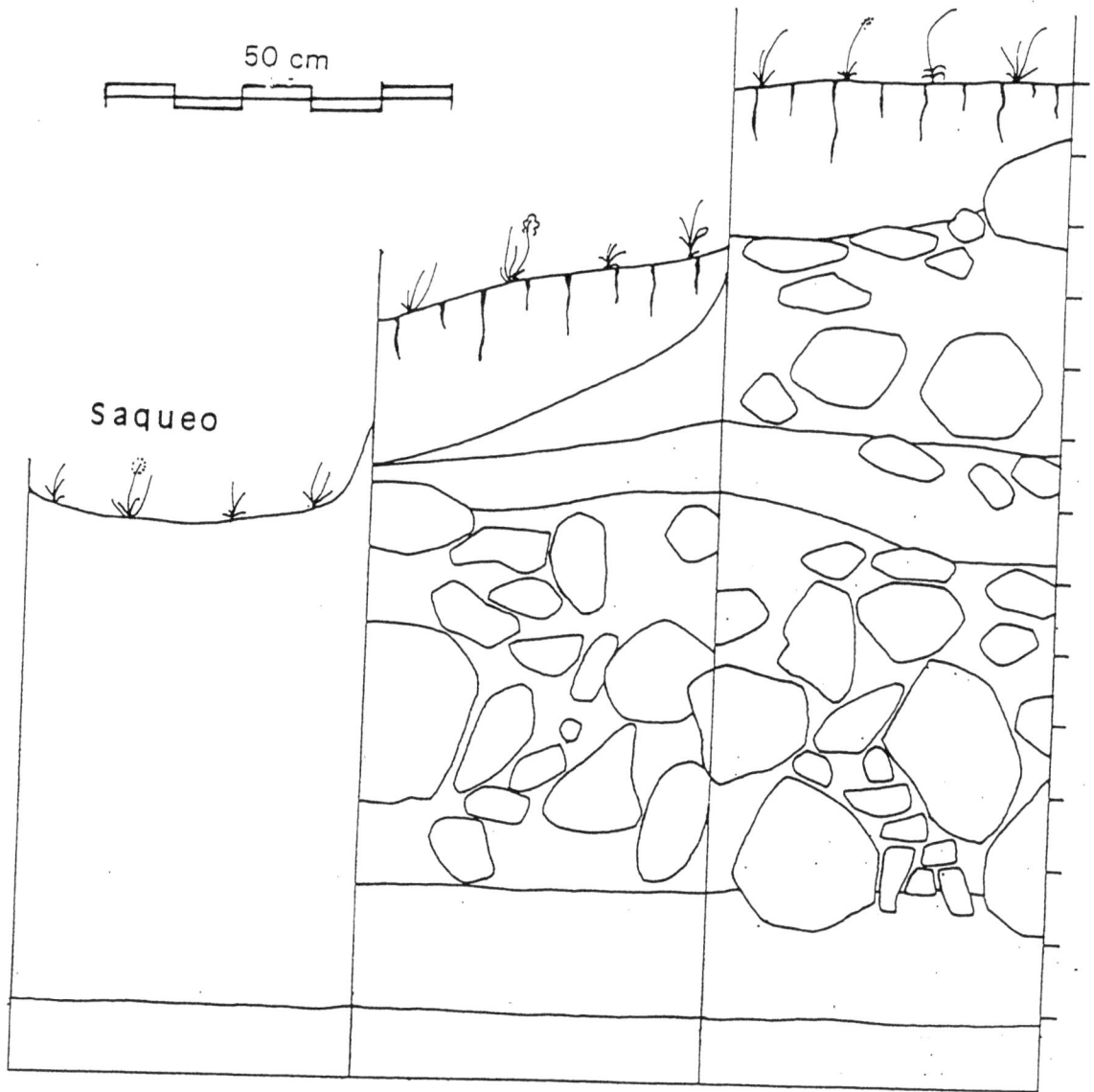

Fig. 15 b) estratigrafía del pozo central.

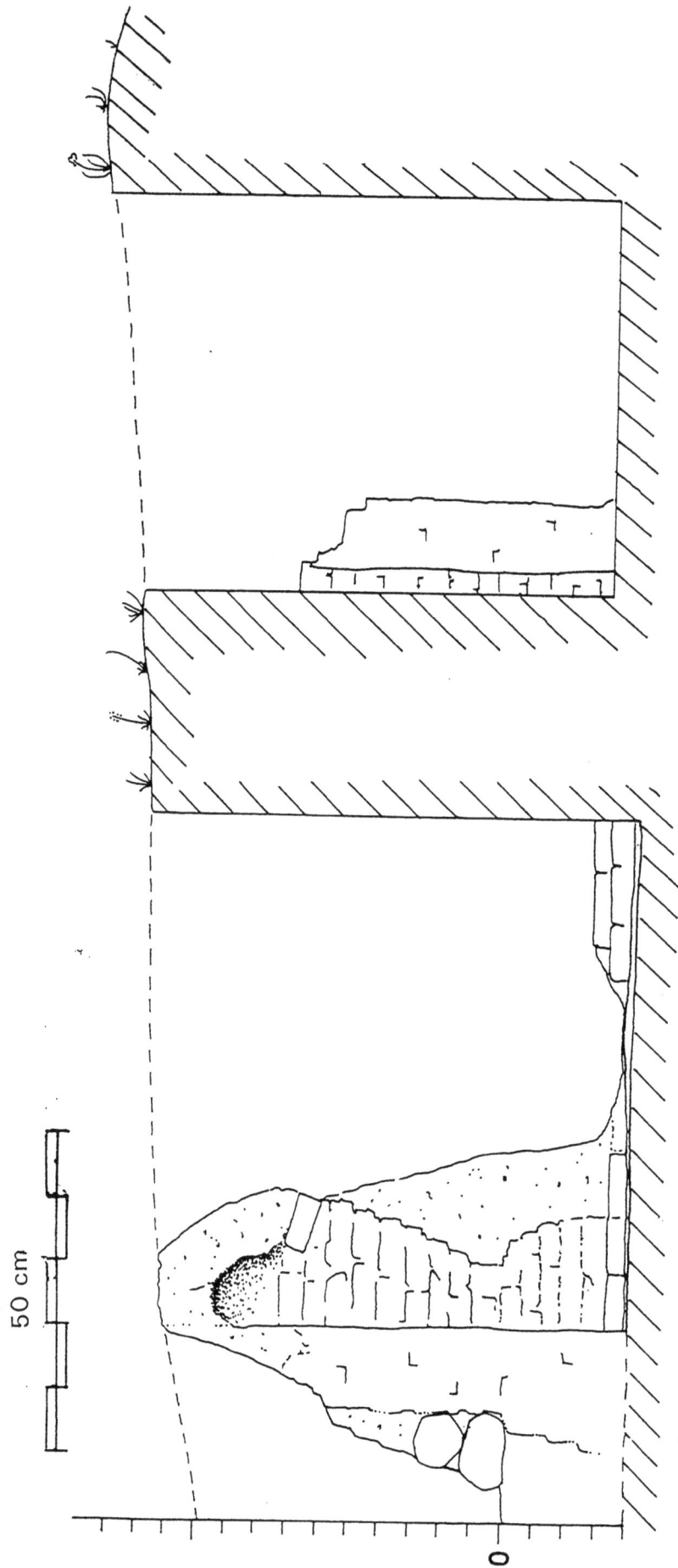

Fig. 16. Construcción de ladrillos en el interior de la estructura A-5.

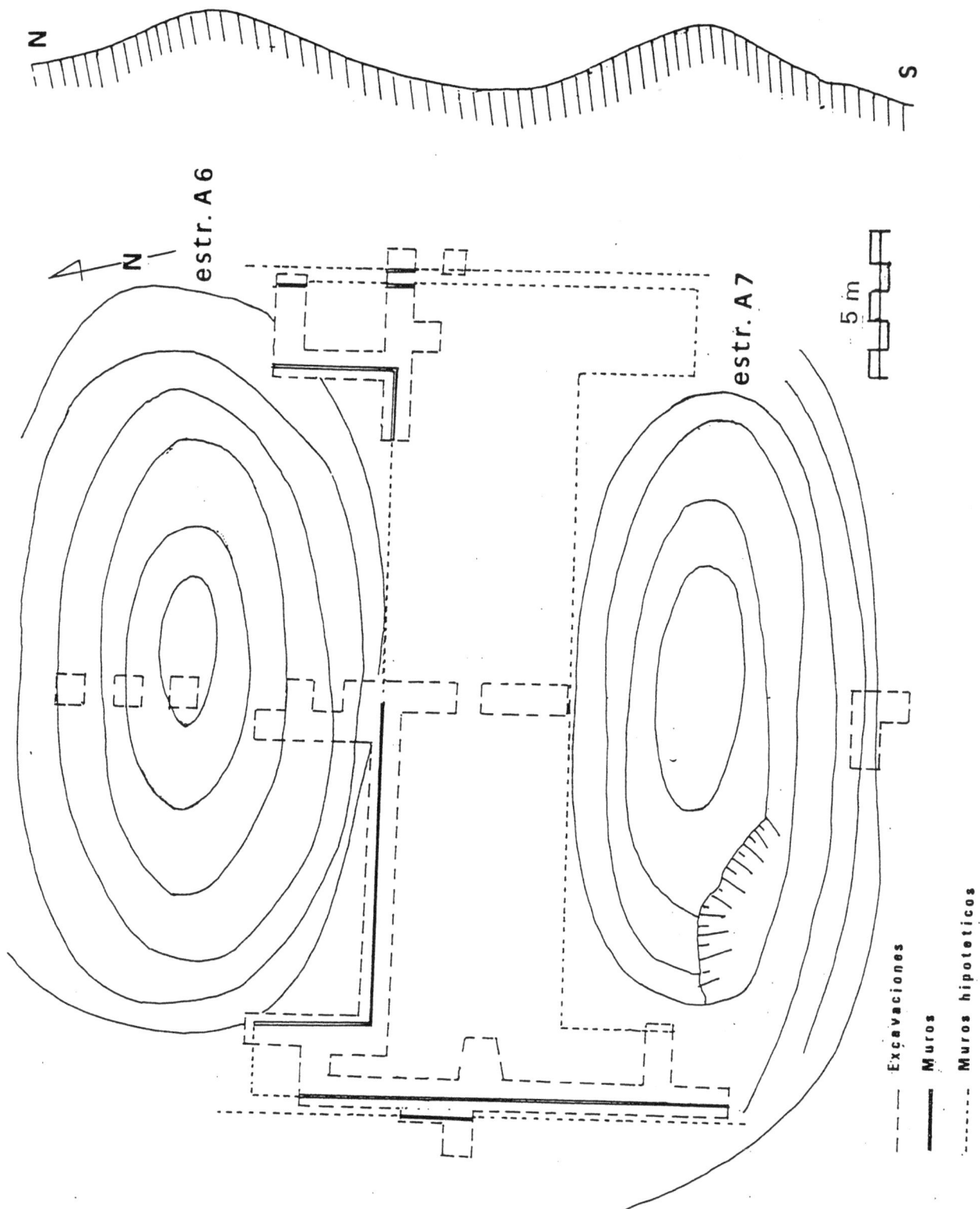

Fig. 17a Planta y perfil del juego de pelota.

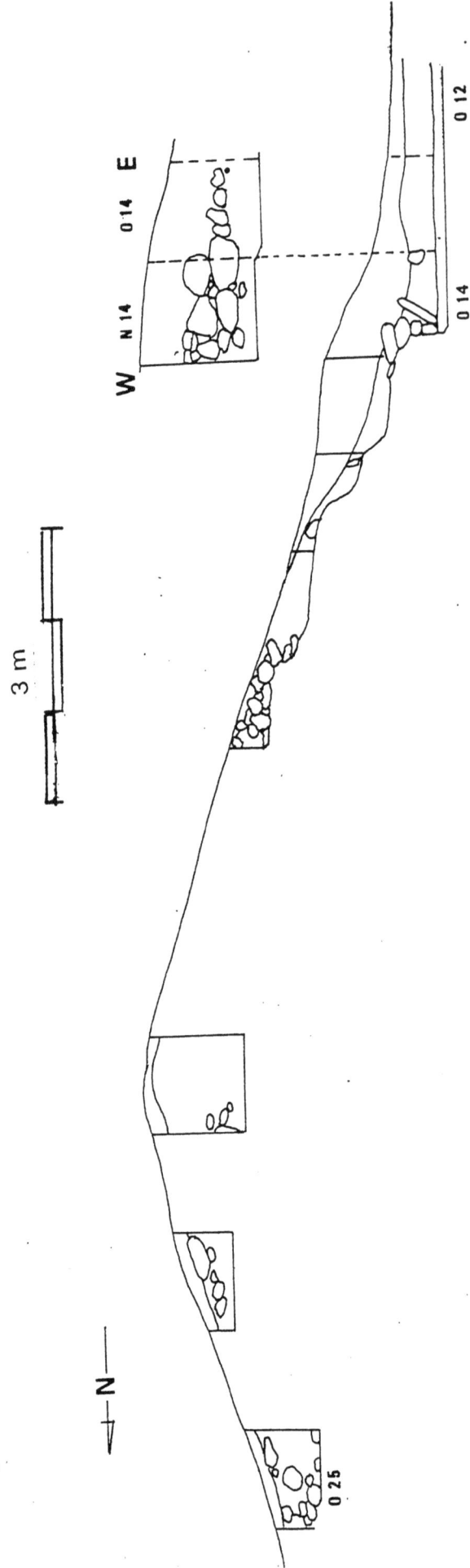

Fig. 17b Perfil de la trinchera norte-sur en el montículo A-6.

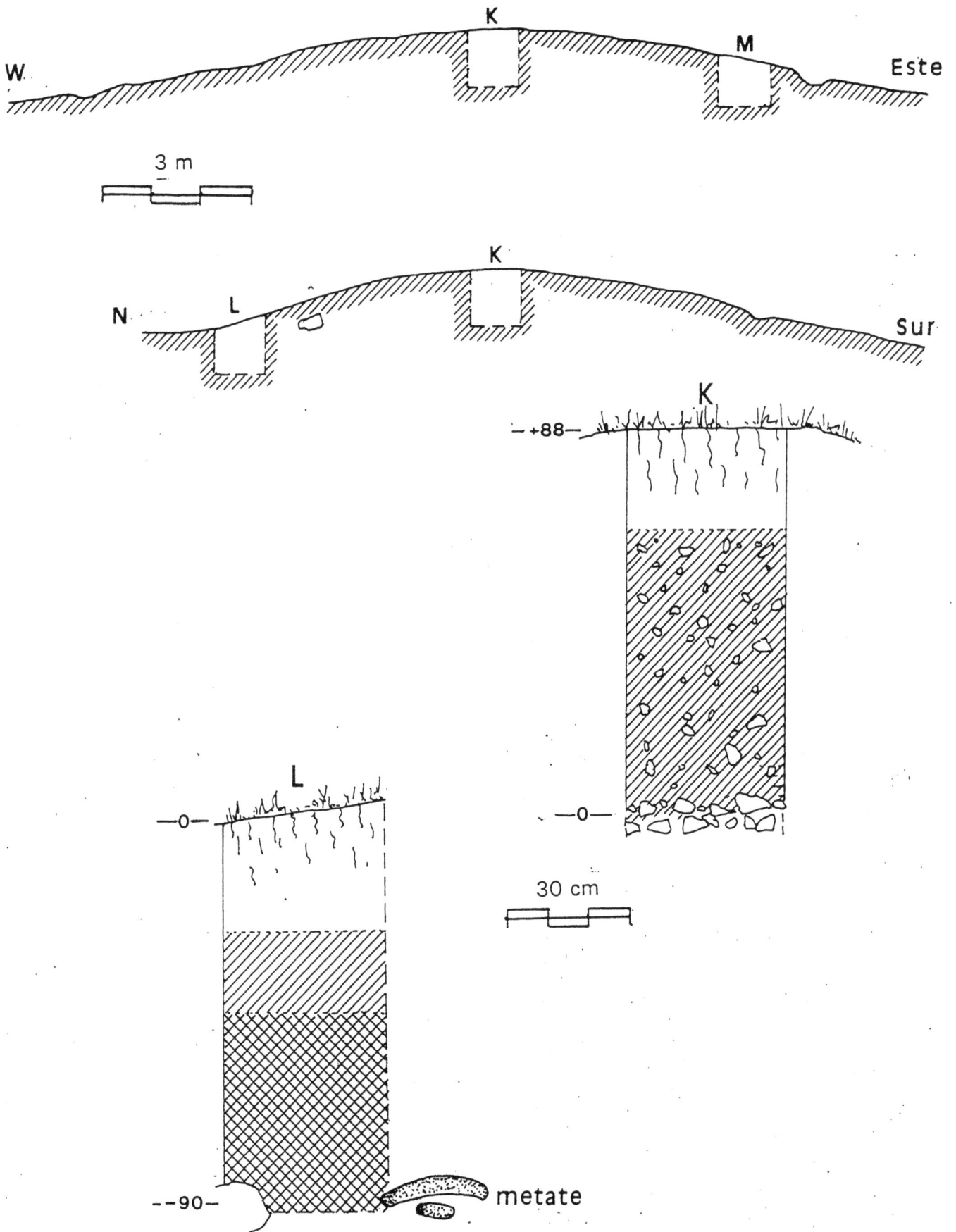

Fig. 18. La estructura A-8: perfiles y estratigrafía de la operaciones K y L.

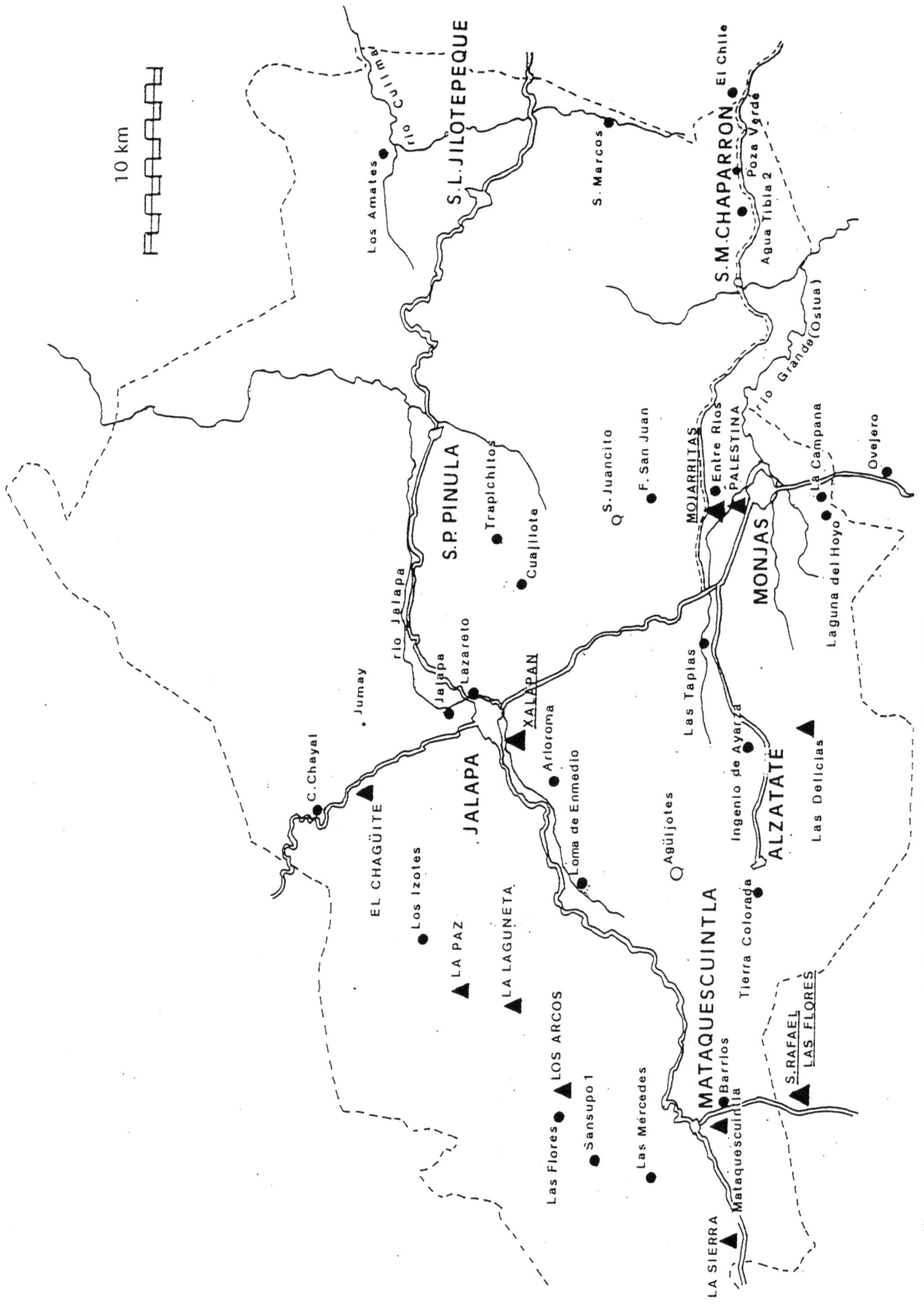

Fig. 19. Los sitios arqueológicos preclásicos del departamento de Jalapa.

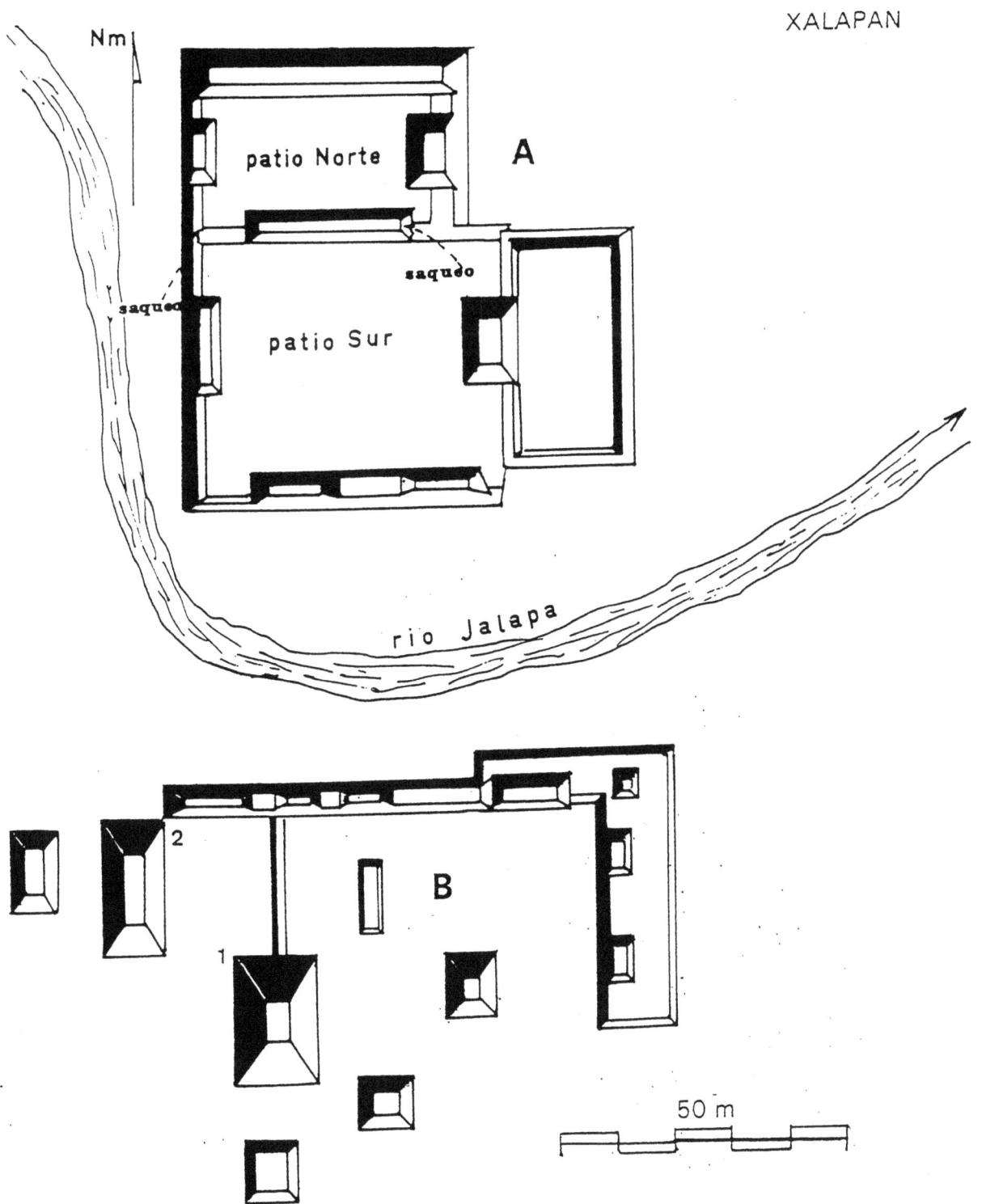

Fig. 20. Plano del sitio de Xalapan (según E. Shook).

MOJARRITAS

Gr. A

Gr. B

■ pozo

Nm

■ pozo

5 yugo ?

50 m

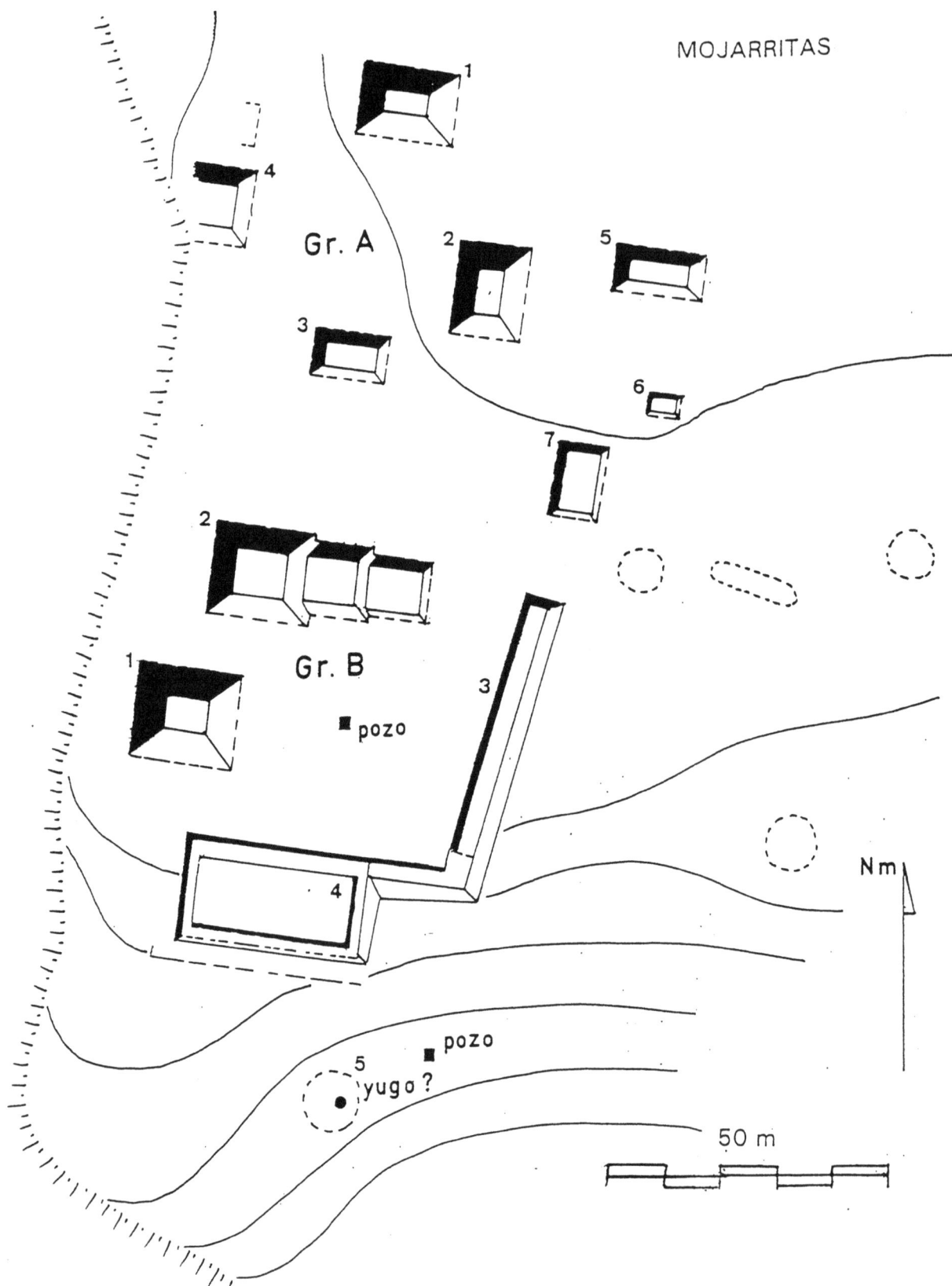

Fig. 21. Plano del sitio de Mojarritas.

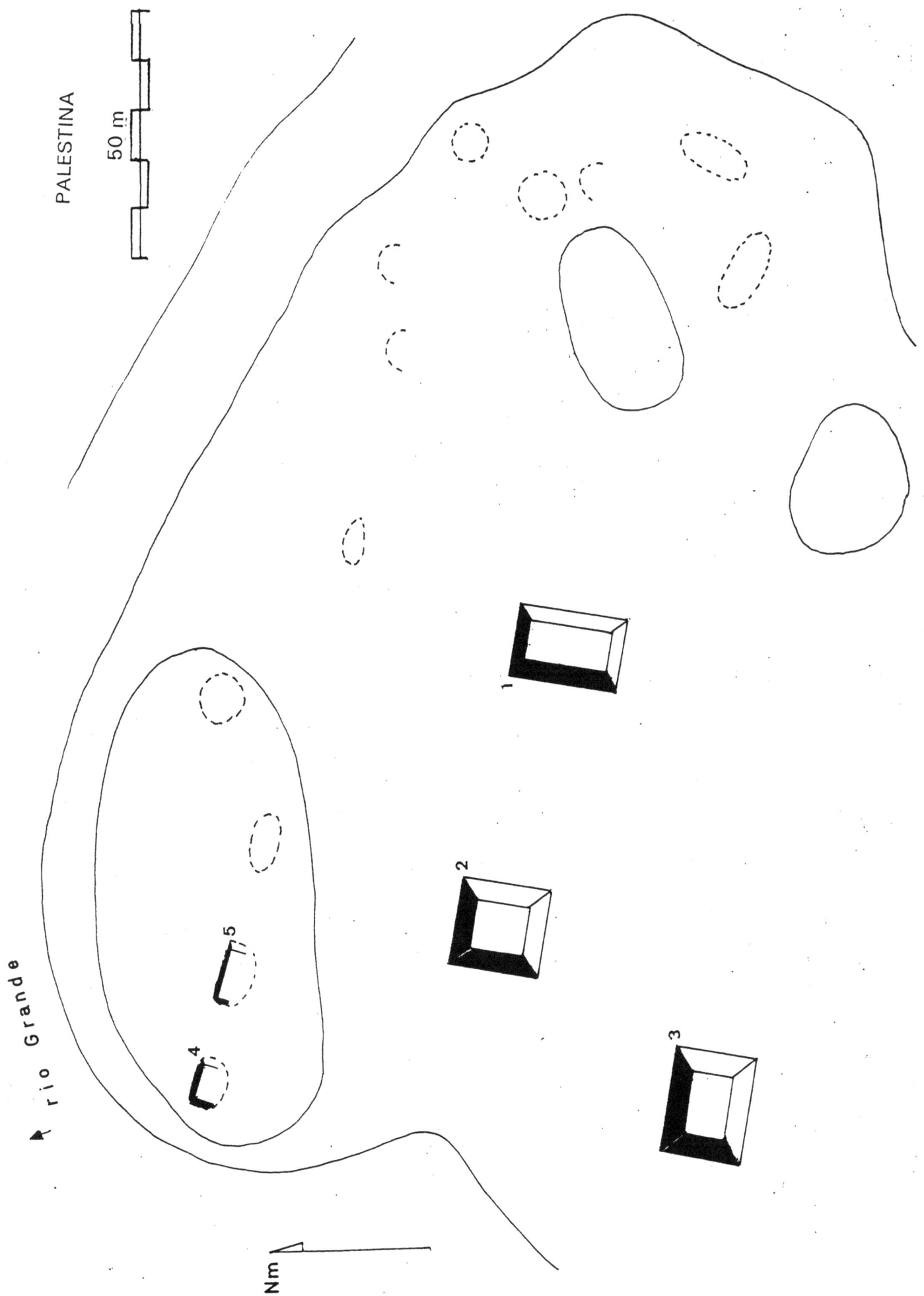

Fig. 22. Plano del sitio de Palestina.

F 1 D 15 G 20 B 2

J 21 B 137 J 1 F 4

10 cm

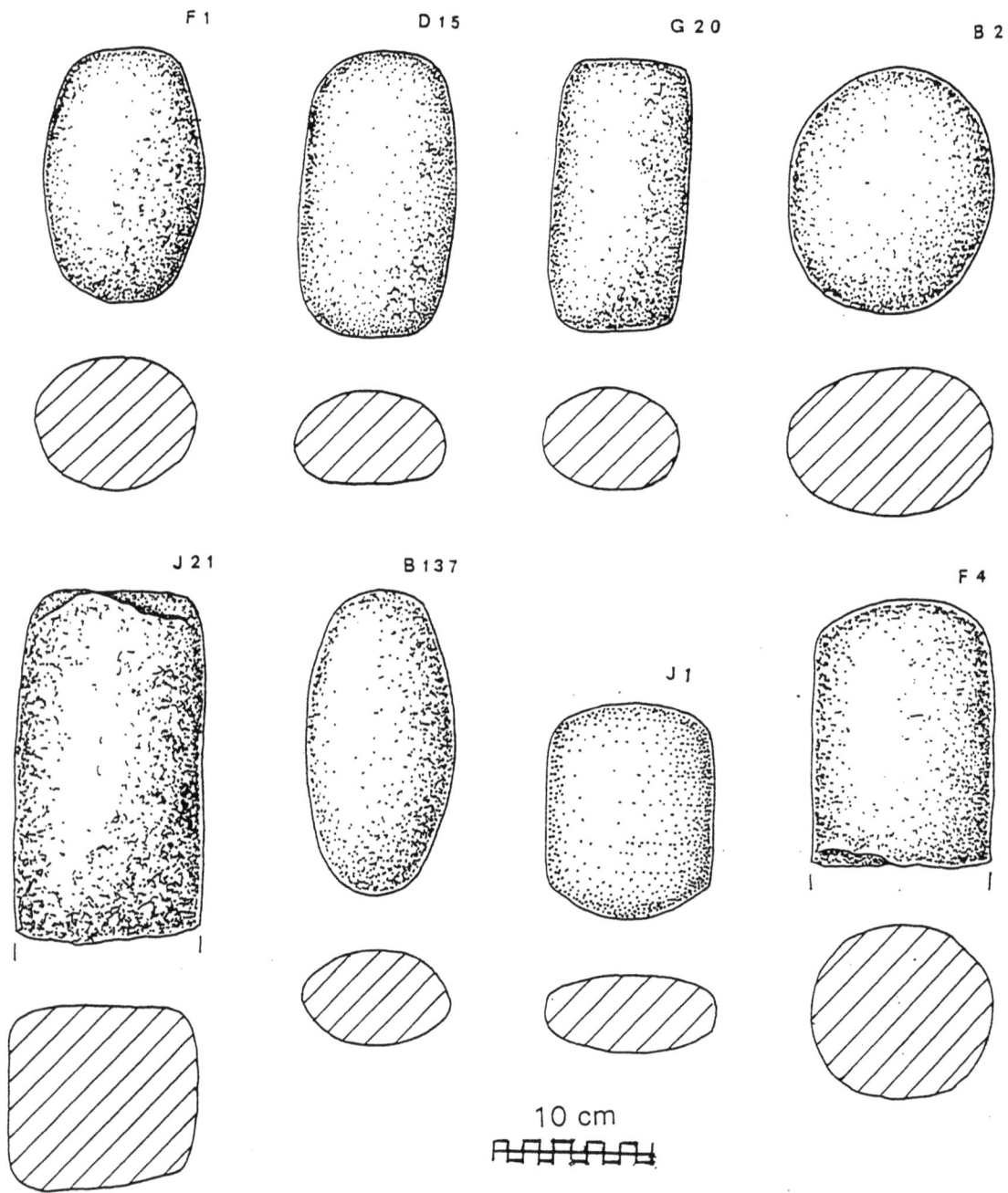

Fig. 23. El material lítico. Tipología de las manos de moler.

Fig. 24. Metate y su mano (estructura A-8). A pesar de su tamaño reducido,
esta última se toma con ambas manos.

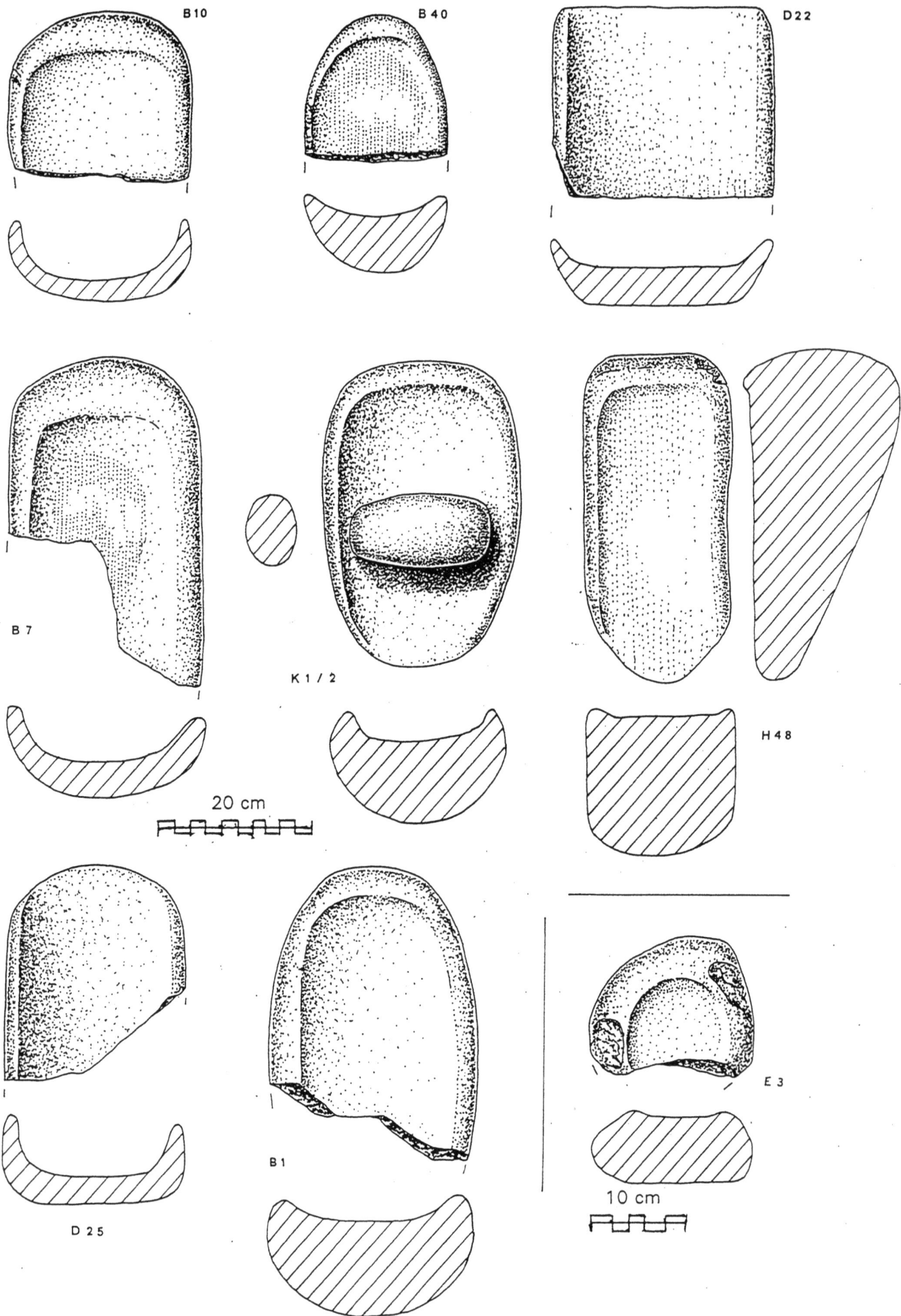

Fig. 25. Metates y mortero de El Chagüite.

Fig. 26. Fabricación de un metate en la cantera de San Luis Jilotepeque.

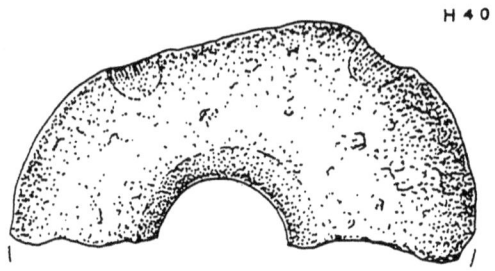

H 40

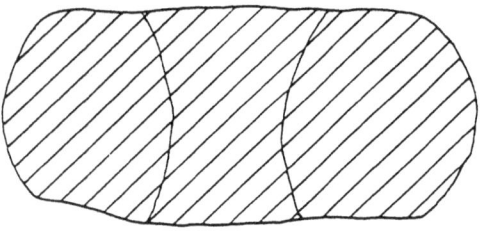

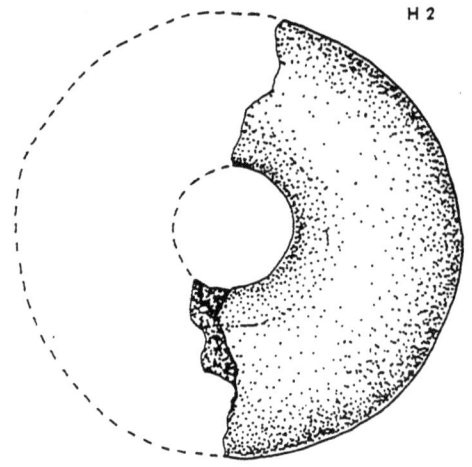

H 2

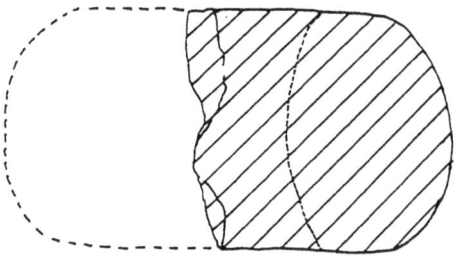

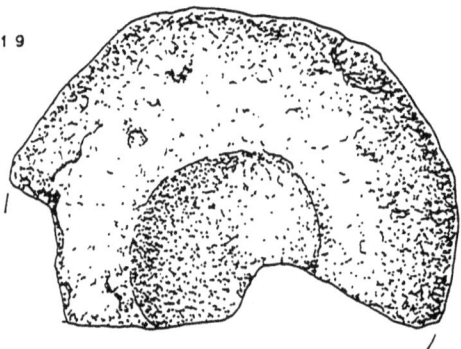

J 19

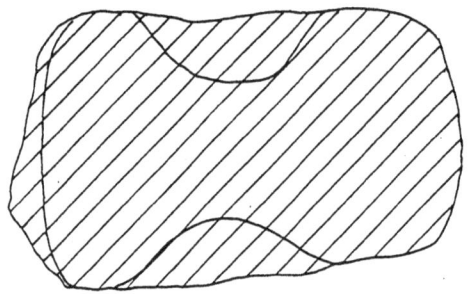

5 cm

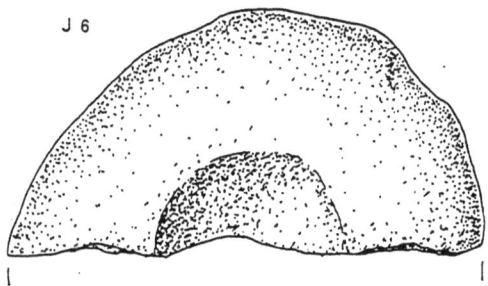

J 6

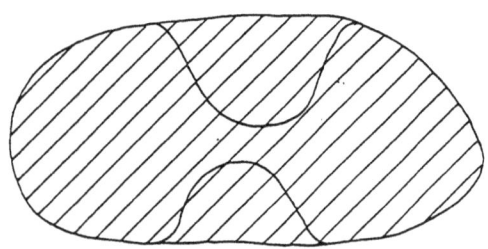

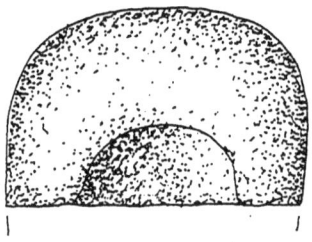

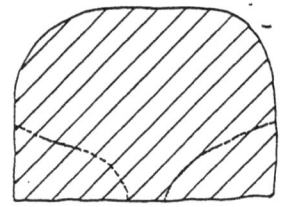

H 21

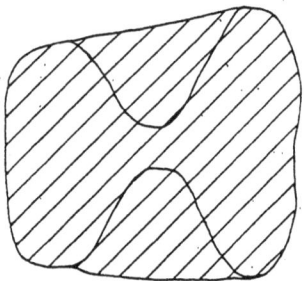

Fig. 27. Piedras anulares (*doughnuts*).

J 15

J 8

5 cm

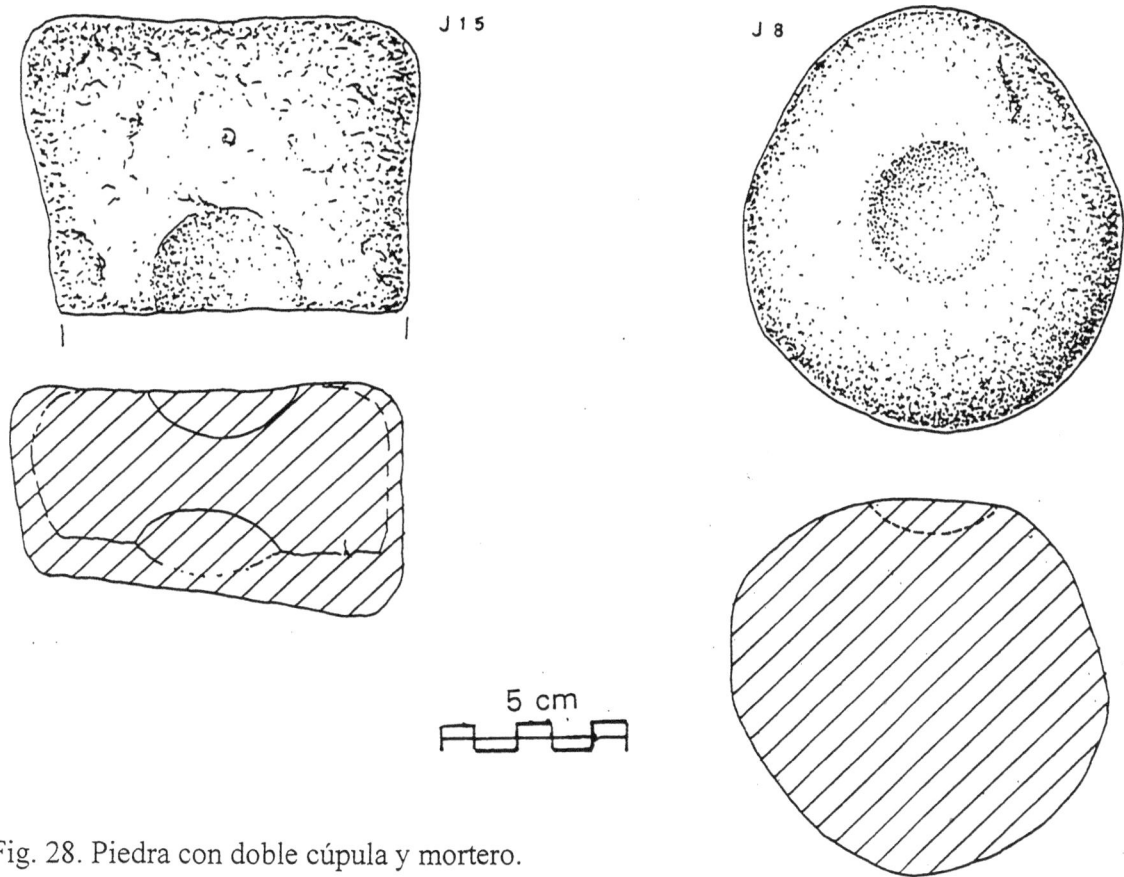

Fig. 28. Piedra con doble cúpula y mortero.

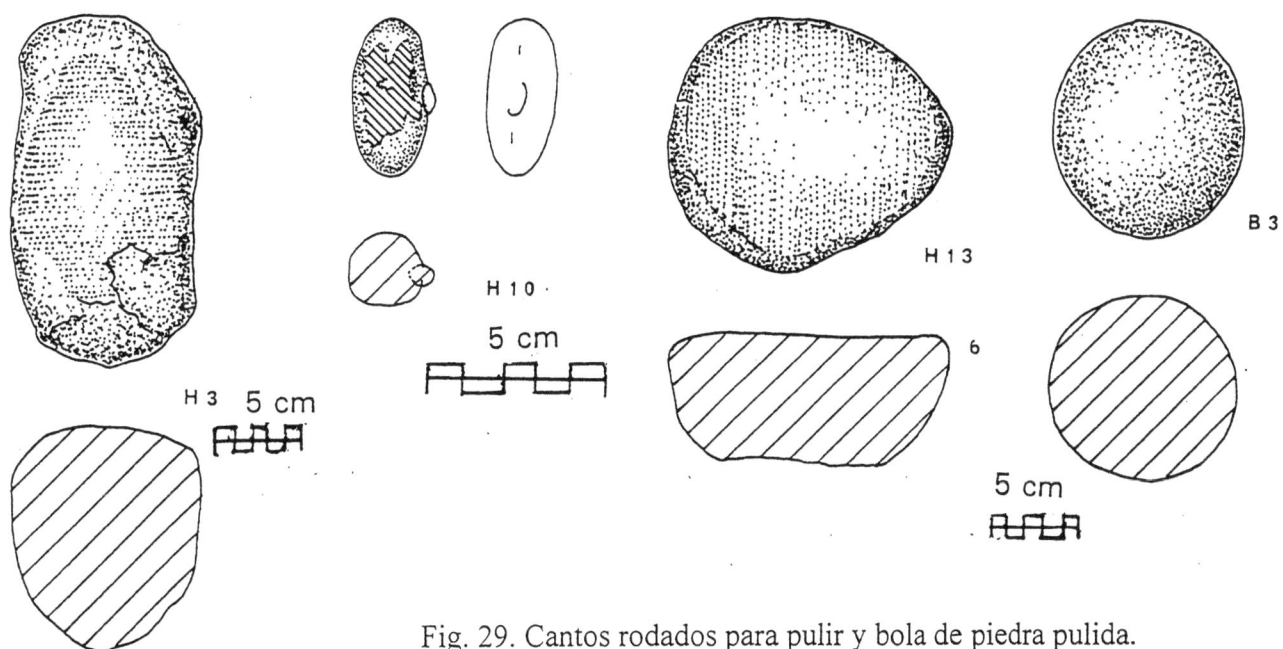

H 10

5 cm

H 13

B 3

6

H 3 5 cm

5 cm

Fig. 29. Cantos rodados para pulir y bola de piedra pulida.

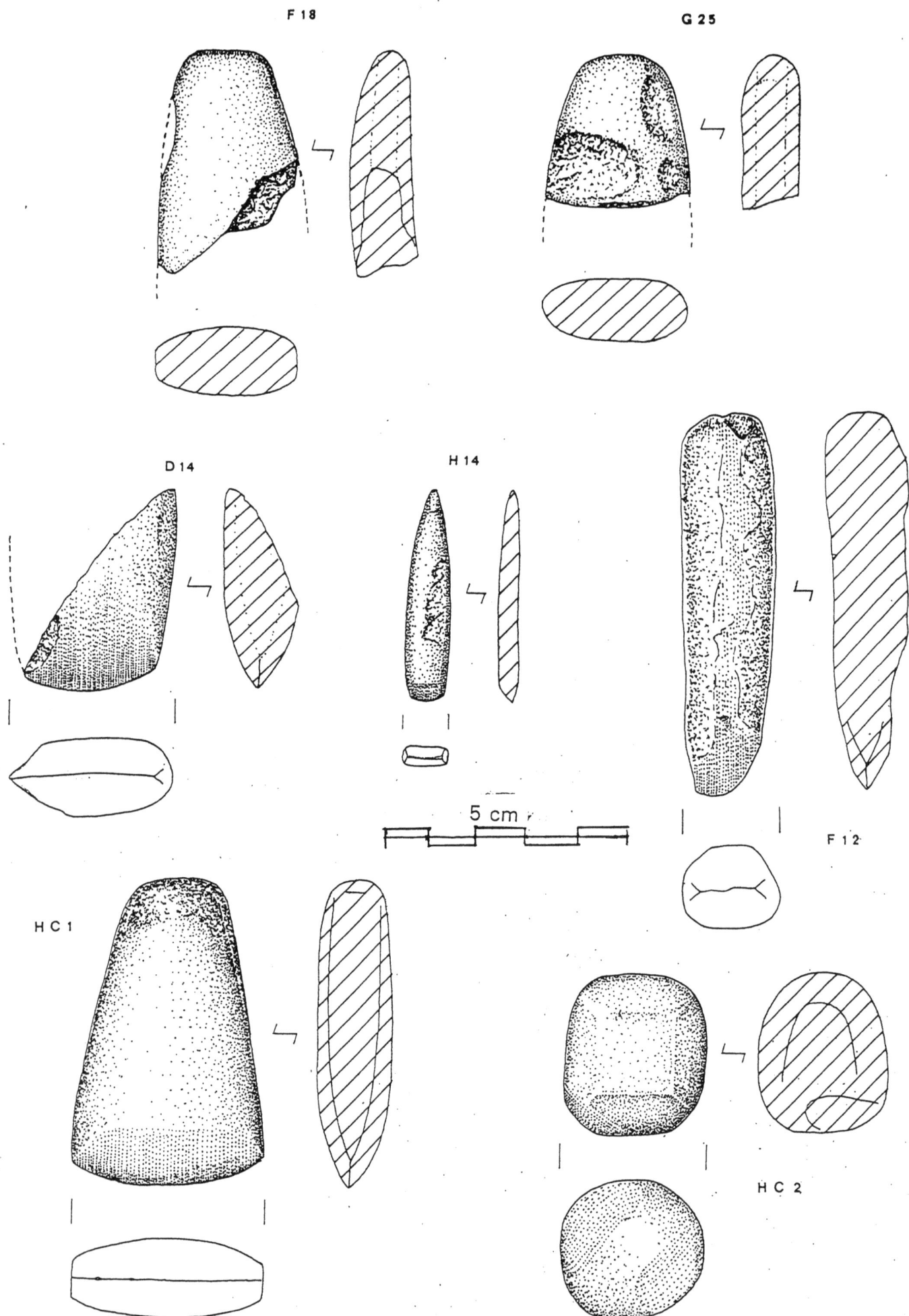

Fig. 30. Artefactos de serpentina: hachas (F18, G25, HC1, D14), cinceles (F12 y H14), pulidor (HC.2). HC: fuera de contexto, artefacto encontrado por un campesino en la falda del volcán Jumay, arriba del sitio.

B 142   F 2   B 19

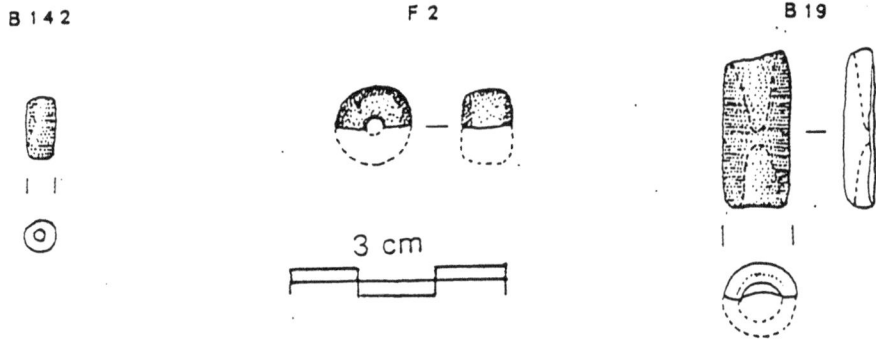

Fig. 31. Cuentas de piedra pulida: zoïsita? (B142 y B19), serpentina (F2)?.

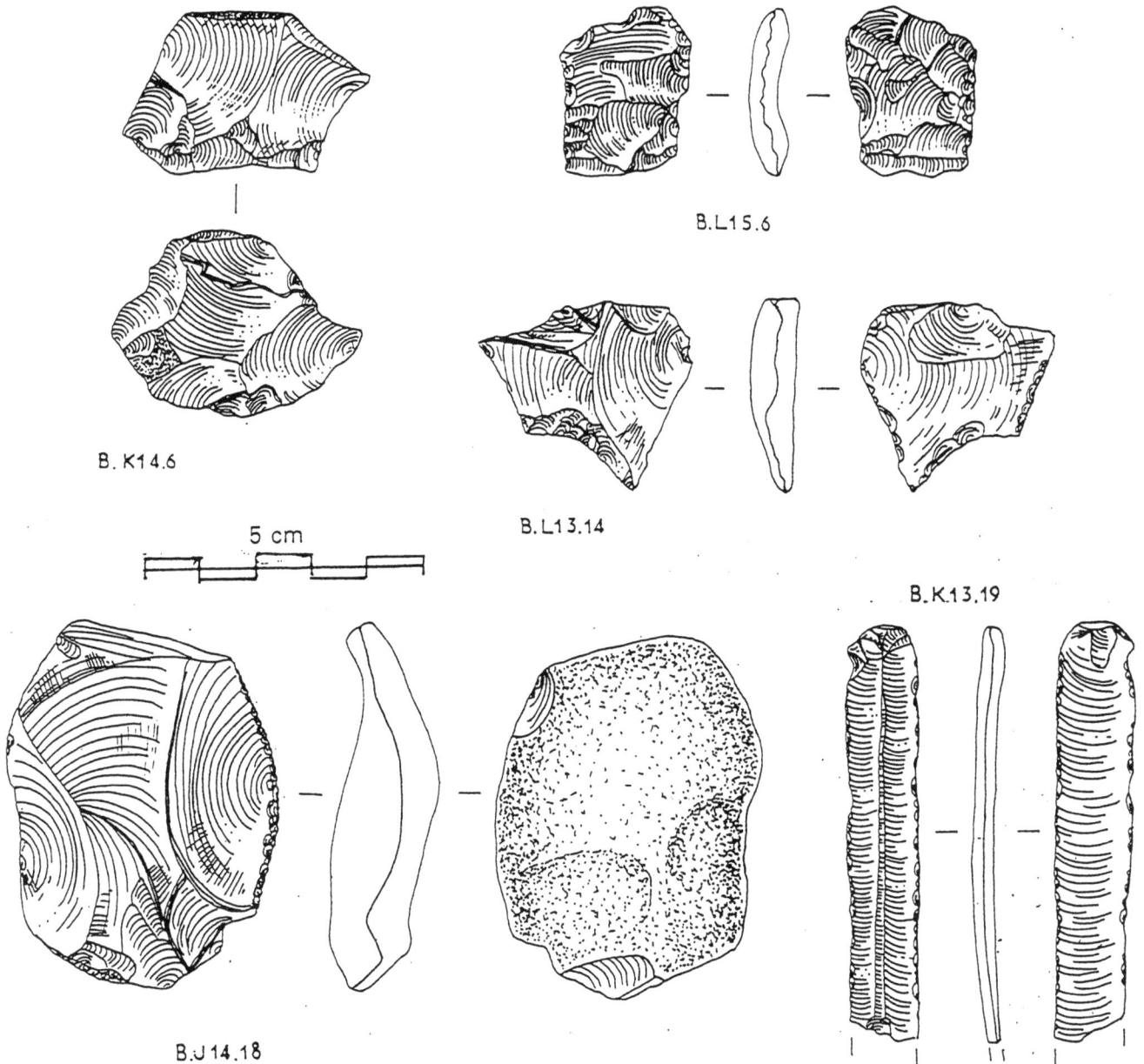

B.L15.6

B. K14.6

B.L13.14

B.K13.19

B.J14.18

Fig. 32. Artefactos de obsidiana de la operación B:

  B.K14.6: pequeño núcleo de técnica no controlada, poligonal.

  B.L15.6: artefactos esquirlados.

  B.L13.14: buril-raspador.

  B.K13.19: navaja con talón abrasado (Preclásico).

  B.J.14.18: lasca primaria de descortezamiento; un borde fue utilizado para cortar y
    raspar.

3 cm

5 cm

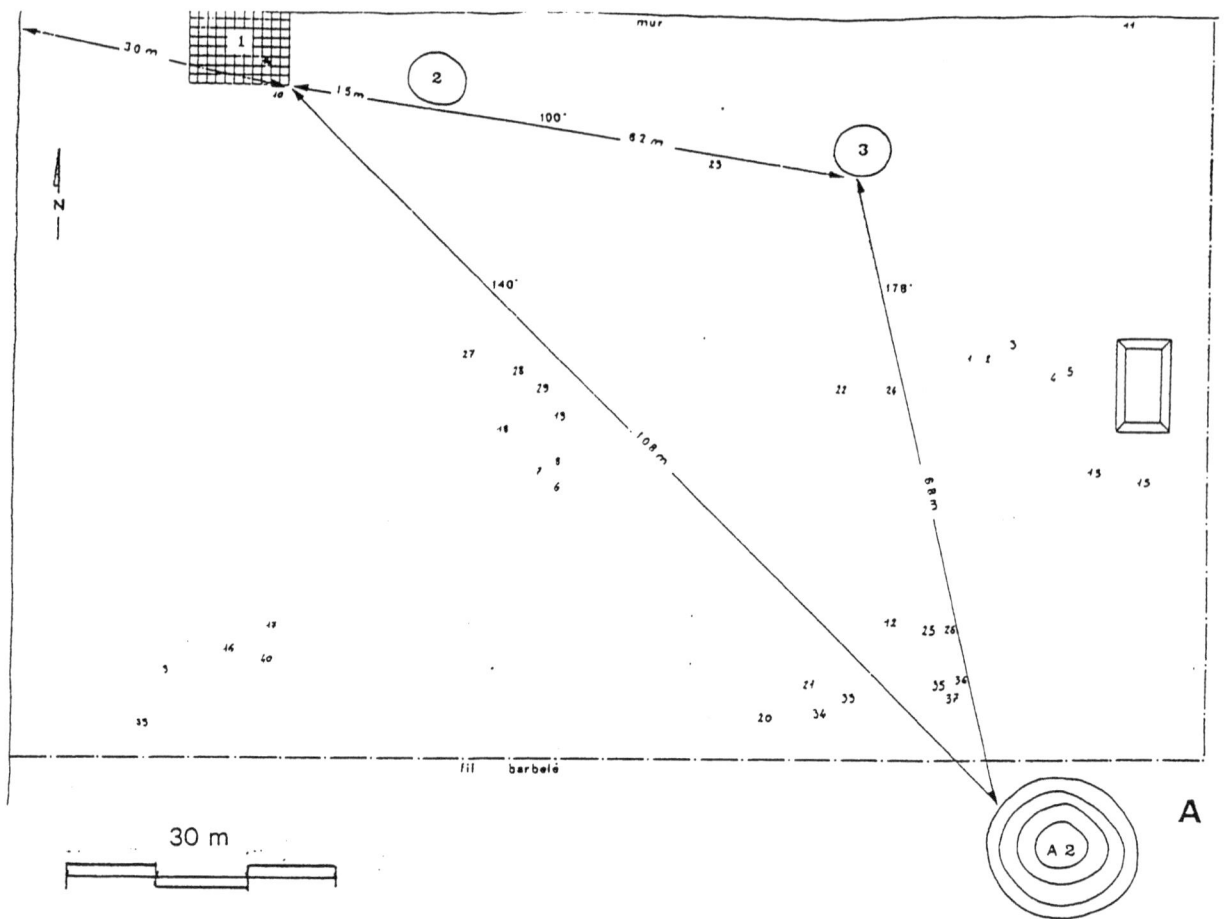

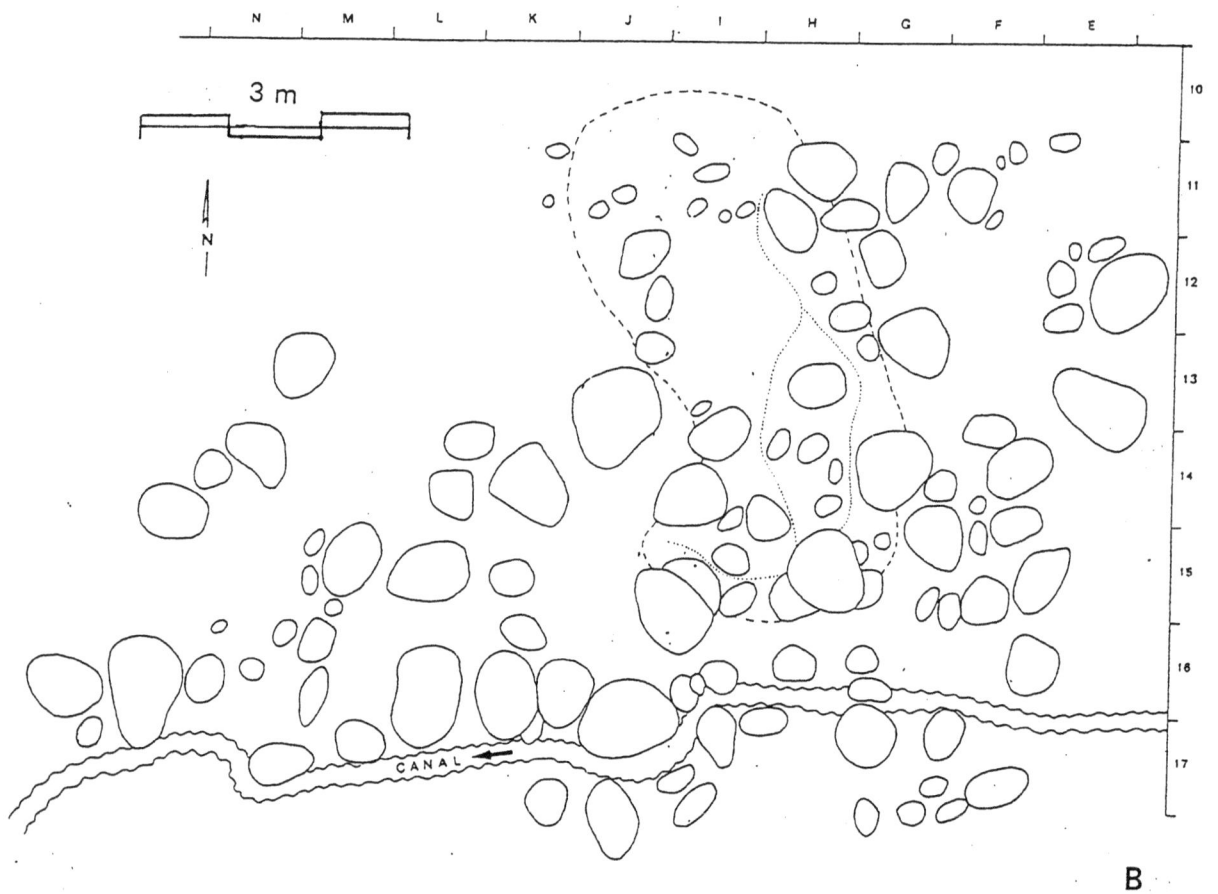

Fig. 33. a) plano del grupo B localisando los talleres.; b) el taller J1.

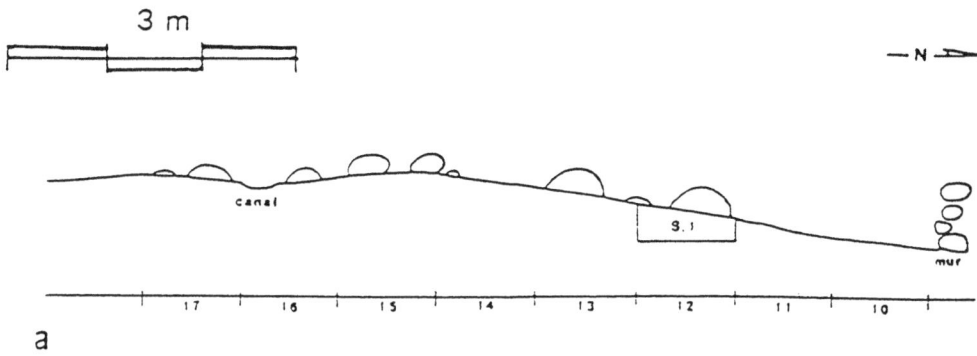

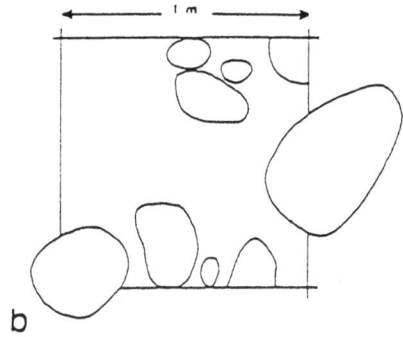

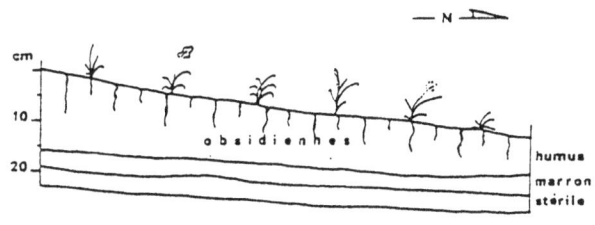

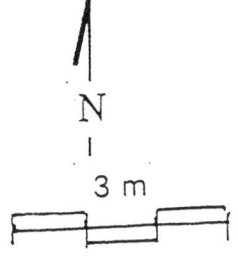

t = tiesto de cerámica
m = mano de piedra
b = bola de piedra

Fig. 34. a) perfil del taller J1; b) plan y corte del sondeo 1; c) repartición del material de superficie en el taller J1.

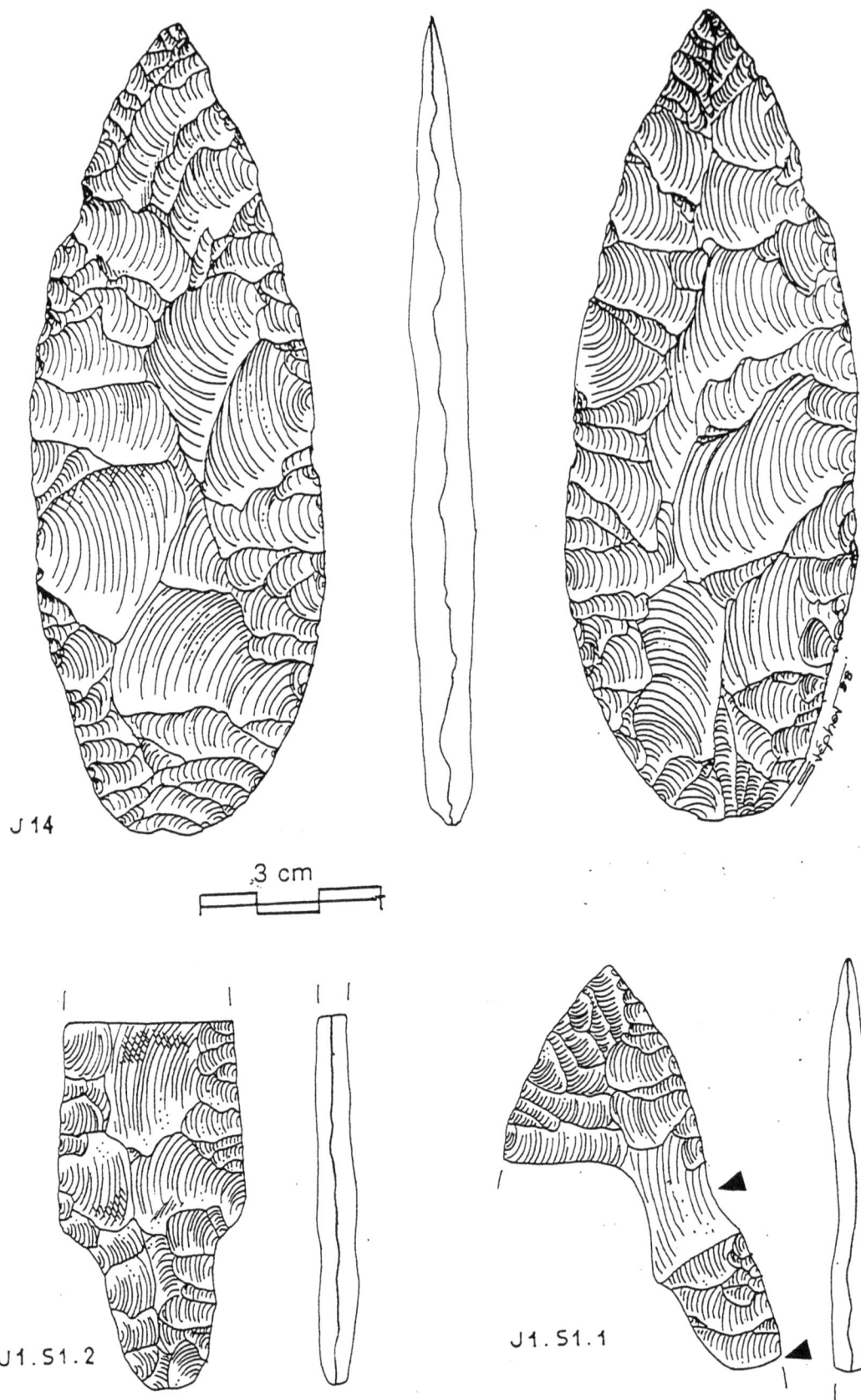

Fig. 35. Artefactos de la operación J:

J14: gran punta bifacial en el taller J2. Varios fragmentos de tales puntas fueron encontrados en los talleres..

J1.S.1: cuchillo con pedúnculo trapezoidal (Clásico?).

J1.S1.1: punta bifacial con dos accidentes de talla (flechas).

J.G15

3 cm

J 2

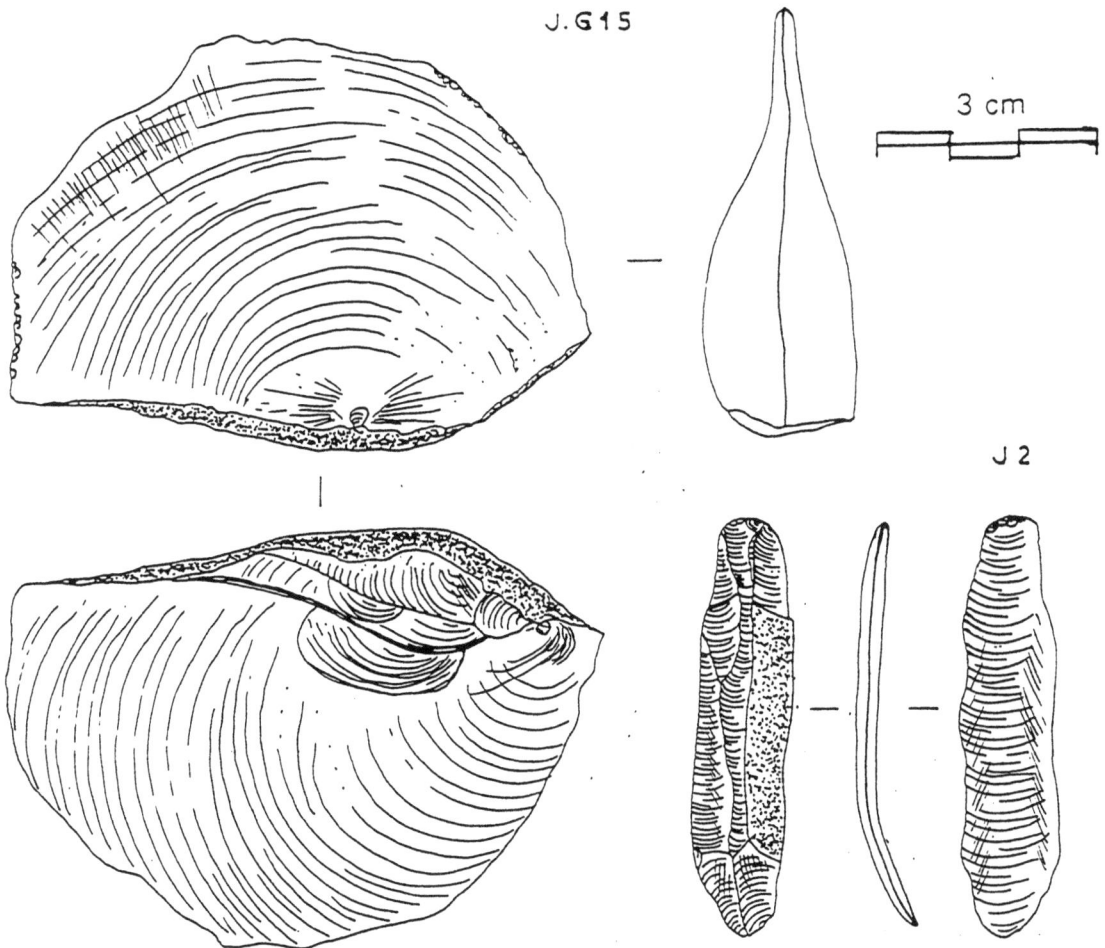

Fig. 36. Lascas « kombewa »:

J.G15: lasca de tipo kombewa.

J.2: pequeña navaja obtenida por presión.

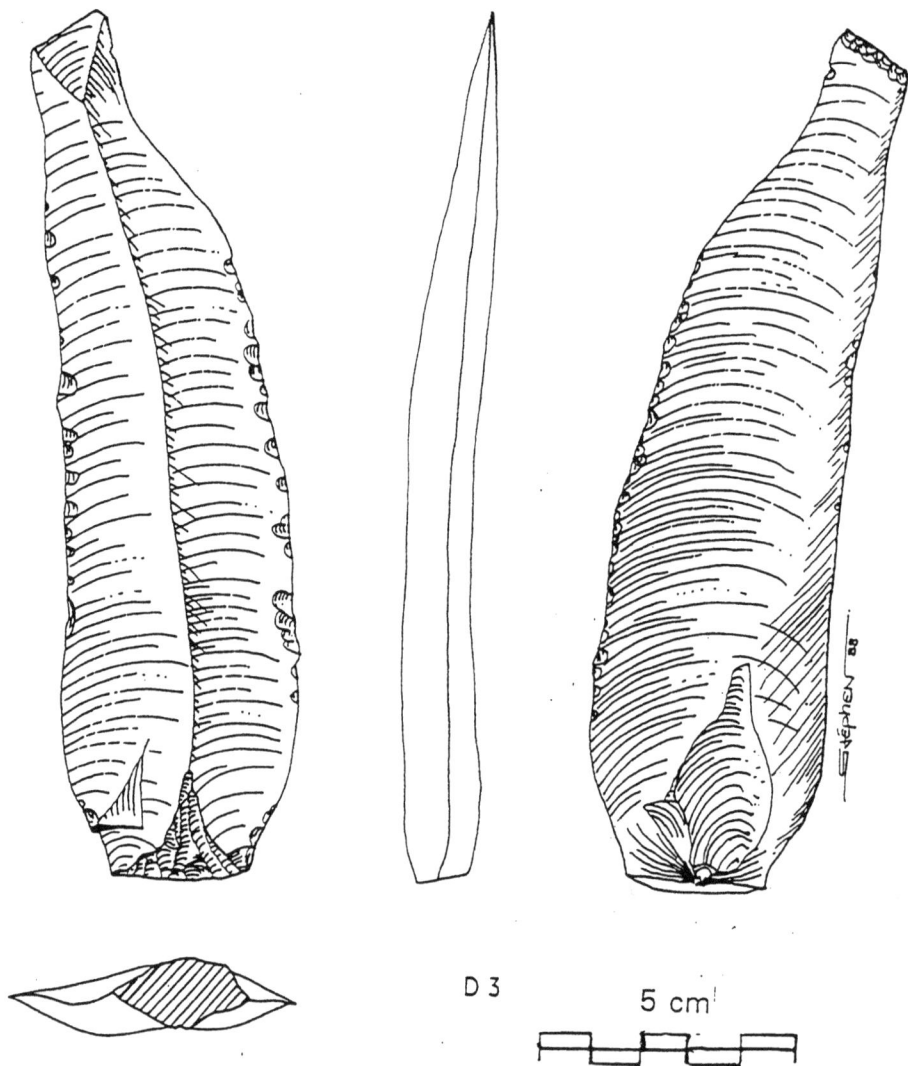

Fig. 37. Navaja grande en la plataforma de la estructura A-1. En su parte distal, el microlasqueado puede ser natural, mientras que en los lados podría haber sido provocado por el uso del artefacto (reocupación en el Clásico Medio).

30 cm

Fig. 38. La roca esculpida.

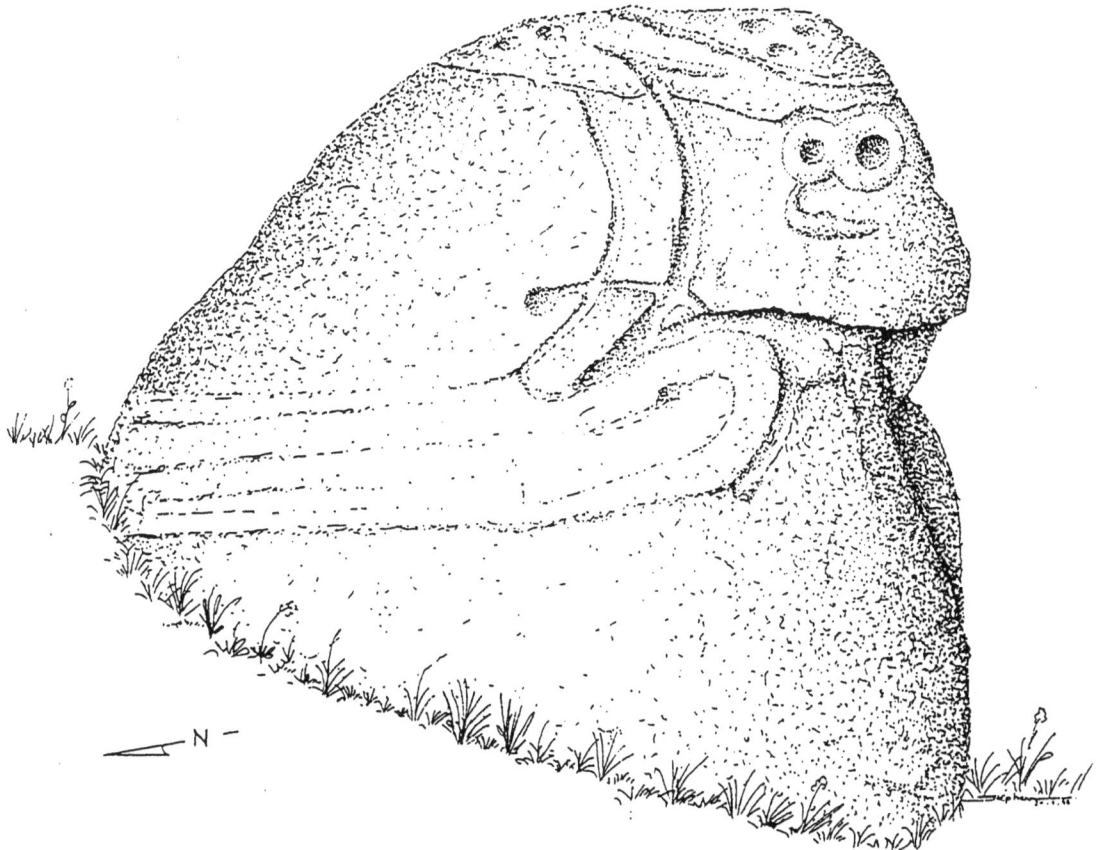

N

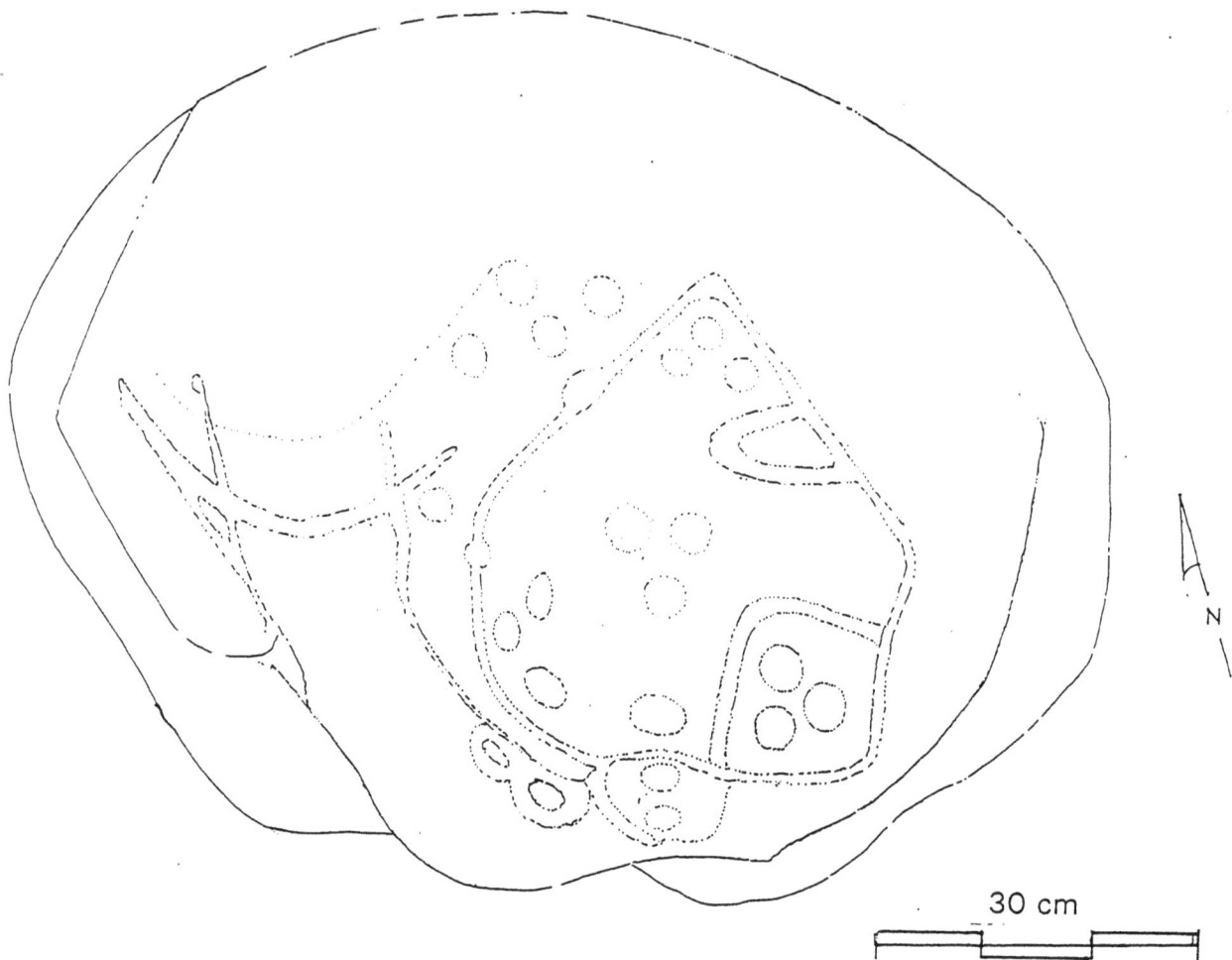

Fig. 39. a) roca esculpida (vista vertical); b) laja con incisiones grabadas (juego de pelota).

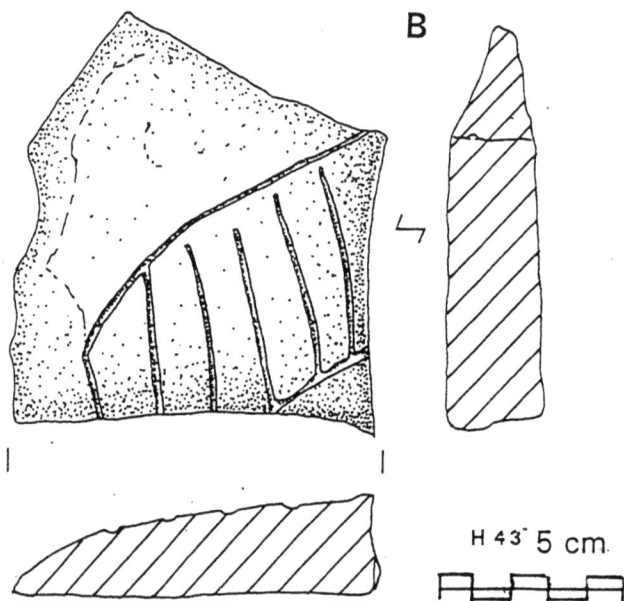

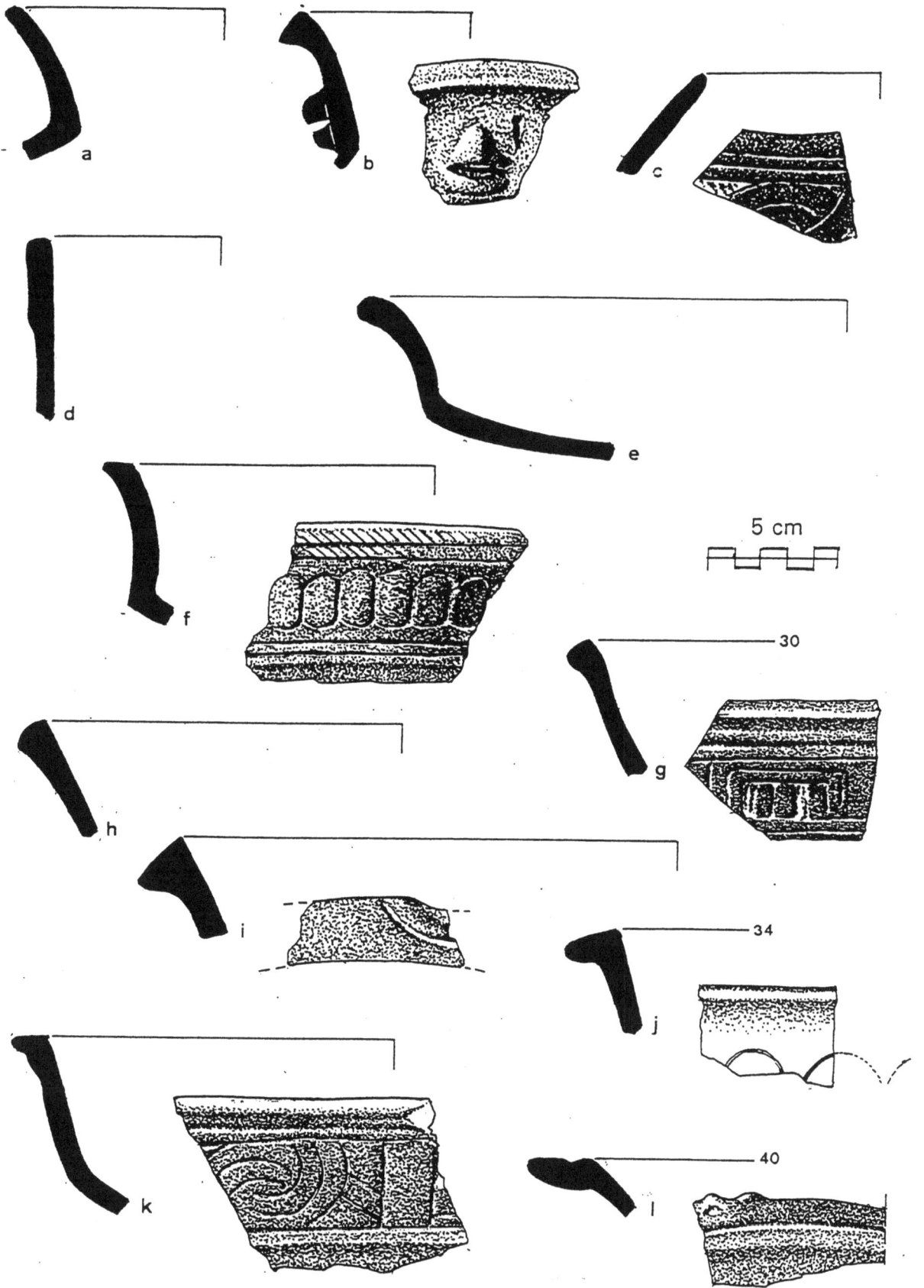

Fig. 40. El grupo cerámico Pinos.

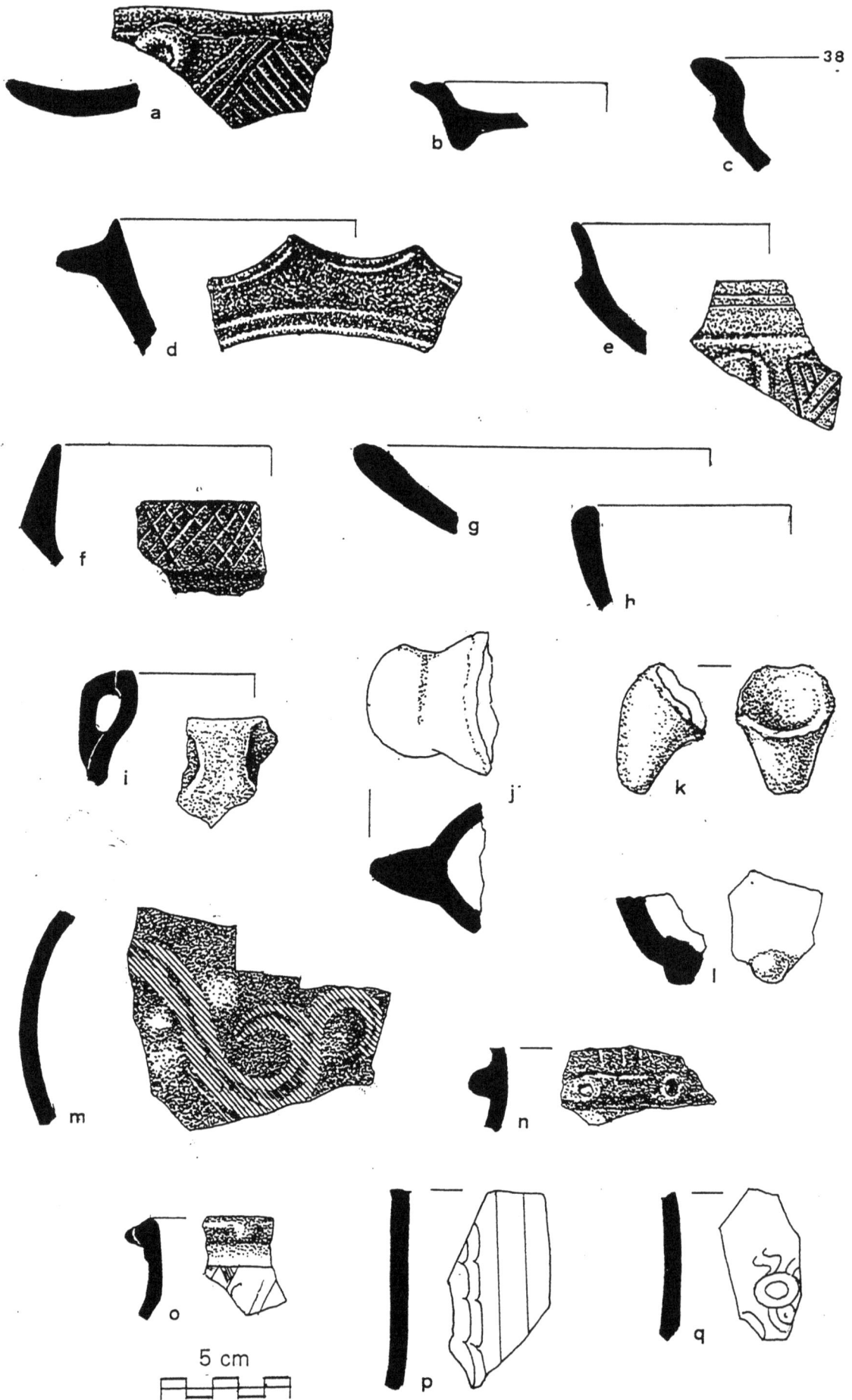

Fig. 41. El grupo cerámico Pinos; o-q) *Canchón fine incised.*

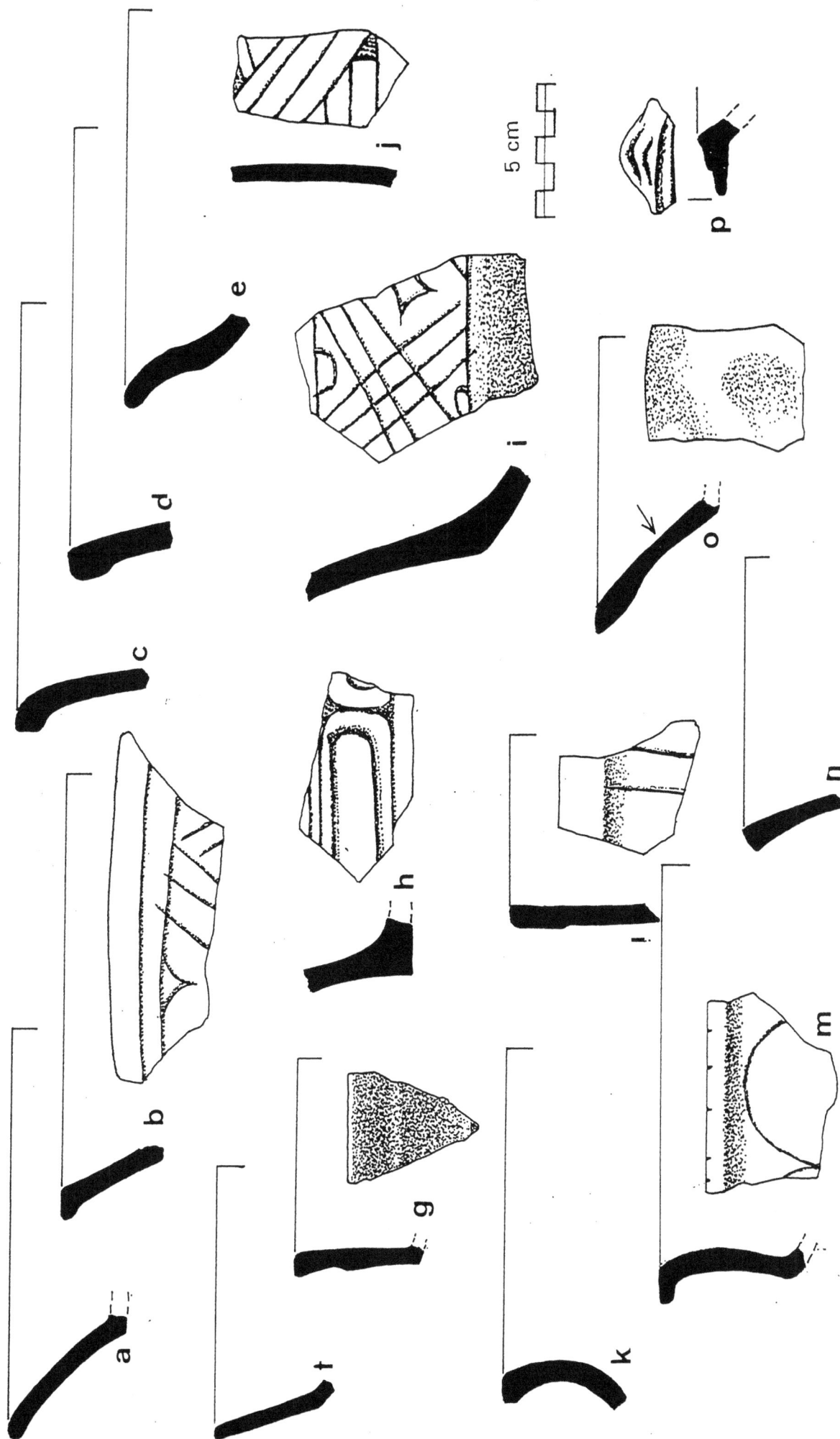

Fig. 42. El grupo cerámico Tapalapa (estructura A-1 operación D).

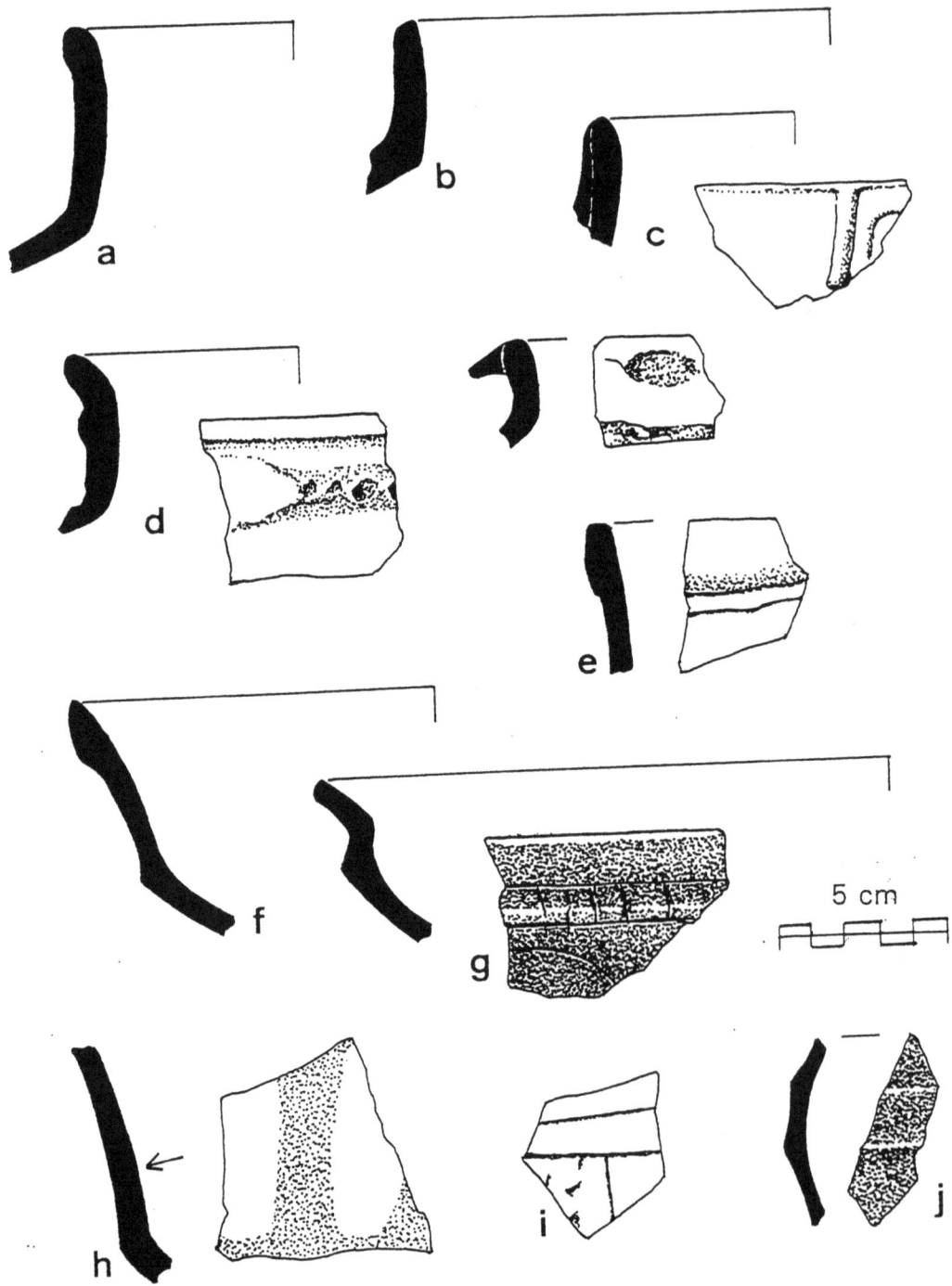

Fig. 43. El grupo cerámico Tapalapa. H/usulután.

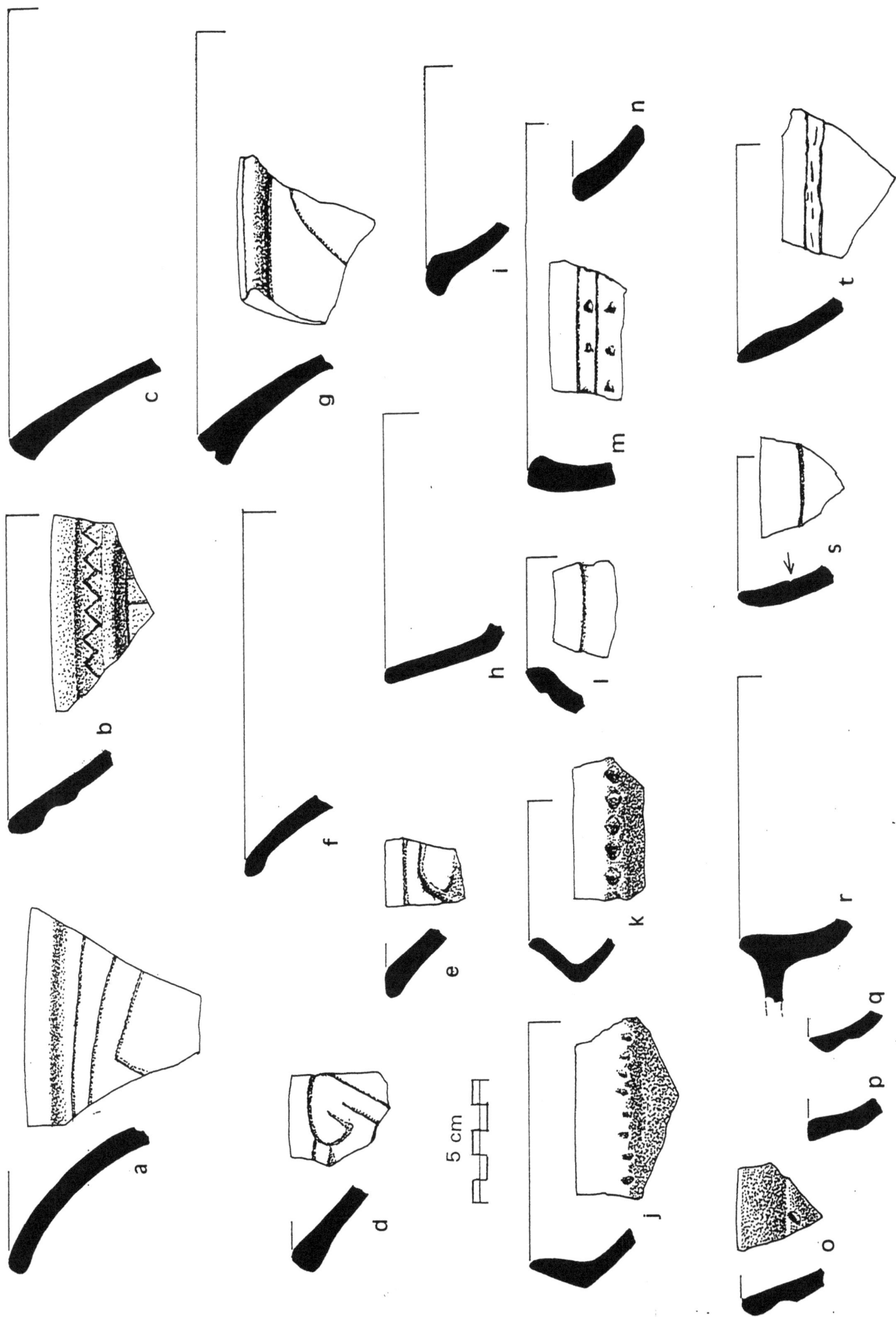

Fig. 44. El grupo cerámico Tapalapa.

Fig. 45. El grupo cerámico Tapalapa. a-c) *Rojo sobre beige*; d-h) Grueso; i-n) Micaceo.

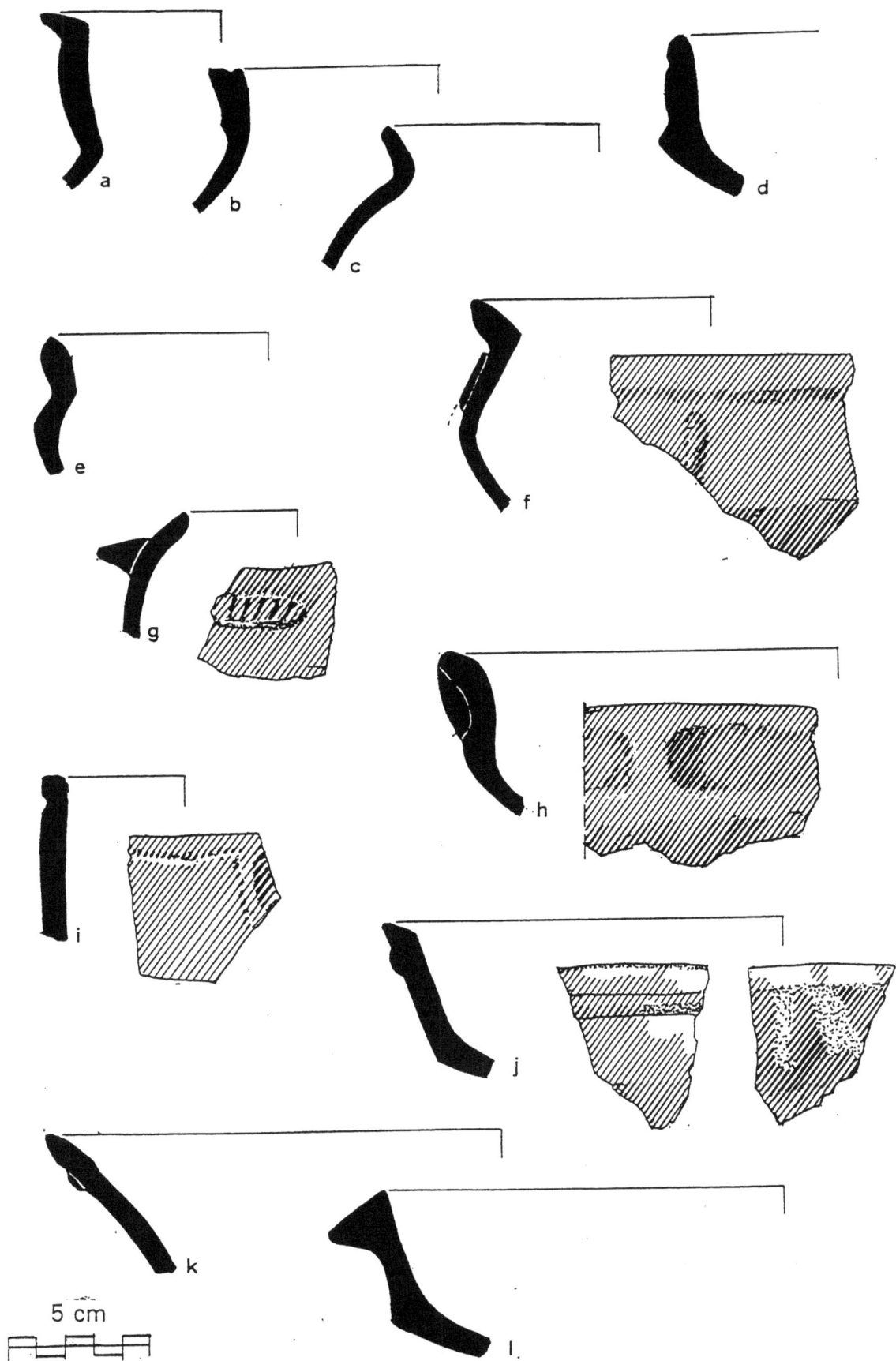

5 cm

Fig. 46. El grupo cerámico Olocuitla.

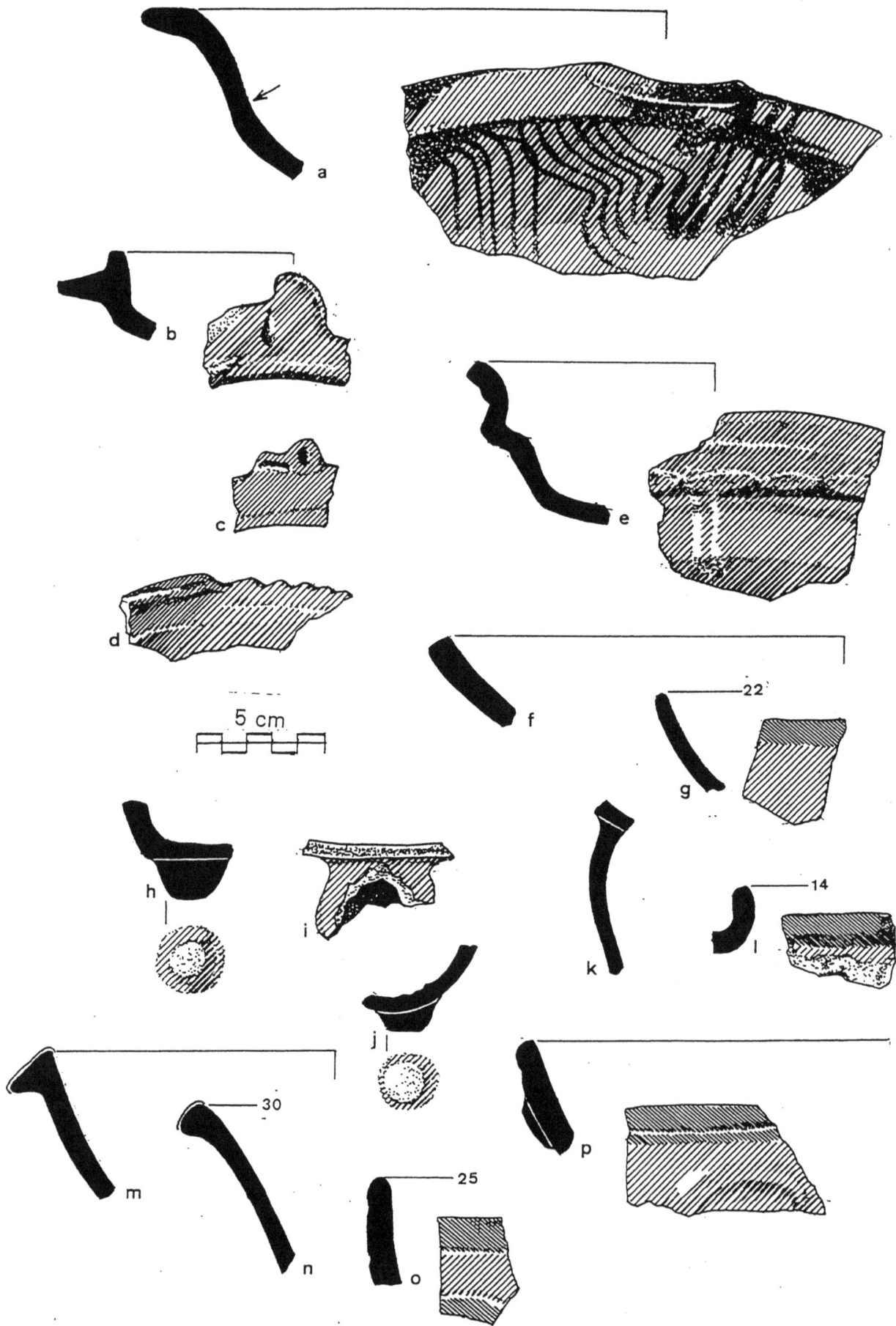

Fig. 47. El grupo cerámico Olocuitla.

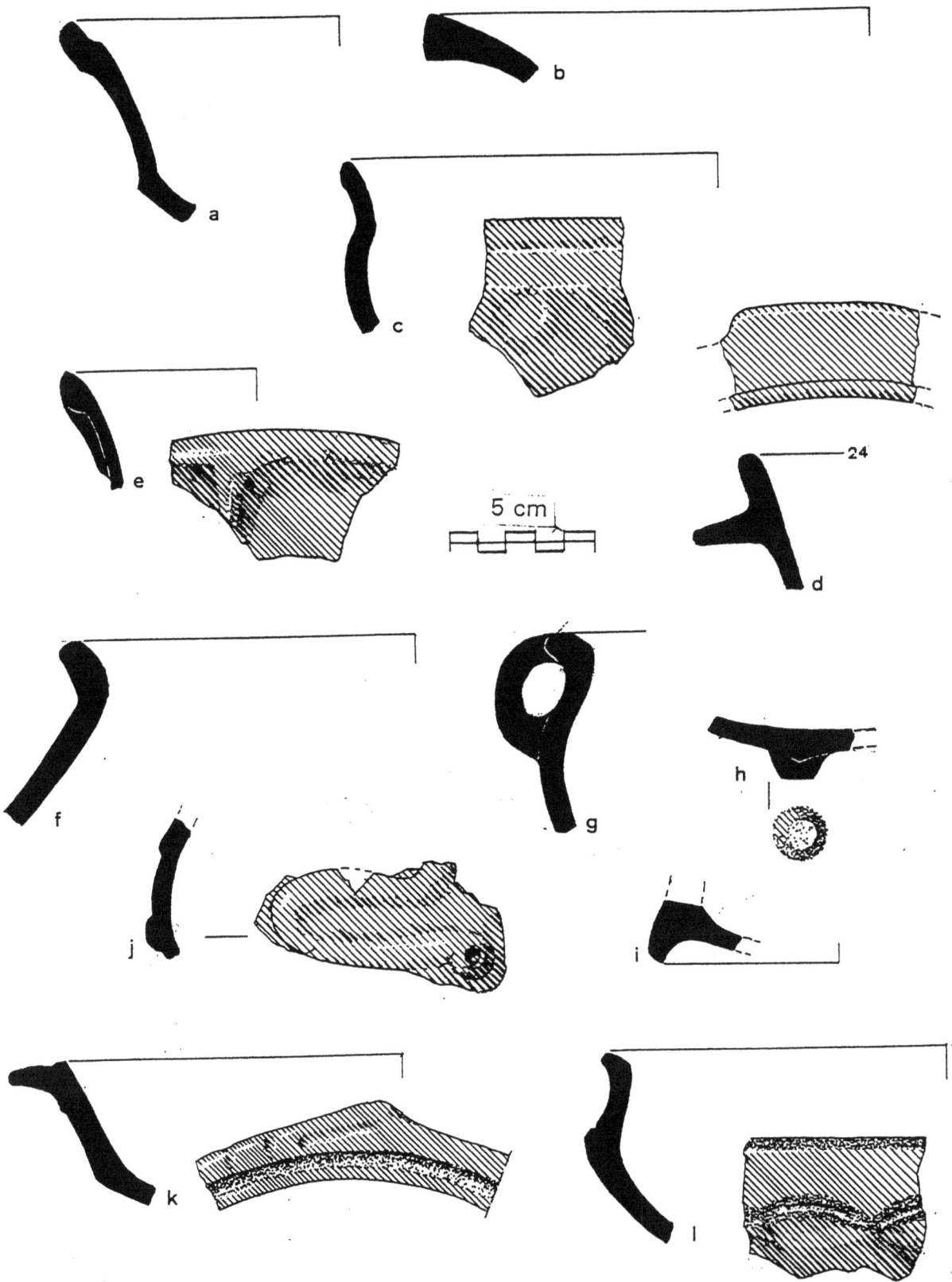

Fig. 48. El grupo cerámico Santa Tecla.

5 cm

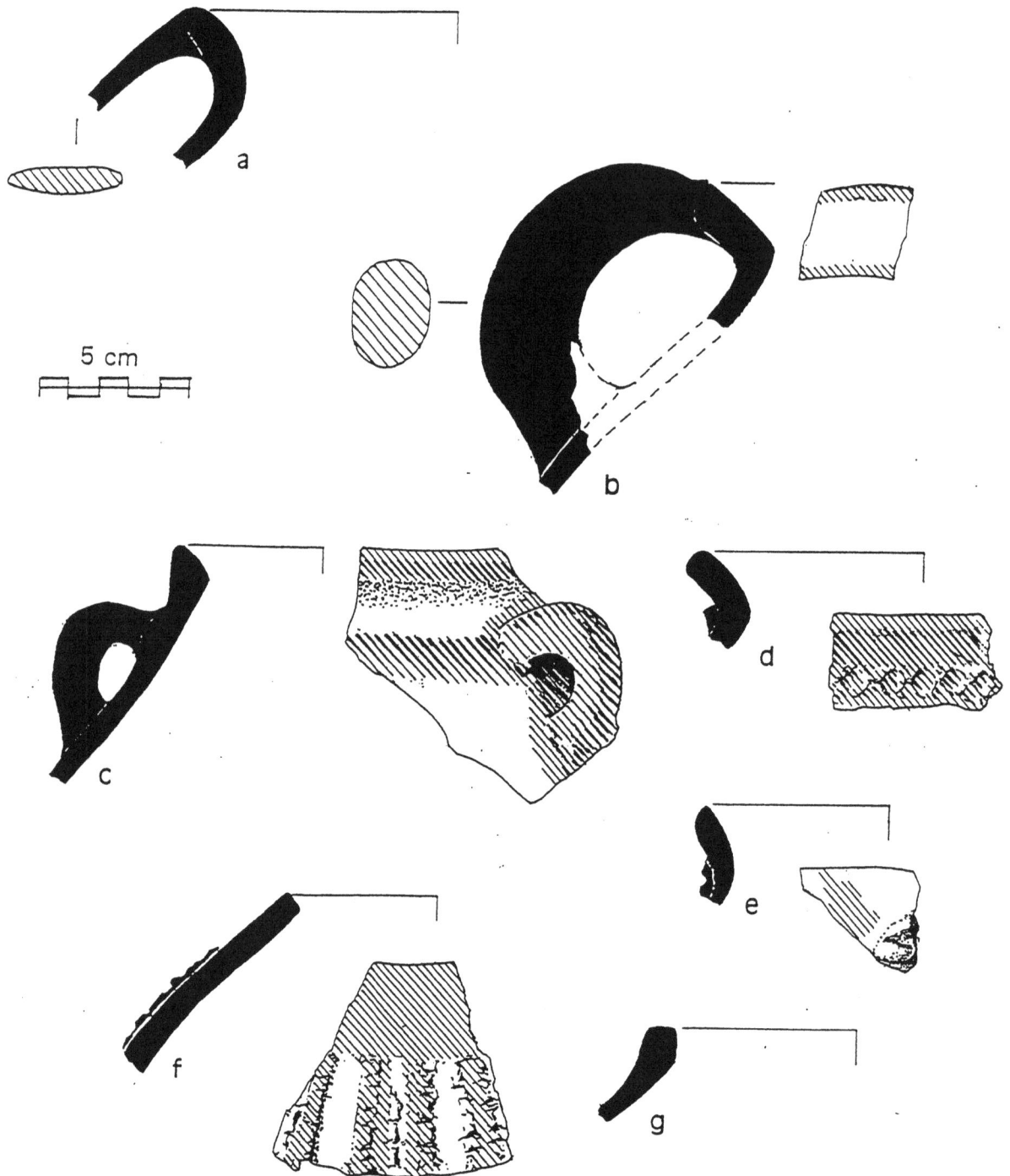

Fig. 49. El grupo cerámico Corintian Daub.

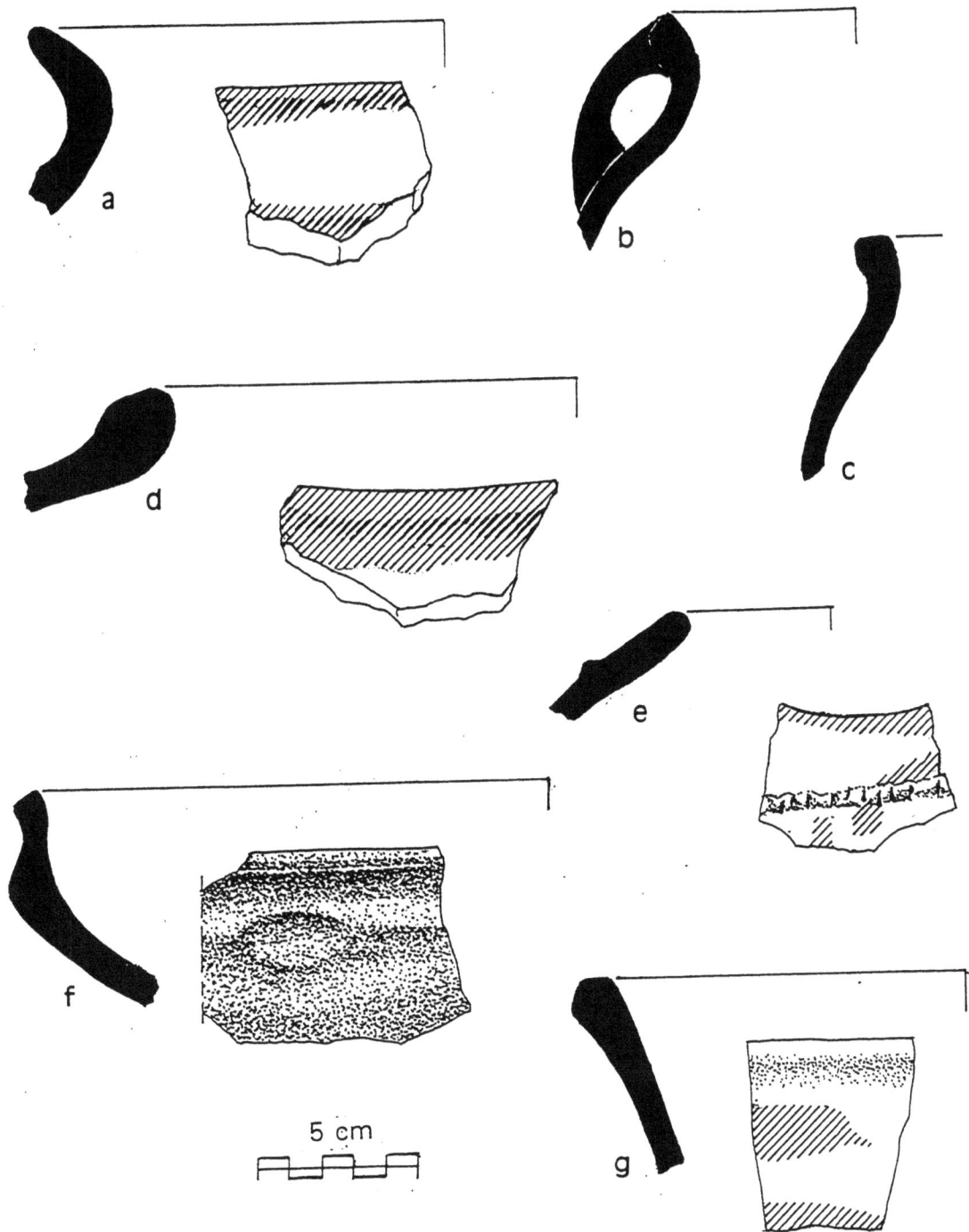

Fig. 50. El grupo cerámico Guaymango.

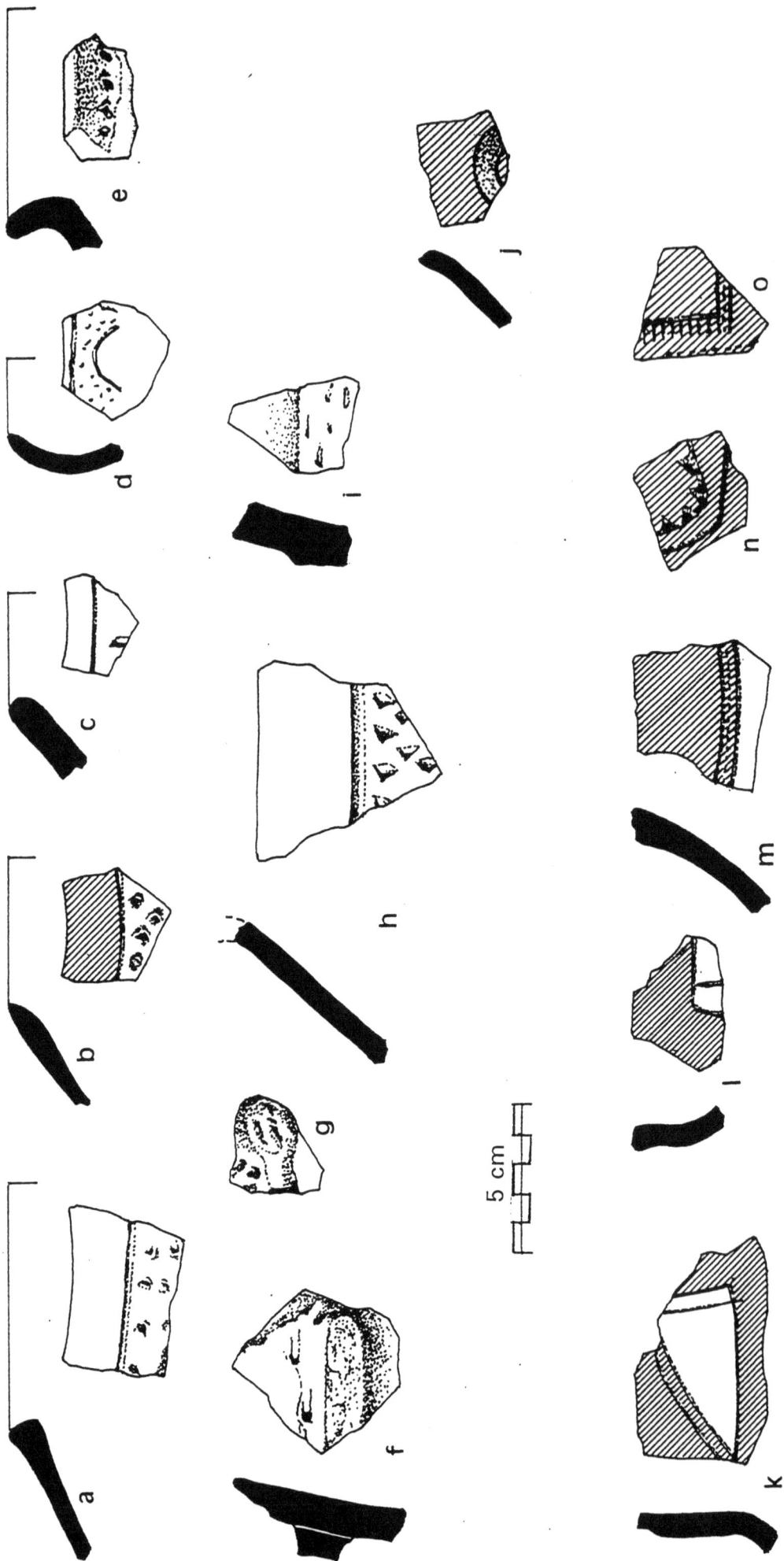

Fig. 51. a-i) los grupos cerámicos Lamatepeque; j-o) Lolotique.

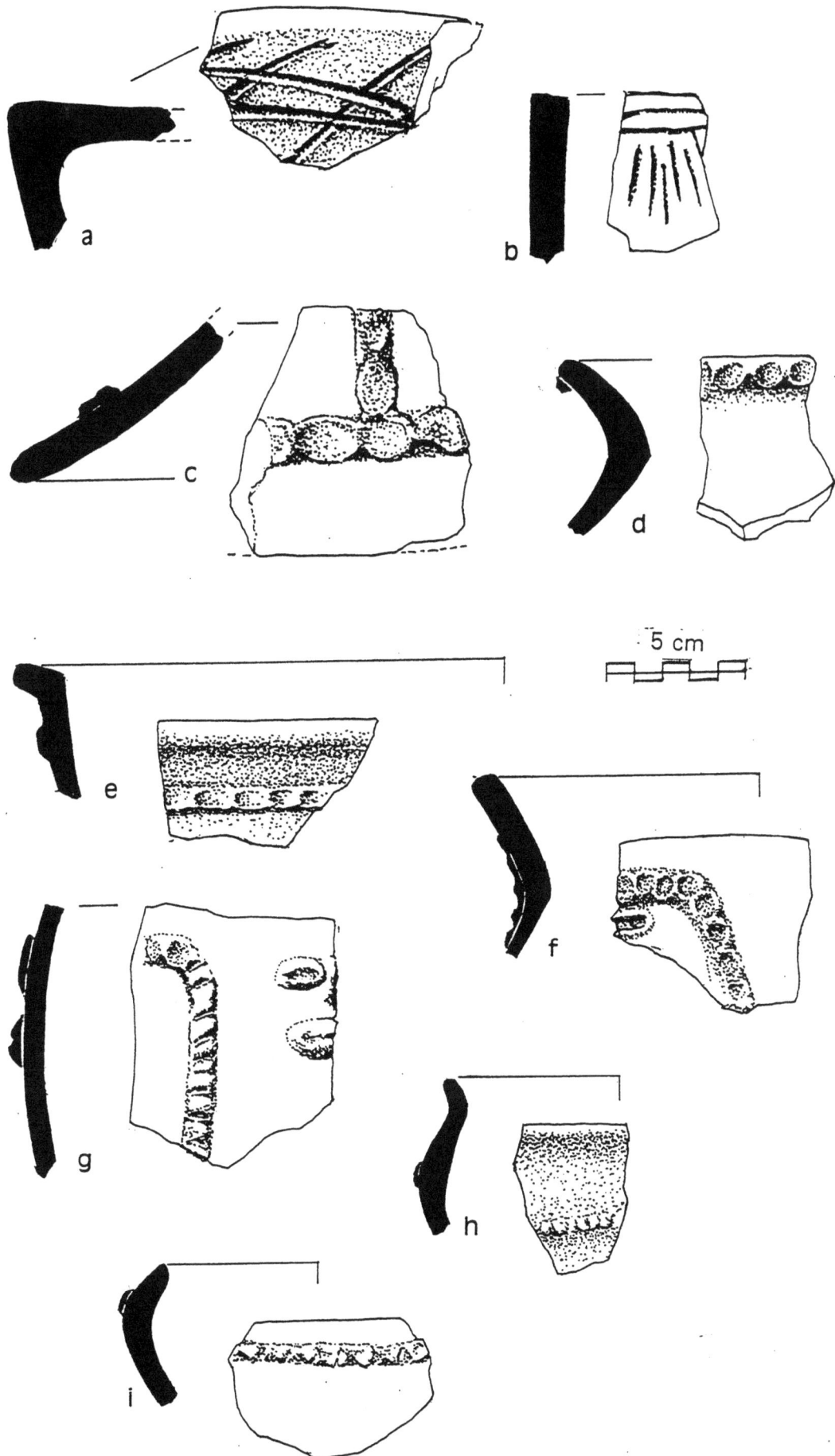

Fig. 52. El grupo cerámico Cara Sucia.

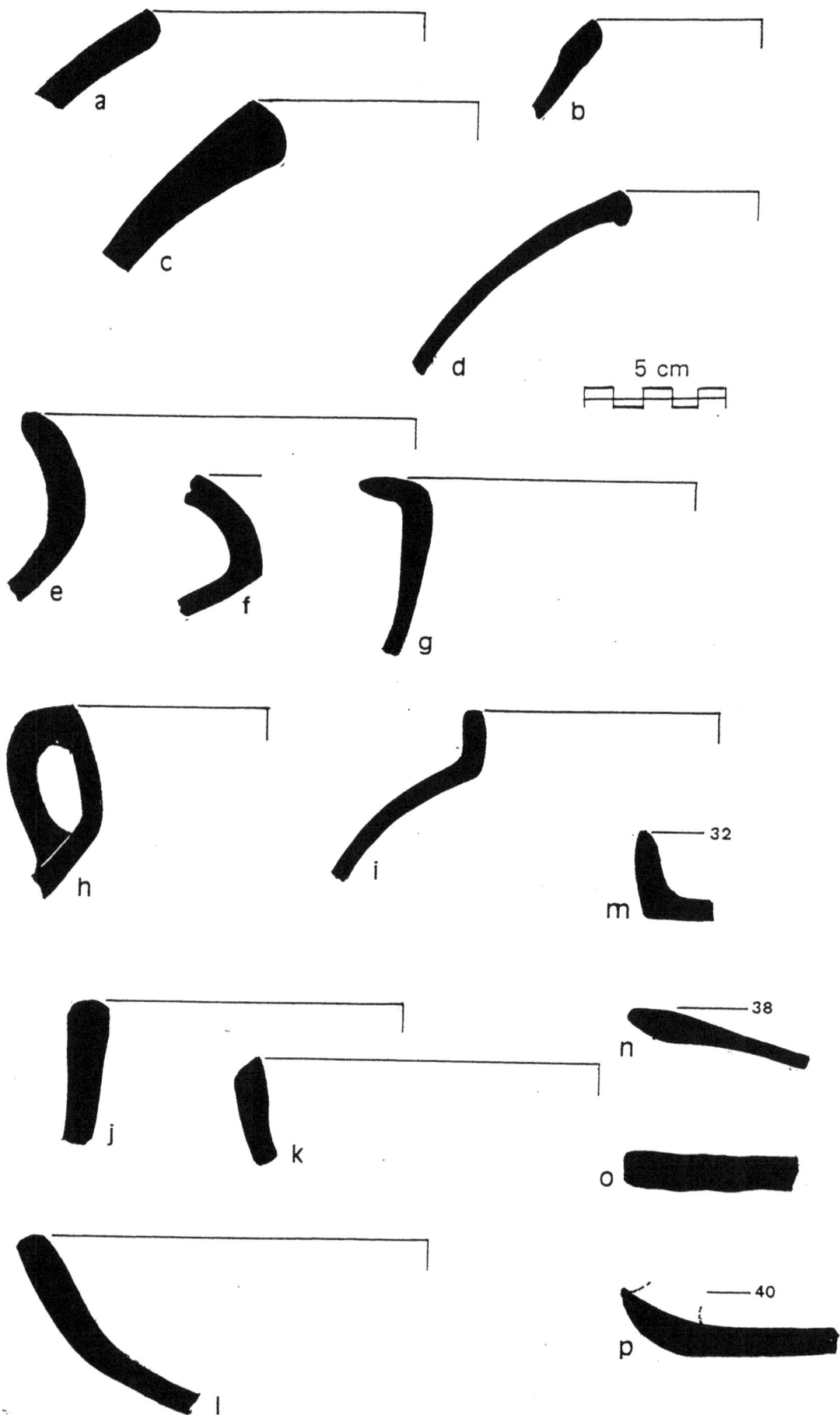

5 cm

Fig. 53. El *ware* Jumay.

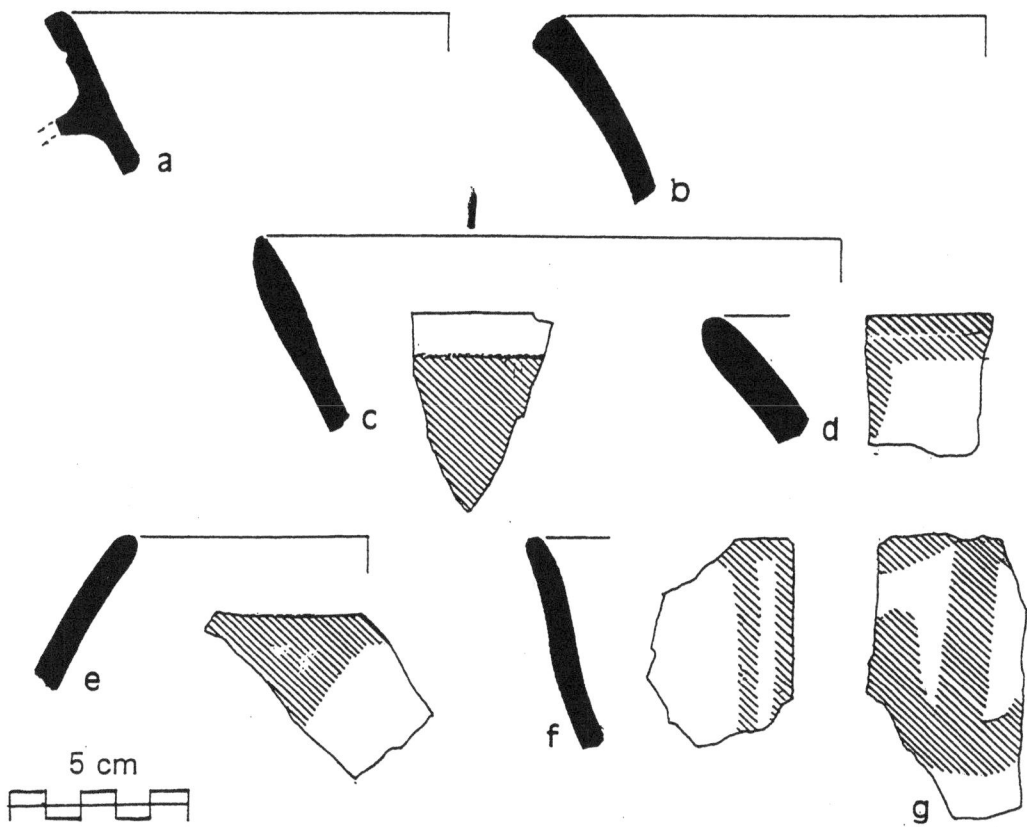

Fig. 54. El grupo potencial Blanco.

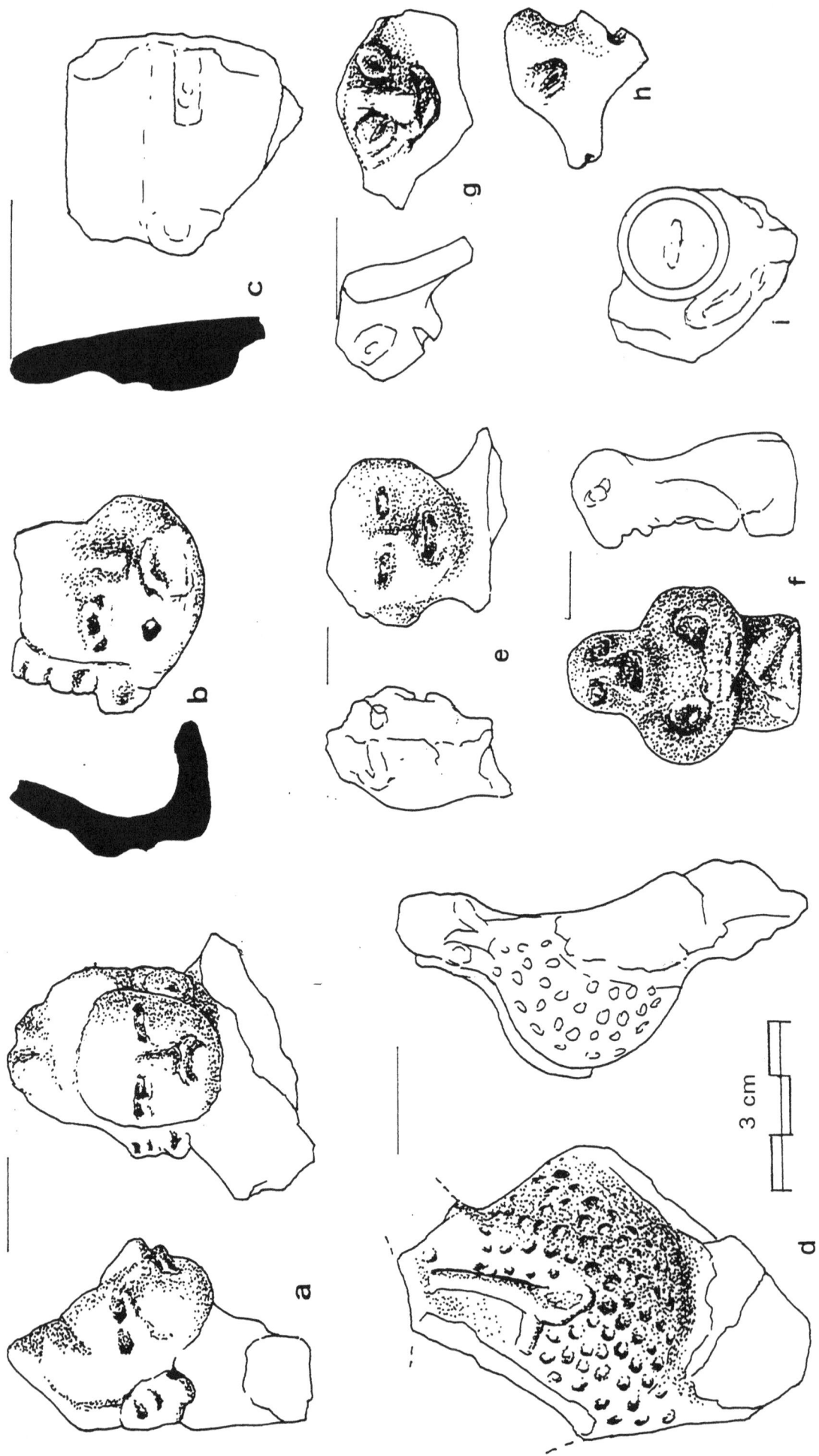

Fig. 55. Figurillas.

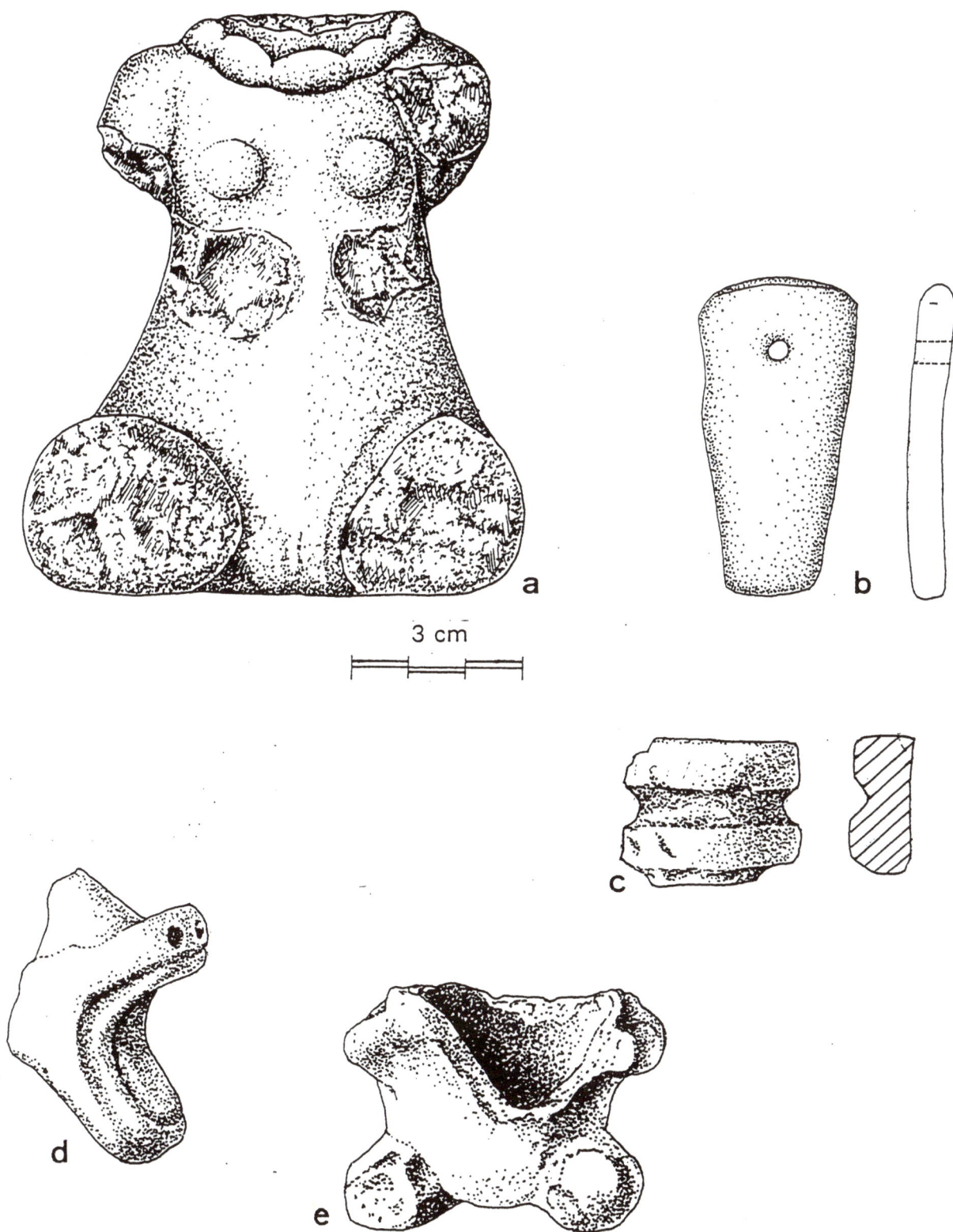

3 cm

Fig. 56. Figurillas (a, d, e) y artefactos de barro (b, c).

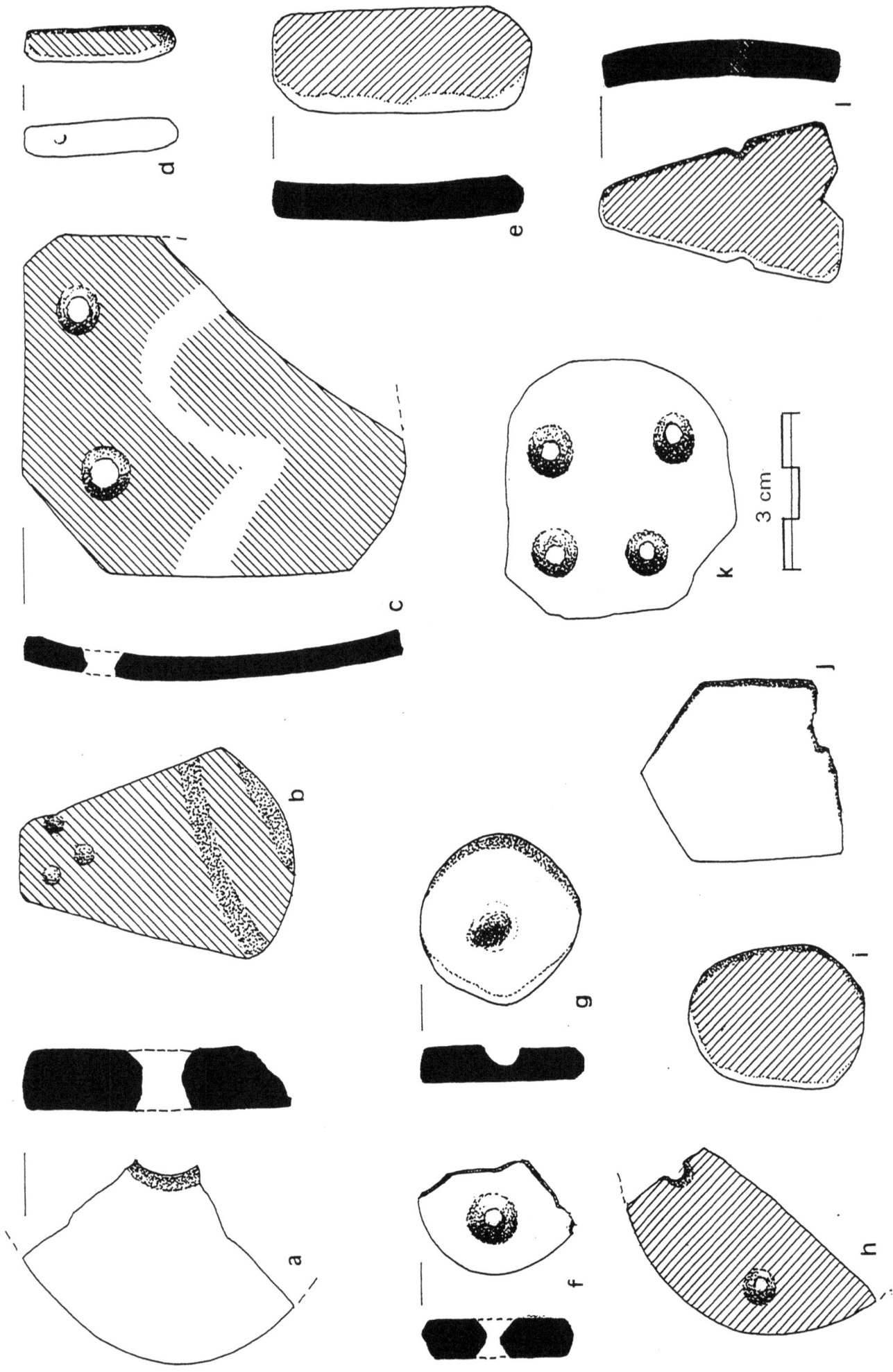

Fig. 57. Tiestos limados.

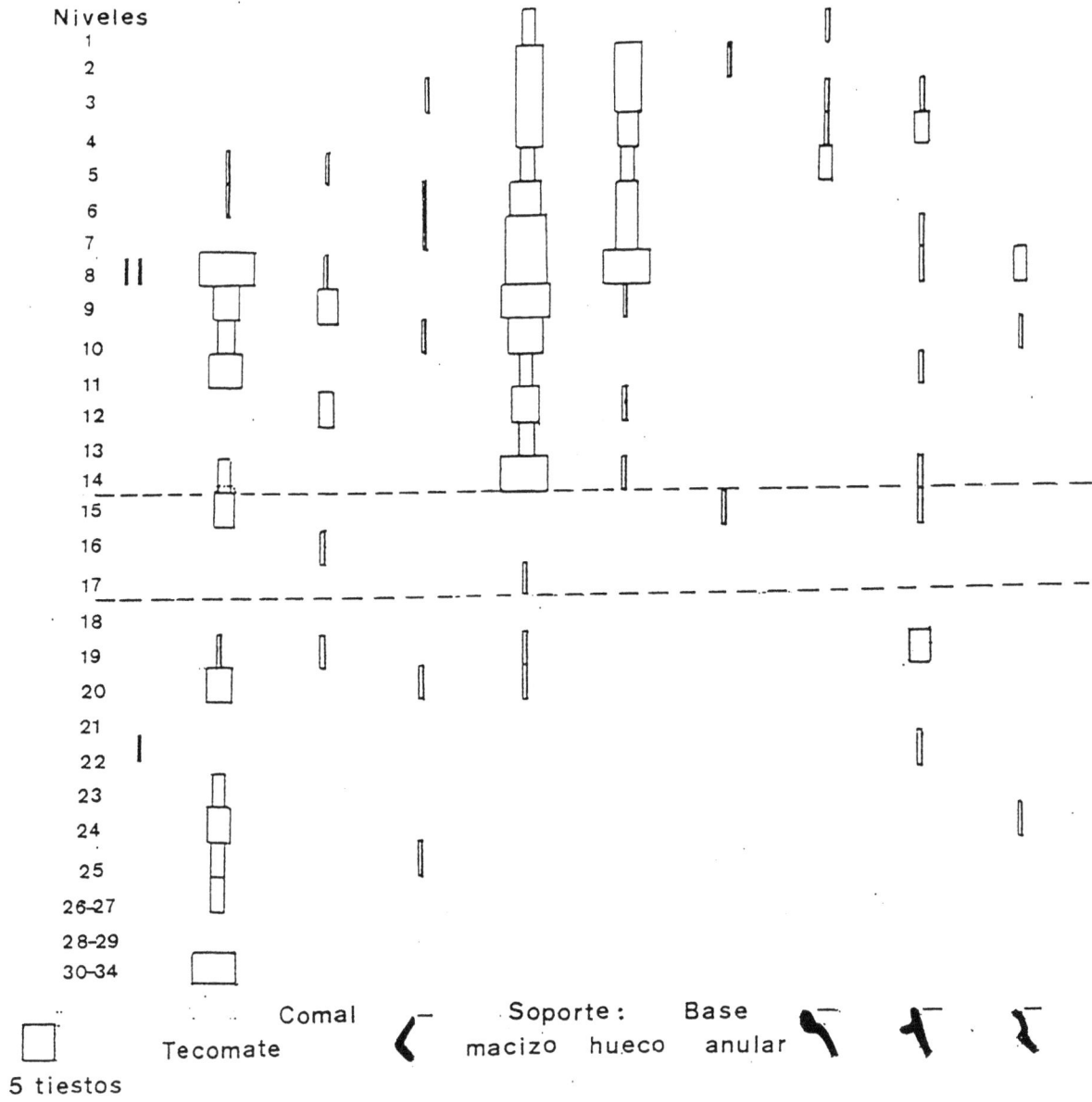

Fig. 58. La secuencia modal.

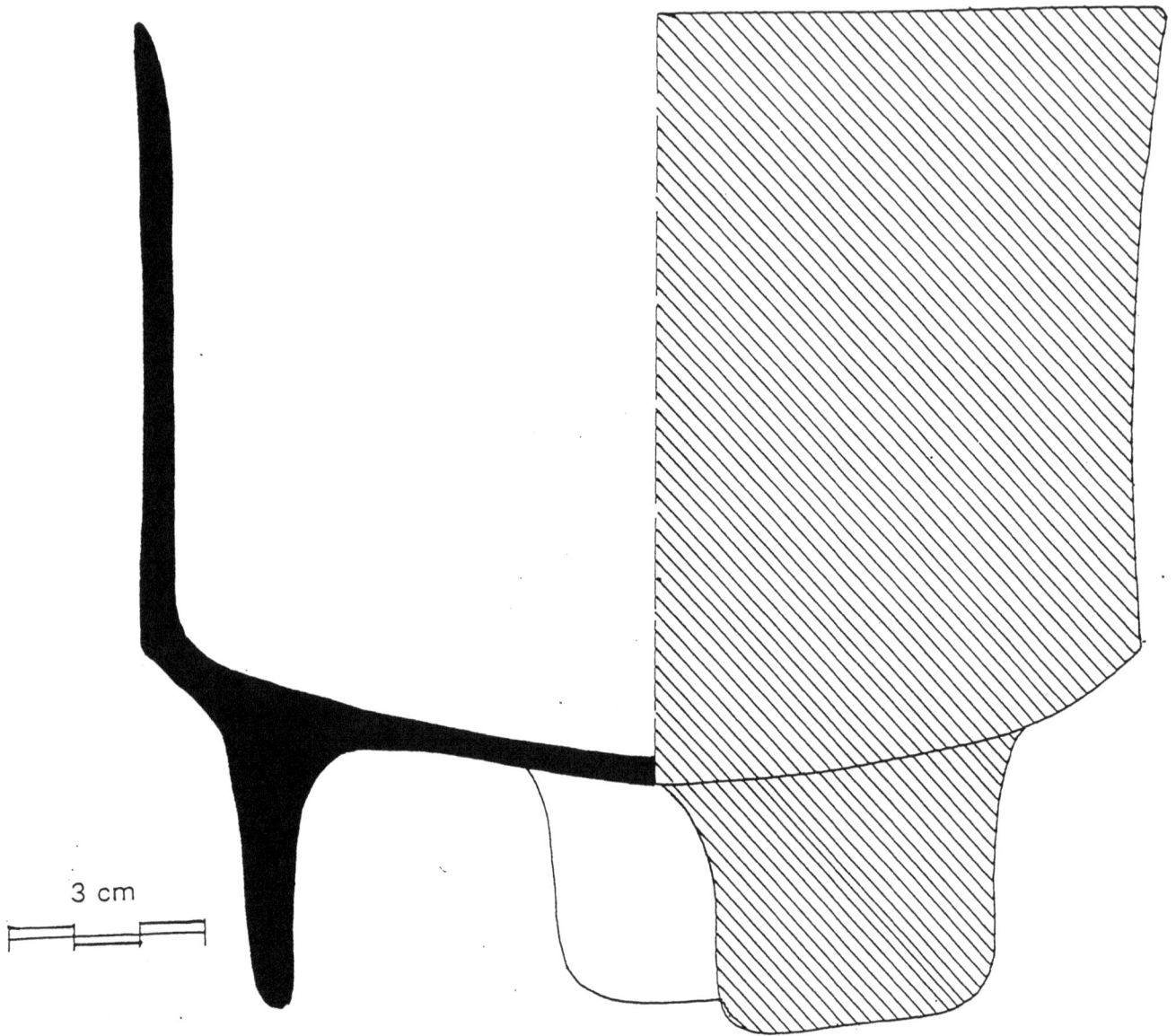

3 cm

Fig. 59. Cuenco trípode *slab-feet* « Teotihuacán ».

Lámina I. 1. Los dos montículos principales del centro ceremonial.
2. La estructura A-2 antes de la excavación.

Lámina II.   La estructura A-2 en el curso de la operación A (base).

Lámina III.   1. Excavación central de A-2 al principiar la operación.
                    2. Conjunto semicircular de piedras en el nivel +450.

Lámina IV. 1. Entierro 1 (secundario múltiple) en el nivel +300.
2. Entierros 2 y 3 en el nivel +209.

Lámina V.   1 La estructura A-1 antes de la excavación.
2. Vasija trípode « Teotihuacan » intrusiva en el nivel superior.

Lámina VI.   La estructura A-5: horno (?) de ladrillos en el interior del montículo.

Lámina VII. 1. Vista general del juego de pelota.
2. La zona terminal noreste.

Lámina VIII. La banqueta norte, parte central.

Lámina IX.   1. La veta de obsidiana de Cerro Chayal.
              2. La roca esculpida.

LISTA DE FIGURAS

Fig. 32. Artefactos de obsidiana de la operación B:

    B.K14.6: pequeño núcleo de técnica no controlada, poligonal.

    B.L15.6: artefactos esquirlados.

    B.L13.14: buril-raspador.

    B.K13.19: navaja con talón abrasado (Preclásico).

    B.J.14.18: lasca primaria de descortezamiento; un borde fue utilizado para cortar y raspar.

Fig. 33. a) plano del grupo B localizando los talleres.; b) el taller J1.

Fig. 34. a) perfil del taller J1; b) plan y corte del sondeo 1; c) repartición del material de superficie en el taller J1.

Fig. 35. Artefactos de la operación J:

    J14: gran punta bifacial en el taller J2. Varios fragmentos de tales puntas fueron encontrados en los talleres.

    J1.S.1: cuchillo con pedúnculo trapezoidal (Clásico?).

    J1.S1.1: punta bifacial con dos accidentes de talla (flechas).

Fig. 36. Lascas « kombewa »:

    J.G15: lasca de tipo « kombewa ».

    J.2: pequeña navaja obtenida por presión.

Fig. 37. Navaja grande en la plataforma de la estructura A-1. En su parte distal, el microlasqueado puede ser natural, mientras que en los lados podría haber sido provocado por el uso del artefacto (reocupación en el Clásico Medio).

Fig. 38. La roca esculpida.

Fig. 39. a) roca esculpida (vista vertical); b) laja con incisiones grabadas (juego de pelota).

Fig. 40. El grupo cerámico Pinos.

Fig. 41. El grupo cerámico Pinos; o-q) *Canchón fine incised*.

Fig. 42. El grupo cerámico Tapalapa (estructura A-1 operación D).

Fig. 43. El grupo cerámico Tapalapa. H/usulután.

Fig. 44. El grupo cerámico Tapalapa.

Fig. 45. El grupo cerámico Tapalapa. a-c) *Rojo sobre beige*; d-h) Grueso; i-n) Micaceo.

Fig. 46. El grupo cerámico Olocuitla.

Fig. 47. El grupo cerámico Olocuitla.

Fig. 48. El grupo cerámico Santa Tecla.

Fig. 49. El grupo cerámico Corintian Daub.

Fig. 50. El grupo cerámico Guaymango.

Fig. 51. a-i) los grupos cerámicos Lamatepeque; j-o) Lolotique.

Fig. 52. El grupo cerámico Cara Sucia.

Fig. 53. El *ware* Jumay.

Fig. 54. El grupo potencial Blanco.

Fig. 55. Figurillas.

Fig. 56. Figurillas (a, d, e) y artefactos de barro (b, c) .

Fig. 57. Tiestos limados.

Fig. 58. La secuencia modal.

Fig. 59. Cuenco trípode *slab-feet* « Teotihuacán ».

LISTA DE LAMINAS

AUTORES DE LAS ILUSTRACIONES:

www.ingramcontent.com/pod-product-compliance
Lightning Source LLC
Chambersburg PA
CBHW060959030426
42334CB00033B/3296